权威·前沿·原创

皮书系列为
"十二五""十三五""十四五"时期国家重点出版物出版专项规划项目

BLUE BOOK

智库成果出版与传播平台

陕西蓝皮书

BLUE BOOK OF SHAANXI

陕西社会发展报告

（2024）

REPORT ON SOCIAL DEVELOPMENT
IN SHAANXI (2024)

组织编写／陕西省社会科学院

主　编／程宁博　王建康　张春华

社会科学文献出版社
SOCIAL SCIENCES ACADEMIC PRESS（CHINA）

图书在版编目（CIP）数据

陕西社会发展报告 . 2024 / 程宁博，王建康，张春
华主编 . --北京：社会科学文献出版社，2024.3
（陕西蓝皮书）
ISBN 978-7-5228-3303-3

Ⅰ.①陕…　Ⅱ.①程…②王…③张…　Ⅲ.①社会发
展-研究报告-陕西-2024　Ⅳ.①D674.1

中国国家版本馆 CIP 数据核字（2024）第 040305 号

陕西蓝皮书

陕西社会发展报告（2024）

主　　编／程宁博　王建康　张春华

出 版 人／冀祥德
组稿编辑／宋　静
责任编辑／陈　颖
责任印制／王京美

出　　版／社会科学文献出版社·皮书分社（010）59367127
　　　　　地址：北京市北三环中路甲 29 号院华龙大厦　邮编：100029
　　　　　网址：www.ssap.com.cn
发　　行／社会科学文献出版社（010）59367028
印　　装／天津千鹤文化传播有限公司

规　　格／开　本：787mm×1092mm　1/16
　　　　　印　张：16　字　数：238 千字
版　　次／2024 年 3 月第 1 版　2024 年 3 月第 1 次印刷
书　　号／ISBN 978-7-5228-3303-3
定　　价／158.00 元

读者服务电话：4008918866

陕西蓝皮书编委会

主要编撰者简介

程宁博　陕西省社会科学院党组书记、院长，陕西省第十四次党代会代表，陕西省社会科学院学术委员会主任，陕西蓝皮书编委会主任。长期从事理论研究、政策宣讲、出版管理、社科研究与管理等工作，主要研究领域为马克思主义中国化时代化、思想政治教育、宣传思想文化等，对习近平新时代中国特色社会主义思想、党的路线方针政策、陕西省情、新型智库建设与管理等研究深入。多次参与重要书籍编写和重要文件、重要文稿起草工作，多项研究成果在中央和省级主流媒体刊发。

王建康　陕西省社会科学院党组成员、副院长、研究员，主要从事农村发展、区域经济研究。先后主持完成国家和省级基金项目6项，主持编制省级规划6项，区县发展规划20余项，承担世界银行、国家发改委、农业农村部等招标或委托课题18项；出版著作10余部，发表论文和调研报告60余篇；研究成果先后获得省哲学社会科学优秀成果奖5项。兼任省决策咨询委员会委员、省青联常委、省委理论讲师团特聘专家。省十二次党代会代表，省十三次党代会报告起草组成员，十二届全国青联委员，陕西青年五四奖章获得者，陕西省优秀共产党员。

张春华　陕西省社会科学院社会学研究所副所长、研究员，主要从事网络舆情、发展社会学、教育社会学研究。先后主持国家社科基金项目2项、省级基金项目4项，承担中宣部、中央网信办等委托或招标课题任务50余项，出版著作 5 部；研究成果获中央和省级领导批示 10 余项，先后获省、市哲学社会科学优秀成果二等奖、一等奖。多次参与中央文件起草、中宣部大型调研及舆情分析工作。兼任中国社会学会常务理事、陕西省社会学会副会长。第五届陕西省直机关"杰出青年"。

摘　要

2023年，陕西全面贯彻落实党的二十大精神和习近平总书记历次来陕考察重要讲话重要指示，各项社会事业迈上高质量发展新台阶。本书分为总报告、民生篇、治理篇和案例篇四部分，以陕西社会高质量发展状况、民生保障与社会治理中的热点难点问题以及特色案例为主要内容，系统呈现了2023年陕西社会发展领域的新情况、新思路和新举措。

"总报告"紧扣"社会高质量发展"目标，从教育发展、劳动就业、城乡收入、社会保障、人民健康等维度深入分析了陕西社会发展现状及其趋势，并提出着力提高教育发展水平、抓实落细就业优先政策、多措并举促进农民增收、健全多层次社会保障体系、做好全生命周期健康服务等对策建议。

"民生篇"聚焦城乡居民收入、人才强省建设、高等教育发展、公共就业服务体系建设、乡村医疗卫生服务体系建设、农村养老服务模式创新、托育服务发展等问题，提出了加快建立增收富民发展模式、构建关中平原城市群人才一体化发展体系、赋能高等职业教育内涵式发展、完善公共就业服务政策体系、健全乡村医疗卫生事业发展长效机制、壮大农村养老服务行业队伍、制定托育服务发展地方性规范标准等对策建议，为陕西保障和改善民生工作献计献策。

"治理篇"围绕陕西基层社区治理、基层应急能力建设、数字政府治理、社会组织高质量发展等问题展开研究，提出了加快推进社区工作队伍建设、完善应急资源共享机制、提升领导干部数字治理本领、健全现代社会组织管理机制等对策建议，凸显了陕西在积极推进治理体系和治理能力现代化过程中的多维实践。

"案例篇"包括西安市儿童友好社区建设、高陵加强和创新社会治理实践、旬阳市村级议事协商创新实践、长安区基层治理网格化探索实践等内容，提出了夯实儿童友好社区建设责任分工、加强党建引领基层治理、增强居民参与民主协商意识与能力、加快网格资源整合等对策建议，为陕西完善相关领域工作、谱写社会高质量发展新篇章提供了决策参考。

本书编撰团队以陕西省社会科学院社会学研究所、政治与法律研究所、教育研究所为主体，积极吸纳省内高校、科研院所以及政府相关职能部门研究力量，更大程度确保了报告分析研判的客观性、前瞻性和指导性。

关键词： 高质量发展　民生保障　社会治理　陕西省

Abstract

In 2023, the government of Shaanxi province has fully implemented the spirit of the 20th National Congress of the Communist Party of China and important inspections, speeches, and instructions from previous visits to Shaanxi of General Secretary, various social undertakings have been reached at a new level of high-quality development. Being divided into four parts: General Report, Livelihood Issues, Social Governance Issues and Case Investigations, the main content of this book consists of the condition of high-quality social development in Shaanxi, hot and difficult issues in people's livelihood security and social governance, as well as characteristic cases. It systematically presents new situations, ideas and measures in the field of social development of Shaanxi in 2023.

Closely following the goal of High – quality Development, the section of General Report deeply analyzes the current situation and trends of social development in Shaanxi from the dimensions of education development, labor employment, urban–rural income, social security and people's health. It proposes countermeasures and suggestions to focus on improving the level of education development, implementing priority policies for employment, taking multiple measures to increase income of rural residents, strengthening the multi–level social security system and providing full life cycle health services.

The section of Livelihood Issues focuses on issues such as the income of urban and rural residents, the construction of a Talent-strong Province, the development of higher education, the construction of public employment service systems, rural medical and health service systems, innovation of elderly care service model in rural areas and the childcare services. In order to strengthen and improve people's livelihoods in Shaanxi, it proposes several countermeasures and suggestions, such as to accelerate the establishment of a development model for increasing income and enriching the people, build an integrated development system for the talent agglomeration in urban areas of Guanzhong Plain, empower the connotative development of higher vocational education, improve the policy system of public employment services, establish a long-term mechanism for the development of medical and health services in rural areas, strengthen the workforce of elderly care service in rural areas and formulate local norms and standards for the development of childcare services.

Focusing on issues such as grassroots community governance, construction of grassroots emergency capacity, digital government governance, social organization development, the section of Social Governance Issues proposes countermeasures and suggestions to accelerate the construction of community workers team, improve sharing mechanisms of emergency resource, enhance digital governance skills of the leading cadres and improve modern social organization management mechanisms. All of above highlights the multidimensional practice of Shaanxi in promoting the modernization of its governance system and governance capabilities actively.

The section of Case Investigations covers the construction of a child friendly community in Xi'an, the strengthening and innovation of social governance practices in Gaoling district, the innovative practice of village level deliberation and consultation in Xunyang county, and pilot practice of grid based grassroots governance in Chang'an District of Xi'an City. It proposes countermeasures and suggestions such as consolidating the division of responsibilities for child friendly community construction, strengthening Party building to lead grassroots governance, enhancing residents' awareness and ability to participate in democratic consultation and accelerating integration of grid resource. This section provides decision-making reference to improve relevant fields of work and open a new chapter in high-quality social development for Shaanxi.

The authors of this book are largely from the Department of Sociology, Political and Legal Research and Education Research of Shaanxi Academy of Social Sciences (SASS), and actively absorbs the research fellows from other universities, research institutes, and relevant government functional departments within the province, greatly ensuring the objectivity, foresight, and guidance of analysis and judgment of the report.

Keywords: High-quality Development; Livelihood Security; Social Governance; Shaanxi Province

目 录 ⊾

Ⅰ 总报告

Ⅱ 民生篇

Ⅲ 治理篇

Ⅳ 案例篇

皮书数据库阅读 **使用指南**

CONTENTS ⟩

I   General Report

II   Livelihood Issues

Ⅲ   Social Governance Issues

Ⅳ   Case Investigations

总 报 告

B.1

陕西社会高质量发展研究报告

陕西省社会科学院社会学研究所课题组*

摘　要：　党的二十大报告提出，高质量发展是全面建设社会主义现代化国家的首要任务。本报告围绕"社会高质量发展"目标，从教育发展、劳动就业、城乡收入、社会保障、人民健康等维度深入分析了陕西发展现状及其趋势，发现陕西省教育事业统筹发展、就业形势总体稳定、居民收入持续增长、社会保障水平稳步提升、人民健康福祉持续增进。梳理呈现了陕西社会高质量发展过程中所面临的不平衡不充分等问题和挑战，基于此，建议从着力提高教育发展水平、抓实落细就业优先政策、多措并举促进农民增收、健全多层次社会保障体系、做好全生命周期健康服务等方面推进陕西社会高质量发展。

---

*　课题组组长：张春华，陕西省社会科学院社会学研究所副所长，研究员，研究方向为网络舆情、发展社会学；课题组成员：尹小俊、马朵朵、王旭瑞、杨红娟、高萍、张芙蓉、田丽丽、吴菲霞。总报告执笔人：尹小俊，陕西省社会科学院社会学研究所副研究员，研究方向为就业政策、大学生就业；马朵朵，陕西省社会科学院社会学研究所助理研究员，研究方向为养老服务；王旭瑞，陕西省社会科学院社会学研究所副研究员，研究方向为质性社会学、乡村社会文化。

关键词： 陕西社会　高质量发展　生活品质　民生保障

习近平总书记指出，高质量发展，就是能够很好满足人民日益增长的美好生活需要的发展，是体现新发展理念的发展，是创新成为第一动力、协调成为内生特点、绿色成为普遍形态、开放成为必由之路、共享成为目的的发展。[①] 围绕高质量发展这个首要任务，立足陕西，对标西部，放眼全国，对陕西社会高质量发展情况进行研究分析，是奋力谱写中国式现代化建设的陕西新篇章、争做西部示范的内在要求。

一　陕西社会高质量发展现状与趋势

本报告围绕陕西"社会高质量发展"目标，从教育、就业、收入、社会保障及卫生健康等民生维度着手，总结归纳了陕西社会民生发展现状及趋势，凸显其自身优势和阶段特征，以期进一步提升民生保障能力和公共服务整体水平。

（一）教育发展整体见成效

近几年，陕西教育领域保持发展势头，教育供给稳步增长，人才培养规模扩大，高等教育综合实力持续彰显，教师学历水平不断提高。

具体来看，教育供给是教育发展的基本保障。近几年，陕西省教育经费、普通高校数量等呈增长态势。从教育经费看，2022 年全省教育经费总投入达到 1758.75 亿元，比 2021 年增长 4.93%，其中，国家财政性教育经费（含一般公共预算教育经费 1052.34 亿元，比 2021 年增长 1.81%）达到 1329.05 亿元，比 2021 年增长 4.03%。从 2018 年以来的整体趋势看，全省

---

① 习近平：《论把握新发展阶段、贯彻新发展理念、构建新发展格局》，中央文献出版社，2021，第 215 页。

教育经费总投入、国家财政性教育经费、一般公共预算教育经费等均保持了增长势头（见表1）。

表1 2018~2022年陕西教育经费投入及其增长情况

单位：亿元、%

年份	全省教育经费		国家财政性教育经费		全省一般公共预算教育经费	
	金额	比上年增长	金额	比上年增长	金额	比上年增长
2018	1343.77	8.89	1035.10	7.66	855.68	5.11
2019	1488.09	10.74	1149.74	11.08	944.63	10.40
2020	1566.16	5.25	1222.51	6.33	993.03	5.12
2021	1676.17	7.02	1277.53	4.50	1033.68	5.49
2022	1758.75	4.93	1329.05	4.03	1052.34	1.81

资料来源：2018年、2019年、2020年、2021年、2022年陕西省教育经费执行情况统计公告。

另外，从高等教育学校（机构）（包括普通本科学校和高职院校）看，2022年全国普通、职业高等学校共2760所，其中，陕西省拥有97所高校，包括普通本科学校55所，高职院校40所，本科层次职业学校2所[①]，较2018年增加本科层次职业学校2所。从普通本科学校数量来看，陕西省在全国排名第九，在西部排名第一（见表2）。

表2 2022年西部地区、全国平均水平的普通高等学校数量

单位：所

地区	普通高等学校数量（普通本科学校、高职院校）	
	总数	普通本科学校
内蒙古	54	17
广西	85	36
重庆	70	25
四川	134	52

① 全国和陕西普通高等、职业学校数据均来源于教育部：2022年教育统计数据：高等教育学校（机构）数。

续表

地区	普通高等学校数量（普通本科学校、高职院校）	
	总数	普通本科学校
贵州	75	28
云南	82	32
西藏	7	4
陕西	97	55
甘肃	49	20
青海	12	4
宁夏	20	8
新疆	55	18
全国平均水平	89.03	39.97

高学历人才规模是人才培养的主要目标之一。除了普通高等教育学校以外，陕西还拥有培养研究生的科研机构 22 所[①]。2022 年，全省研究生招生66556 人，比 2021 年增加 3786 人，增长 6.03%；在学研究生 201571 人，比2021 年增加 16150 人，增长 8.71%；其中，在学博士生 29590 人，比 2021年增加 2639 人，在学硕士生 171981 人，比 2021 年增加 13511 人[②]。从 2018年以来的趋势看，招收研究生数和在学研究生数逐年增加，高学历人才培养持续发展（见图 1）。

建设世界一流大学和一流学科是党中央、国务院做出的重大战略决策，有利于提升教育发展水平、增强核心竞争力。2017 年，陕西有 8 所高校 17个学科分别入选第一轮国家"世界一流大学和一流学科建设高校"（简称"双一流"建设高校）和"双一流"建设学科名单[③]，占陕西 55 所普通本科高校的 14.5%，支撑了陕西研究型高等教育质量进一步提高。2022 年 2月，陕西第一轮 8 所"双一流"建设高校全部通过专家委员会认定，进入

---

① 陕西省人民政府：《2022 年陕西教育事业发展统计公报》。
② 陕西省人民政府：《2022 年陕西教育事业发展统计公报》。
③ 教育部、财政部、国家发展改革委公布的《"双一流"建设高校名单》，2017 年 9 月 20 日。

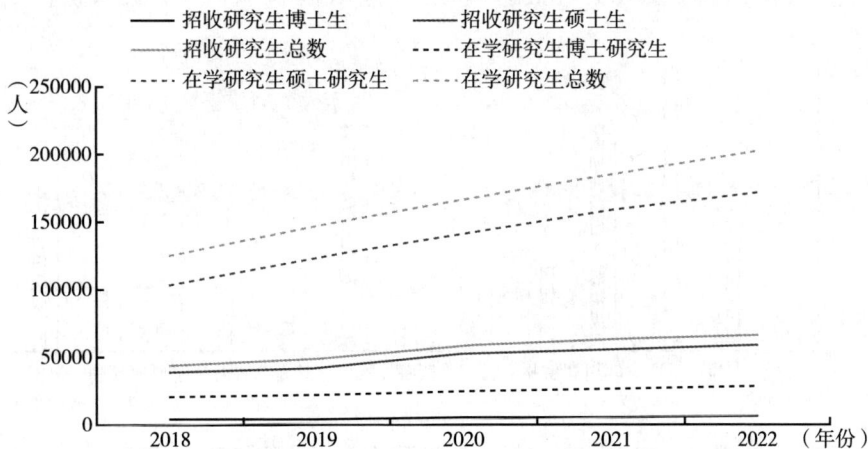

图 1 2018~2022 年陕西招收和在学研究生人数

第二轮"双一流"建设高校名单，并新增 3 个一流建设学科。① 另外，陕西还有 8 所高职院校入选"中国特色高水平高职学校和专业建设计划建设单位"名单②，占陕西 40 所高职院校的 20%，为陕西高等职业教育发展树立了标杆。从西部地区看，陕西省入选国家"双一流"建设高校数量、入选国家"双高计划"建设高职院校数量均与四川省等同，两项指标分别位于西部第一位和第二位（见图 2），在一定程度上反映了陕西高等教育在研究型教育和职业型教育方面的质量和水平。

教师学历水平是师资力量的重要体现。在初中教育方面，2022 年陕西初中专任教师总数为 106155 人，其中本科及以上学历 100724 人，占比94.88%。2018~2022 年，初中专任教师本科及以上学历人数逐年增加，占比也基本保持增长趋势。在高中教育方面，2022 年陕西普通高中专任教师57339 人，其中硕士及以上学历 9036 人，占比 15.76%。2018~2022 年，普

---

① 吕扬：《陕西 8 所高校 20 个学科入选"双一流"名单》，《陕西日报》2022 年 2 月 15 日，第 10 版。

② 教育部、财政部 2019 年 12 月 10 日发布的《中国特色高水平高职学校和专业建设计划建设单位名单》，2023 年 1 月 30 日对"双高计划"中期绩效评价结果予以公布。

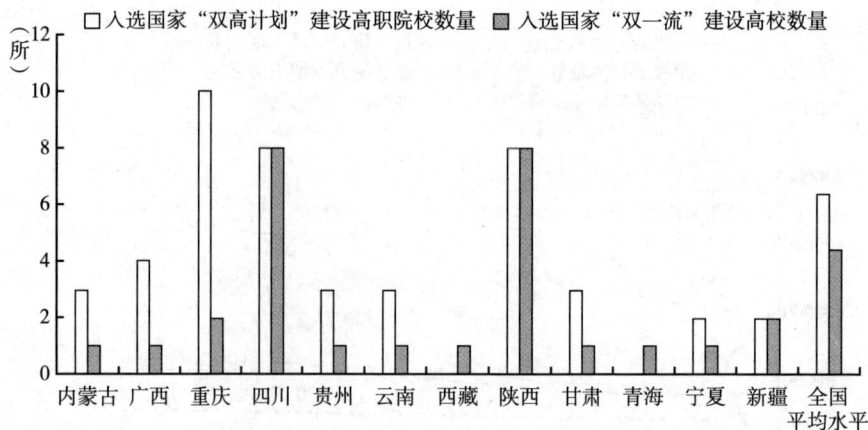

**图2　西部地区入选国家"双高计划"建设高职院校数量
和入选国家"双一流"建设高校数量及全国平均水平**

资料来源：教育部、财政部2019年12月10日发布的《中国特色高水平高职学校和专业建设计划建设单位名单》；教育部、财政部、国家发展改革委2017年9月20日公布的《"双一流"建设高校名单》。

通高中专任教师硕士及以上学历人数逐年增加，占比也相应增长。高学历初中和高中专任教师占比增长趋势明显（见表3）。

**表3　2018~2022年陕西省初中专任教师本科及以上学历人数及占比、
普通高中专任教师硕士及以上学历人数及占比**

单位：人、%

年份	初中专任教师本科及以上学历人数	占比	普通高中专任教师硕士及以上学历人数	占比
2018	90305	91.70	6543	11.40
2019	92507	92.58	7129	12.40
2020	94819	93.78	7901	13.81
2021	97330	93.33	8420	14.79
2022	100724	94.88	9036	15.76

注：2018~2022年数据均来源于教育部相应年份普通高中教育专任教师分学历、分专业技术职务情况（总计），初中教育专任教师分学历、分专业技术职务情况（总计）。

从西部地区看，2022 年，陕西初中专任教师本科及以上学历人数占比位居西部第二，普通高中专任教师硕士及以上学历人数占比也位居西部第二（见表4），初高中教育师资队伍建设较好。

表4　2022 年西部地区初中专任教师本科及以上学历人数及占比[①]、普通高中专任教师硕士及以上学历人数及占比[②]和全国平均水平

单位：人、%

地区	初中专任教师本科及以上学历			普通高中专任教师硕士及以上学历		
	教师总数	本科及以上学历人数	本科及以上学历占比	教师总数	硕士及以上学历人数	硕士及以上学历占比
内蒙古	63969	60069	93.90	40737	7776	19.01
广西	162141	141372	87.19	83638	5329	6.37
重庆	85541	80554	94.17	44213	5770	13.05
四川	223840	194859	87.05	111409	11600	10.41
贵州	131513	119881	91.16	71721	5136	7.16
云南	138550	128898	93.03	76425	4784	6.26
西藏	12614	11876	94.15	6588	465	7.01
陕西	106155	100724	94.88	57339	9036	15.76
甘肃	82617	74266	89.89	47955	5771	12.03
青海	16777	14918	88.92	10789	889	8.24
宁夏	21441	20371	95.01	13063	1628	12.46
新疆	89328	77096	86.31	40821	2461	6.01
全国平均水平	129845.06	119080.68	91.71	68811.58	8998.03	13.08

注：①初中专任教师本科及以上学历指标全国及各省份数据均根据教育部 2022 年教育统计数据（各地基本情况）：初中专任教师分学历、分专业技术职务情况（总计），经计算得出人数和占比（全国平均水平根据总数计算出 31 个省区市平均数）。

②普通高中专任教师硕士及以上学历指标全国及各省份数据均根据教育部 2022 年教育统计数据（各地基本情况）：普通高中专任教师分学历、分专业技术职务情况（总计），经计算得出人数和占比（全国平均水平根据总数计算出 31 个省区市平均数）。

（二）劳动就业形势保持总体稳定

整体上看，陕西就业形势保持稳中有增，一方面就业规模继续增长，另

一方面就业质量不断提升。

对就业规模而言，随着一系列稳就业政策举措陆续出台，陕西城镇就业新增人数按照目标预期实现有序增长，充分发挥了良好的政策激励效应，就业形势整体稳定。数据显示，2023年陕西省城镇新增就业规模达到43万人[1]，达到了本年度预期目标任务（即城镇新增就业40万人以上），比2022年增加了0.08万人。

对就业质量而言，衡量就业质量的指标更多体现在就业人员素质和就业结构层面。15岁及以上人口平均受教育年限反映了对应年龄段的人口素质，该指标呈现明显增长趋势。第七次全国人口普查公报数据显示，陕西15岁及以上人口平均受教育年限达到10.26年，比第六次全国人口普查结果（9.36年）增加了0.9年[2]，居西部地区首位。进一步观察劳动年龄人口平均受教育年限，"十三五"期间，全省达到10.91年，新增劳动力接受高等教育比例达到59.81%[3]，"七普"数据显示[4]，16~59岁劳动年龄人口平均受教育年限达到11.12年，比"六普"增加了1.2年。此外，接受过高等教育的人口占比也相应提高，比如"七普"陕西省16~59岁劳动年龄人口中大专及以上受教育程度人口占比为27.87%，比"六普"增加了13.76个百分点，十年间增幅明显。综合以上几组数据分析，陕西省就业人员受教育程度及其整体素质有了进一步提升，有利于增强就业市场竞争力。

---

① 陕西省人民政府：《政府工作报告》，《陕西日报》2024年1月31日，第1版。

② 国家统计局 国务院第七次全国人口普查领导小组办公室：《第七次全国人口普查公报（第六号）——人口受教育情况》，http://www.stats.gov.cn/xxgk/sjfb/zxfb2020/202105/t20210511_1817201.html，发布时间：2021年5月11日，最后检索时间：2023年10月20日。

③ 陕西省教育厅 陕西省发展和改革委员会：《陕西省教育事业发展"十四五"规划》，http://jyt.shaanxi.gov.cn/news/jiaoyutingwenjian/202204/22/20420.html，发布时间：2022年4月22日，最后检索时间：2023年10月20日。

④ 陕西省统计局：《人均预期寿命显著延长 劳动年龄人口供给充裕——党的十八大以来陕西经济社会发展成就之十三》，https://mp.weixin.qq.com/s?__biz=MzA3MzQyNjg0Nw==&mid=2649804527&idx=1&sn=9ea50e82ae0d30ad4ad616227467e261&chksm=870b5c1fb07cd5094e611d9abc9f20dc89fa8be43ef78b86759c4a3710dd8179ff60faebf43b&scene=27，发布时间：2022年10月9日，最后检索时间：2023年10月20日。

城镇就业占比反映的是城乡就业结构性调整变化，该指标与城镇化进程密切相关。从近三年数据看，2020 年陕西城镇就业占比为 58.67%，2021 年为 59.92%，2022 年为 59.83%①，城镇就业人口数量均超过 1200 万人，发展趋势基本保持稳定（见图 3）。

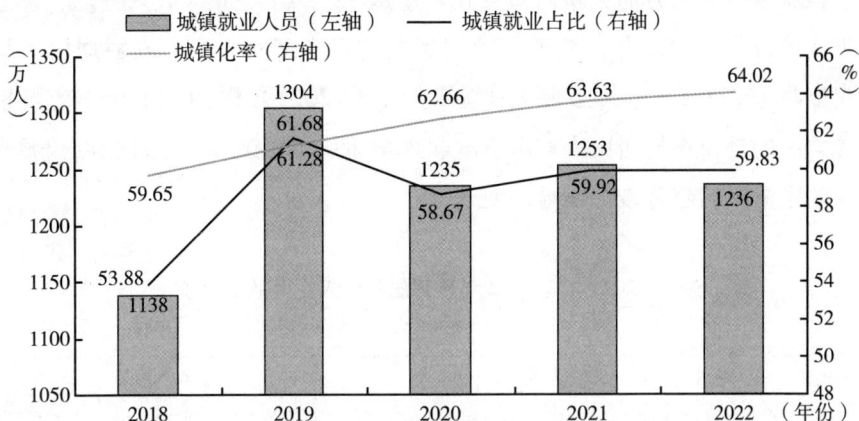

图 3　2018～2022 年陕西省城镇就业人员、城镇就业占比、城镇化率

资料来源：《陕西统计年鉴 2023》。

（三）城乡居民收入持续增长

近年来，陕西城乡居民收入保持增势，其中，收入规模及其增速延续较快的增长态势，收入结构有序调整优化增长。

在收入规模上，全省城乡居民收入有不同程度增长。2023 年，陕西居民人均可支配收入 32128 元，较 2022 年同期增长 2012 元。其中，城镇居民人均可支配收入 44713 元，较 2022 年同期增长 2282 元；农村居民人均可支配收入 16992 元，较 2022 年同期增长 1288 元。

在收入增速上，整体来说，陕西城乡居民收入保持了良好增势。全省城乡居民人均可支配收入增速较 2022 年有较大增长，且农村居民收入同比名

① 陕西省统计局、国家统计局陕西调查总队编《陕西统计年鉴 2023》，中国统计出版社，2023。

义增速快于城镇。2023 年陕西居民人均可支配收入同比名义增长 6.7%，较 2022 年快 1.3 个百分点。其中，城镇居民人均可支配收入同比增长 5.4%，增速较 2022 年快 1.2 个百分点；农村居民人均可支配收入同比增长 8.2%，增速较 2022 年快 1.7 个百分点。

在城乡收入比方面，陕西城乡收入差距持续缩小，相应收入分配状况进一步获得改善。2023 年，陕西城镇居民人均可支配收入高于农村居民人均可支配收入 27721 元，城乡收入比为 2.63，较 2022 年同期缩小 0.07。特别需要关注的是，农村居民人均可支配收入增速快于城镇 2.8 个百分点，城乡收入差距缩小的趋势较为明显（见表 5）。

表 5　2023 年与 2022 年陕西居民收入主要数据比较

单位：元、%

年份	收入规模				收入增速		
	居民人均可支配收入	城镇居民人均可支配收入	农村居民人均可支配收入	城乡居民收入比	居民人均收入同比名义增速	城镇居民收入同比名义增速	农村居民收入同比名义增速
2023	32128	44713	16992	2.63	6.7	5.4	8.2
2022	30116	42431	15704	2.70	5.4	4.2	6.5

资料来源：国家统计局陕西调查总队 2023 年、2022 年调查数据发布解读。

在收入结构上，全省城乡居民收入结构逐步优化，工资性收入、经营净收入、财产净收入、转移净收入实现全方位增长。其中，工资性收入增长仍然是居民增收的主要驱动力和主要来源渠道。具体而言，2023 年，从四类可支配收入的同比增加值及其相应占比来看，陕西居民人均工资性收入 17302 元，同比增加 1249 元，占可支配收入的 53.9%，这些数据显示，工资性收入是陕西居民的主要收入来源，超过一半的占比，工资性收入在促增收领域能够发挥主导性作用；人均经营净收入 4127 元，同比增加 231 元，占可支配收入的 12.8%，有一定程度的增长；人均财产净收入 1978 元，同比增加 54 元，占可支配收入的 6.2%，表明居民财产净收入小幅增长；人均转移净收入 8720 元，同比增加 478 元，占可支配收入的 27.1%，也有相应程度的增长。从四类可支配收入实际增幅来看，陕西居民人均工资性收入、经营净收入、财产净收入、转移净收入与 2022 年同期相比均有不同幅度的增长，其中，陕西居民人均工资性收入增幅最高，达到 7.8%，人均经营净收入和转移净收入增幅较为接近，分别为 5.9% 和 5.8%，人均财产净收入增幅为 2.8%。[1]

（四）社会保障水平稳步提升

综合来看，陕西社会保障整体水平持续提高，主要体现在社会保险、社会救助以及重点群体服务保障等领域。

在社会保险方面，2018～2022 年，陕西养老保险、失业保险、工伤保险覆盖率呈明显上升趋势（见表 6）。2022 年陕西养老保险覆盖率为 79%，在西部地区位列第二（见表 7）。2018～2022 年，全省基本养老、失业、工伤保险覆盖人数分别增长 16%、34.6%、41.8%。2023 年，全省统一调整失业保险金类区并提高标准，其中最低标准人均增加 180 元，增幅 11%，其保障水平与陕西省经济发展速度和增长水平同步[2]。

表 6　2018～2022 年陕西省社会保险覆盖率

单位：%

年份	养老保险覆盖率	医疗保险覆盖率	失业保险覆盖率	工伤保险覆盖率	生育保险覆盖率
2018	70	99	9	13	10
2019	72	100	11	15	12
2020	74	99	11	15	13

---

[1] 国家统计局陕西调查总队：《2023 年陕西居民人均可支配收入增长 6.7%》，微信公众号：陕西调查，2024 年 1 月 17 日。

[2] 陕西省人力资源和社会保障厅：《我省提高失业保险待遇标准》，https：//rst. shaanxi. gov. cn/newstyle/pub_ newsshow. asp？id＝1028836&chid＝100079，发布时间：2023 年 5 月 11 日，最后检索时间：2024 年 3 月 5 日。

续表

年份	养老保险覆盖率	医疗保险覆盖率	失业保险覆盖率	工伤保险覆盖率	生育保险覆盖率
2021	77	98	12	16	14
2022	79	93	12	16	13

资料来源：《中国统计年鉴》。

表7 2022年全国和西部省区市社会保险覆盖率

单位：%

地区	养老保险覆盖率	医疗保险覆盖率	失业保险覆盖率	工伤保险覆盖率	生育保险覆盖率
内蒙古	71	90	13	15	14
广西	73	103	10	12	10
重庆	80	100	19	23	17
四川	78	100	14	18	15
贵州	70	109	9	15	9
云南	70	97	8	12	9
西藏	65	93	9	14	12
陕西	79	93	12	16	13
甘肃	76	103	8	12	10
青海	74	94	11	19	12
宁夏	71	91	16	20	16
新疆	61	90	15	19	16
全国	75	95	17	21	17

注：表中出现医疗保险覆盖率大于100的情况是因为存在重复参加医疗保险的现象。
资料来源：《中国统计年鉴》。

在社会救助方面，近年来，全省社会救助工作范围不断扩大，各类专项救助全面开展。2022年，陕西省精准帮扶监测对象6.84万户、20.93万人，4个县入选全国乡村振兴示范县[①]。2023年，陕西省城乡低保标准分别提高

---

① 陕西省人民政府：《政府工作报告》，《陕西日报》2023年1月19日，第1版。

5%和11%，脱贫人口人均纯收入增长15.2%。[①]

在重点群体服务保障方面，2018~2021年提供住宿的民政机构儿童福利和救助床位数五年来均保持在0.3万张的水平，2022年进一步增长至0.31万张。[②] 全省"一老一小"政策和配套措施全面落实，2022年社区老年人日间照料中心覆盖90%以上城市社区[③]，2023年陕西省建成乡镇（街道）区域养老服务中心300个[④]。在重点群体住房保障方面，陕西省持续扎实做好重点对象住房安全保障工作，2018~2022年，陕西省棚户区改造32万套，城镇老旧小区改造惠及110万户，172万农村人口住房安全问题得到有效解决[③]。2023年，陕西省新开工改造城镇老旧小区2016个，惠及居民23.14万户[⑤]。从整体上看，全省重点群体福利保障工作逐步完善。

（五）人民健康福祉达到新水平

近几年对照来看，陕西人民健康福祉发展势头良好，包括人均预期寿命、妇幼保健水平、医疗健康资源以及健康环境等方面的变化都有所体现。

人均预期寿命提升明显。第七次全国人口普查数据显示，陕西人均预期寿命达到77.80岁，比2015年提高2.1岁，比第六次全国人口普查数据增加3.12岁，平均年增0.312岁，逐年上升趋势突出。其中，陕西男性人均预期寿命为75.59岁，女性人均预期寿命达到了80.24岁；从整体上看，陕西省男性人均预期寿命10年间增幅2.45岁，年均0.245岁，与此同时，女性人均预期寿命增幅为3.5岁，年均0.35岁，女性优势更加凸显。

妇幼保健水平不断提升。2018~2022年，全省孕产妇死亡率总体呈现下

① 陕西省人民政府：《政府工作报告》，《陕西日报》2024年1月31日，第1版。
② 国家统计局编《中国统计年鉴2019》，中国统计出版社，2019；国家统计局编《中国统计年鉴2020》，中国统计出版社，2020；国家统计局编《中国统计年鉴2021》，中国统计出版社，2021；国家统计局编《中国统计年鉴2022》，中国统计出版社，2022；国家统计局编《中国统计年鉴2023》，中国统计出版社，2023。
③ 陕西省人民政府：《政府工作报告》，《陕西日报》2023年1月19日，第1版。
④ 陕西省人民政府：《政府工作报告》，《陕西日报》2024年1月31日，第1版。
⑤ 陕西省人民政府：《政府工作报告》，《陕西日报》2024年1月31日，第1版。

降趋势（见图4）。2022年，陕西孕产妇死亡率、婴儿死亡率两项指标数值均有不同程度下降，分别低于全国7.37/10万、2.42个千分点①。

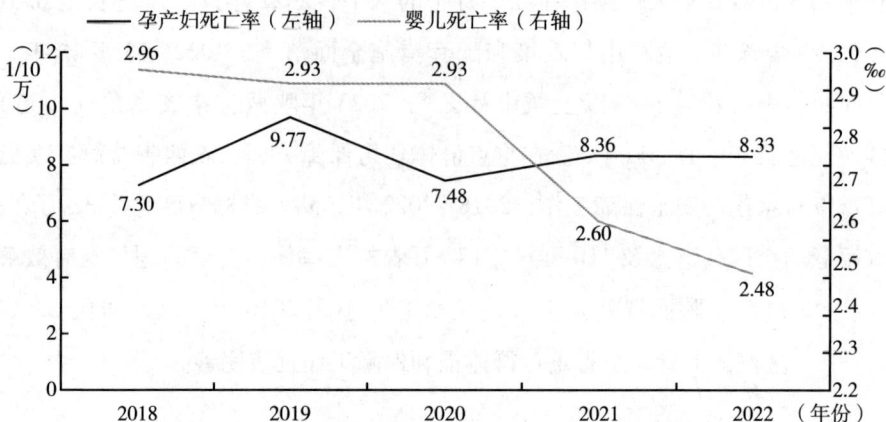

图4　2018~2022年陕西省孕产妇死亡率、婴儿死亡率

资料来源：《陕西省2018年卫生健康事业发展统计公报》《陕西省2019年卫生健康事业发展统计公报》《陕西省2020年卫生健康事业发展统计公报》《2021年陕西省卫生健康事业发展统计公报》《2022年陕西省卫生健康事业发展统计公报》。

健康资源充分体现了一个区域内医疗卫生人才队伍以及医疗卫生基础设施建设情况，具体主要有"人"和"物"两类资源，前者体现以卫生技术人员、执业（助理）医师、注册护士等为主的健康卫生专业技术人才资源支撑程度，后者更多依赖于医疗卫生机构中的床位数规模，整体上，陕西医疗进入提质扩容发展阶段。在健康卫生人才资源规模层面，2022年与2021年相比，全省卫生人员总数、卫生技术人员、执业（助理）医师、注册护士分别增加1万人、0.96万人、0.5万人、0.37万人，相应增幅为2.24%、2.60%、4.15%、2.32%，每千人口执业（助理）医师、每千人口注册护士增长值依次为0.12人、0.09人，每万人口全科医生数、每万人口专业公共卫生机构人员增幅分别为11.34%、1.16%，整体上升趋势较为明显，为更好地完成卫生医疗工作奠定了良好的人才资源储备（见表8）。

①　国家卫生健康委员会：《2022年我国卫生健康事业发展统计公报》，2023年10月12日。

表 8　2021～2022 年陕西省健康卫生人才资源情况

单位：万人，人

年份	人才资源规模指标				人才资源均值指标			
	卫生人员	卫生技术人员	执业（助理）医师	注册护士	每千人口执业（助理）医师	每千人口注册护士	每万人口全科医生	每万人口专业公共卫生机构人员
2021	44.59	36.86	12.06	15.94	3.05	4.03	3.35	7.79
2022	45.59	37.82	12.56	16.31	3.17	4.12	3.73	7.88

资料来源：《2022 年陕西省卫生健康事业发展统计公报》。

医疗卫生机构的床位数决定着医疗卫生机构的整体收治能力和医疗资源周转能力，在一定程度上反映医疗卫生机构具有的基础性竞争力。与 2021 年相比，2022 年，陕西省医疗卫生机构床位数增加 0.50 万张，其中医院占比 82.29%，基层医疗卫生机构占比 14.24%，专业公共卫生机构占比 3.30%，其他卫生机构占比 0.17%。每千人口医疗卫生机构床位数由 2021 年的 7.20 张增加到 2022 年的 7.32 张，增加了 0.12 张。[①] 与全国水平相比，2022 年，陕西省每千人口执业（助理）医师、每千人口注册护士、每万人口全科医生数、每万人口专业公共卫生机构人员均高于全国数值[②]，卫生健康领域基础设施和医护人员队伍建设成效明显。

2018～2022 年，陕西省城市空气质量优良天数占比、地表水达到或好于Ⅲ类水体比例两项指标整体均呈明显的增长趋势（见图 5），健康环境不断改善。在城市空气质量方面，2023 年 1～9 月，全省 12 个市（区）空气质量平均优良天数为 203 天，平均优良率为 74.4%。在地表水水质方面，2023 年前 9 个月，全省监测的 101 条河流 230 个断面达到Ⅰ～Ⅲ类的有 222 个，占到 96.5%，其中，汉江、丹江、嘉陵江、渭河干流、延河、无定河水质

---

① 陕西省卫生健康委员会：《2022 年陕西省卫生健康事业发展统计公报》，http://sxwjw. shaanxi. gov. cn/zfxxgk/fdzdgknr/tjxx/202306/t20230630_ 2292362.html，发布时间：2023 年 6 月 30 日，最后检索时间：2023 年 10 月 20 日。

② 国家卫生健康委员会：《2022 年我国卫生健康事业发展统计公报》，2023 年 10 月 12 日。

优，渭河支流水质良好①。在城市绿化方面，全省城市建成区绿地率、绿化覆盖率、人均公园绿地面积、公园绿地服务半径覆盖率依次为 37.63%、41.76%、12.9 平方米、84.84%，②城市绿色生态环境基础建设不断提速，尤其是公园城市的提出直接促进陕西朝着建设更加健康的人居环境方向发展，有利于推动创建高品质的健康生活环境。

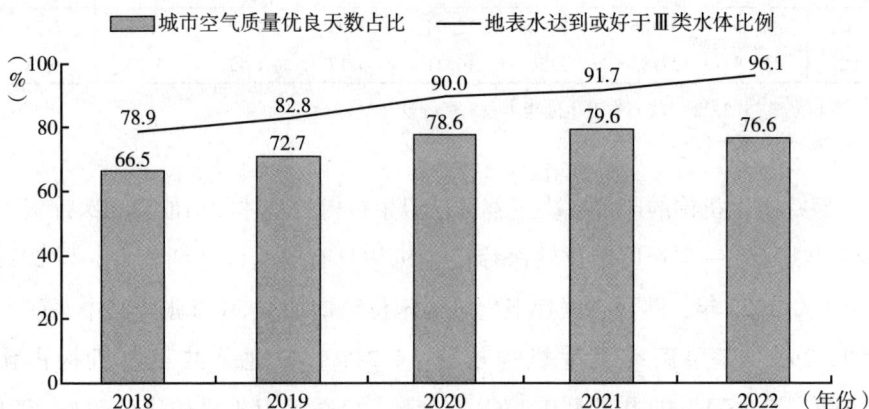

图 5　2018~2022 年陕西城市空气质量优良天数占比、地表水达到或好于Ⅲ类水体比例

资料来源：《2018 年陕西省生态环境状况公报》《2019 年陕西省生态环境状况公报》《2020 年陕西省生态环境状况公报》《2021 年陕西省生态环境状况公报》《2022 年陕西省生态环境状况公报》。

二　陕西社会高质量发展面临的挑战

陕西推进社会高质量发展进程中，社会发展水平持续提高，社会民生事

---

① 陕西省生态环境厅：《2023 年 1~9 月全省环境质量状况》，https：//sthjt. shaanxi. gov. cn/html/hbt/newstype/hbyw/hjzl/hjzlbgnew/1734826415978061825.html，发布时间：2023 年 12 月 13 日，最后检索时间：2023 年 12 月 30 日。

② 陕西省绿化委员会办公室：《2022 年陕西国土绿化公报》，http：//lyj. shaanxi. gov. cn/zwxx/lydt/202303/t20230312_ 2278045.html，发布时间：2023 年 3 月 12 日，最后检索时间：2023 年 10 月 20 日。

业逐步改善，社会建设效果凸显，但也同时面临着发展不平衡不充分等问题和挑战。

（一）社会发展不平衡不充分问题仍然存在

党的十九大报告指出，发展不平衡不充分问题已经成为满足人民日益增长的美好生活需要的主要制约因素。这一问题是当前陕西推进社会高质量发展面临的现实挑战之一。其中，社会发展不平衡问题反映的是城乡、区域、行业、群体间民生资源分配的差异性，例如居民收入分配、教育民生资源配置等在不同区域及城乡之间存在一定的差距。社会发展不充分问题体现的是与人民群众对美好生活的期待和需求相比，社会民生领域发展程度、结构及其质量还有待于进一步优化提升，比如还需要解决个别群体在收入、教育、就业、医疗、养老等民生领域的实际困难。综合来看，陕西省内各地受资源禀赋、自然条件、经济基础、交通区位、历史延续等因素的叠加影响，基础设施建设、公共服务供给等民生领域容易出现发展不平衡、不充分的问题，社会发展质量有待进一步提升。

（二）办好人民满意的教育仍需持续深化

办好人民满意的教育呼唤教育高质量发展。一方面，基础教育高质量发展有待提升。目前学前教育发展普惠程度不足，部分区域"入公办园难"问题依然存在；义务教育优质均衡发展仍在推进过程中，但涉及城乡、区域、校际等结构性问题有待进一步优化调整解决；普通高中教育资源配置在县域整体与重点城区之间存在一定的差距，多样化、特色化的办学风格还不太明显。另一方面，教育强省、科技强省、人才强省建设目标之间还未完全形成匹配对应的协同关系，"三位一体"的发展格局仍需深化；校企合作机制亟须优化完善，部分职业院校的产教融合广度、深度、力度需要加强，相关政策实施落地见效仍面临不同程度的挑战，以致职业院校育才与企业引才用才的效益发挥对接并未达到最佳效果，相关长效机制有待进一步健全。此外，推进"双一流"建设仍有增长拓展空间，目前全省入选"双一流"的

8所高校中仅有1所为省属高校，相对较少；入选的一流建设学科发展也相对不平衡，事实上出现了"工科强、理科弱、文科落后"的现象。

（三）重点群体就业增收依然面临不小压力

当前，随着外部环境影响因素的复杂多变，全省就业形势稳中承压、稳中有忧，冲击性失业和结构性失业交织叠加，使得高校毕业生和农民工两大类就业群体短期内受到一定程度的影响，结合就业数据变动情况来看，当前仍需进一步巩固就业市场的复苏基础和稳岗趋势，防范反弹变化。受总体经济形势变化和就业规模基数影响，高校毕业生作为重点就业群体，就业压力依然较大。此外，返乡回流农民工就地就近就业的需求大量增加，但农民工属于就业市场相对弱势群体，实现高质量充分就业仍面临较大的压力。进一步从城乡居民增收层面看，收入的结构性问题短期内难以彻底改变，工资性收入依旧是居民的主要收入来源，而经营净收入和财产净收入占比较低；城乡居民收入差距虽已持续缩小，但城乡居民稳收入、促进收入快速增长的难度不小，尤其是农村居民收入提升依然是一个持续较长时间的挑战。

（四）人口高质量发展的挑战逐渐显现

伴随人口出生率下降趋势、人口预期寿命稳步增加，陕西进入中度老龄化社会，与此同时，持续出现人口结构不太均衡状况，导致社会抚养负担逐步加重，由此直接带来了"一老一少"的照护问题，继而对家庭养老、生育、养育、教育等产生影响，进一步制约社会民生福祉资源有效配置和政策引导。在养老服务保障方面，与老年人不断增长的现实需求趋势相比，相应的供给规模、支持力度、保障能力明显匹配不足。在婴幼儿照护方面，存在托育服务资源存量有限、增量较慢、普惠性服务供给不足、行业服务质量亟须标准化与规范化等一系列问题。与此同时，面对人口高质量发展需求，医疗卫生资源不平衡问题也逐渐显现，除西安市以外，陕西省内其他地市所属优质医疗资源分布不均、相对稀缺，仍需因地制宜加速推进优质医疗资源下沉、完善三级医疗诊疗体系、提升基层医护人员专业能力等配套举措落地落实，以进一步解决人民群众遇到的"挂号难""看病难"问题。

三　陕西社会高质量发展对策建议

习近平总书记指出，保障和改善民生没有终点，只有连续不断的新起点，要采取针对性更强、覆盖面更大、作用更直接、效果更明显的举措，实实在在帮群众解难题，为群众增福祉，让群众享公平。[①] 要坚持在发展中保障和改善民生，不断增进民生福祉，进一步提高人民生活品质，更好地满足人民日益增长的美好生活需要。

（一）着力提高教育发展水平，努力提升人民教育获得感

一是适当增加教育经费投入，统筹规划经费使用。重点投入有利于促进教育公平发展的领域，比如义务教育阶段乡村公办学校师资力量的提升和学校硬件设施建设、城乡高中阶段优质公办高中学校的增设等，以进一步缩小城乡教育资源差距。二是改革创新教育管理机制，进一步推动基础教育优质均衡发展。努力提升公办教育质量，让高水平师资队伍流转起来，使得更多学校和学生受益，以满足人民群众对优质公办学校的需求。三是加快建设现代职业教育体系，推动职业教育高质量发展。探索现代学徒制等新的教育体制，培养适应经济社会发展需要的新型职业人才。四是推动高等教育高质量发展。坚持教育优先发展战略，加快推进高等教育高质量发展，扎实推进普通高校空间布局优化设置和"双一流"建设，努力实现高等教育领域的管办评分离，进一步推动普通高校科研管理体制机制改革创新，积极营造学校创新创业育人成长氛围。进一步增强普通高校的办学自主权，充分发挥高校办学积极性、主动性，引导鼓励高校教师潜心教学育人，不断促进普通高校做好科教融合、产教结合的工作。

---

① 《习近平春节前夕赴江西看望慰问广大干部群众》，《人民日报》2016年2月4日，第1版。

（二）抓实落细就业优先政策，推动实现高质量充分就业

一是加强高校毕业生、农民工、退役军人等重点群体就业服务，把促进青年群体尤其是高校毕业生就业工作摆在更加突出和重要的位置，加强城乡就业困难人员、脱贫人口、残疾人、低收入家庭、灵活就业人员等群体就业援助兜底帮扶，坚持"零就业"家庭动态清零。二是精心打造公共就业服务品牌，健全公共就业服务体系，健全完善终身职业技能培训机制，完善职业技能大培训工作发展格局，促进职业教育与技工教育相互融合发展，全力抓好技工教育"强基培优"计划，实施技能根基培养工程，开展多层次和各类补贴性职业技能培训，加强新时代陕西工匠培育，实施职业技能提升行动，做到以订单式、项目制培训促进就业供需双向匹配，最终基本形成"一人有一技，人人有活干，家家有收入"的高质量公共就业创业实践体系。三是落实落细援企稳岗一系列政策，建立完善可观察的就业影响长链条评估机制，以优先优惠政策为先导鼓励开发更多的政策性就业岗位，对现有就业岗位积极挖潜，推进就业见习活动，支持多渠道灵活就业，着力培育新就业形态，覆盖更多的就业重点群体，守住就业基本盘，同时全方位扶持青年群体创新创业，加大零工市场建设力度，完善创新灵活就业社保政策，充分维护新就业形态劳动者的合法权益。

（三）多措并举促进农民增收，进一步缩小城乡居民收入差距

一是综合提升农村居民收入水平。大力发展农村产业促进三产融合，提高农村居民生产性收入、经营性收入及劳动性收入。适当调整农产品价格。提供土地经营权、宅基地使用权等融资服务，加大土地流转等方面扶持力度，增加农民资产性收入。二是优化完善农业产业链，促进农民增收。加强农产品深加工，补齐农产品加工短板，延长农业产业链，保障农民获得更多收益。为农民经营生产和试点创业提供更多融资政策支持，提高金融服务三农效率。三是促进农民经营净收入稳定增长。着力培育规模化农村特色龙头

企业，加快提高农业现代化、技术化、智能化、数字化水平，全面提高特色农产品市场竞争力，扩大农民经营净收入。四是提高脱贫县农村居民收入。因地制宜发展脱贫地区农村产业，在粮食种植、中药材生产、禽畜养殖等方面设置保护价，确保脱贫农民收益。五是提高城乡居民工资性收入。从收入分配结构看，城乡居民收入一半以上来自工资性收入，切实抓好提高收入水平重要实践途径，探索创新政策性增资举措，推进落实工资调整机制，稳步提高城乡居民工资性收入。

（四）健全多层次社会保障体系，持续提高城乡社会保障水平

一是完善社会保险制度。进一步扩大社会保险覆盖面，完善社会保险筹资和待遇调整机制，推动基本医疗保险、失业保险、工伤保险升级统筹，发展多支柱的社会保险体系，持续缩小城乡社会保险待遇水平差距。二是健全分层分类的社会救助体系。加强低收入人口动态监测和常态化救助帮扶，科学合理分类低收入群体，准确识别和评估低收入群体的多样化需求，提供分层次的精准救助，并适时合理提高救助水平，"济贫""助困"两不误，切实保障各类低收入困难群体基本生活。三是全面深入推进养老服务体系建设。持续深化养老服务供给侧需求侧改革，促进养老服务资源整合，提高各类服务资源利用效率，切实解决养老服务城乡发展不平衡不充分问题。加大居家社区养老服务推进力度，提高居家适老化改造水平，提高居家老年人生活品质。加强农村养老服务资源网络建设，提高农村养老服务质量，满足农村老年人养老服务需求。建设多层次养老服务人才队伍体系，提升养老服务人才社会地位和待遇水平。四是提高儿童福利保障水平，落实儿童保障政策。加强农村留守儿童关爱和困境儿童保障工作，推动保障工作精准化、专业化、规范化发展。五是加强保障性租赁住房供给，着力解决住房困难群体的居住问题。持续推进城镇老旧小区和棚户区改造，继续推进农房质量安全提升，改善城乡居民居住条件。

（五）做好全生命周期健康服务，促进优质医疗资源扩容提质和均衡布局

一是加快实施重点人群健康提升计划，全力提升重点人群健康服务水平，着力做好重大慢性病健康管理和防治工作。精心打造全生命周期健康服务体系，健全完善妇幼健康、老龄健康、职业健康、心理健康及精神卫生服务体系建设，全方位覆盖妇女、儿童、老年人、残疾人等重点人群健康服务。广泛组织开展全民健身活动，纵深有力推进爱国卫生运动，倡导践行文明健康生活方式。二是推动优质医疗资源向基层下沉，大力弥补基层卫生短板，优化基层公共卫生服务水平。稳步实施社康服务扩容提质行动计划，按需构建"15分钟社康圈"，着力提升基层医疗卫生服务机构诊疗能力，逐步形成社区医院—社康中心—社康站多连接、便民性、立体化空间布局。配强建设基层卫生人才队伍，加大全科医生培养力度和水平，尽快提高家庭医生签约服务质量，做优做细充分面向基层社区的基本公共卫生服务。三是长期规划培育中医药特色专科，精心建设中医药优势专科集群，全力推动中医药高度融入医改，加快深入打造国家中医药综合改革示范区。持续完善中医医疗服务流程体系，持续建设基层医疗卫生机构中医馆，特色化建设中医药传承创新中心，加强陕西中医药资源挖掘及其技术传承。大力弘扬中医药文化，全面打响陕西中医药品牌，重点优化升级"秦药"品牌。

民 生 篇

B.2
陕西省城乡居民收入研究报告

杜 刚*

摘　要： 本文梳理了陕西城乡居民收入的基本情况，深入分析了影响陕西城乡居民收入的主要因素，从夯实居民增收基础、提升城镇化质量、补齐农村居民收入短板、拓宽城镇居民收入渠道、提升基本公共服务水平等方面提出了提高陕西城乡居民收入的对策建议。

关键词： 城乡居民收入　乡村振兴　公共服务　陕西省

顺应社会主要矛盾新变化、加快提升全省城乡居民收入水平，是落实党的二十大精神、实现中国式现代化的重大战略任务，迫切需要深入分析、系统谋划。

---

* 杜刚，陕西省政府研究室宏观处副处长，研究方向为宏观经济研究分析。

一 陕西省城乡居民收入基本情况

近年来，陕西省深入贯彻习近平总书记历次来陕考察重要讲话重要指示，积极应对错综复杂的国内外经济形势和经济下行压力，坚持以人民为中心的发展思想，不断加大民生投入，城乡居民收入持续增加。

（一）城乡居民收入稳步增长

经济综合实力大幅提升，为提高城乡居民收入奠定了基础。2022年，全省实现地区生产总值32772.68亿元，一般公共预算收入3311.58亿元，人均生产总值82864元。城乡居民收入大幅提升：全体居民人均可支配收入跨越3万元大关、达到30116元，城镇居民人均收入达到42431元，农村居民人均收入达到15704元，分别较2017年增长45.9%、37.7%和53.0%。

（二）与全国的相对差距有所缩小

2022年，全省居民收入达到全国平均水平的81.7%，较2017年提高了2.3个百分点。城镇居民收入由全国平均水平的84.7%提高到86.1%，农村居民收入从全国平均水平的76.4%提高到78.0%。

（三）收入结构逐步优化

农村居民人均收入增速持续快于城镇居民，城乡居民收入比由2017年的3.00∶1收窄至2022年的2.70∶1。2022年，城镇居民人均工资性收入较上年增长4.2%，人均经营净收入较上年增长4.8%，人均财产净收入较上年增长3.4%，人均转移净收入较上年增长4.4%，经营性收入增速高于其他收入增速；农村居民人均工资性收入较上年增长6.5%，人均经营净收入较上年增长6.1%，人均财产净收入较上年增长4.3%，人均转移净收入较上年增长7.2%，工资性收入和转移净收入增速较高，城乡居民收入结构进一步优化。

（四）收入不平衡不充分问题仍然存在

从城乡收入看，2017~2022 年，城乡居民收入绝对差距由 20545 元拉大到 26727 元，城乡居民收入倍差从 2017 年的 3.0 缩小到 2022 年的 2.70，缩小 10%。从区域差距看，近年来，西安居民收入从 2017 年的 32597 元增长到 2022 年的 40214 元，增长 7617 元，不仅一直领跑全省，且大幅拉开与陕北、关中、陕南各市（区）的差距。关中地区除西安外，2017 年铜川、宝鸡、咸阳、渭南居民收入与全省平均水平相比，分别高 1927 元、高 1245 元、高 1203 元、低 2860 元，2022 年分别低 1379 元、低 1770 元、低 2064 元、低 4342 元。陕北地区居民收入增速放缓，2017 年榆林、延安居民收入与全省平均水平相比，分别高 1683 元、2410 元，2022 年分别低于全省 348 元、447 元。陕南地区城乡居民收入整体偏低，2022 年，汉中、安康、商洛三市居民收入排全省后 3 位，分别是全省平均水平的 84.1%、71.1%、65.4%，最低的商洛市仅为西安市的 48.9%。从行业差距看，2022 年，城镇非私营单位 19 个行业就业人员年平均工资为 98843 元，排前 3 位的是信息传输、软件和信息技术服务业 196038 元，科学研究和技术服务业 139832 元，采矿业 138459 元；排后 3 位的是居民服务、修理和其他服务业 45300 元，住宿和餐饮业 45403 元，水利、环境和公共设施管理业 60284 元。城镇私营单位 18 个行业就业人员年平均工资为 54557 元，排前 3 位的是信息传输、软件和信息技术服务业 90905 元，采矿业 79974 元，科学研究和技术服务业 66567 元；排后 3 位的是居民服务、修理和其他服务业 39774 元，住宿和餐饮业 40180 元，农、林、牧、渔业 40596 元。

（五）收入结构仍需优化

一是经营性、财产性收入仍偏低。2022 年，城镇居民人均可支配收入中，经营净收入和财产净收入分别仅为全国平均水平的 57.4% 和 63.9%，在总收入中占比分别低于全国平均水平 3.7 个和 2.7 个百分点。农村居民经营净收入、财产净收入分别仅为全国平均水平的 67.4%、50.9%，在总收入中占比分别低于全国平均水平 4.7 个和 0.9 个百分点。二是工资性收入增长缓慢。工资性收入是城乡居民最主要收入来源。尽管陕西省工资标准持续提高,但工资收入与全国平均水平仍有较大差距,城乡居民工资性收入分别为全国平均水平的 81.9%、76.9%,工资性收入差距占全国收入总差距分别为 78.2%、44.1%。说明陕西省不仅工资水平低,且在四项收入中与全国平均水平相差较大,尤其是城镇居民工资水平更是落后全国平均水平。三是转移净收入提升空间不足。城镇居民转移净收入高出全国平均水平 2775 元,农村居民转移净收入与全国水平相当,在收入中占比分别高出全国 9.5 个、6.1 个百分点。由于目前陕西省城乡居民转移净收入已高于全国平均水平,下一步转移净收入提升空间有限(见表 1)。

表 1　2022 年陕西、全国城乡居民人均可支配收入

指标名称		陕西		全国		收入差距(元)	占比差距(个百分点)
		收入(元)	占比(%)	收入(元)	占比(%)		
城镇居民	人均可支配收入	42431	100.0	49283	100.0	6852	0.0
	(一)工资性收入	24219	57.1	29578	60.0	5359	2.9
	(二)经营净收入	3207	7.6	5584	11.3	2377	3.7
	(三)财产净收入	3348	7.9	5238	10.6	1890	2.7
	(四)转移净收入	11657	27.5	8882	18.0	−2775	−9.5
农村居民	人均可支配收入	15704	100.0	20133	100.0	4429	0.0
	(一)工资性收入	6497	41.3	8449	42.0	1952	0.7
	(二)经营净收入	4702	29.9	6972	34.6	2270	4.7
	(三)财产净收入	259	1.6	509	2.5	250	0.9
	(四)转移净收入	4246	27.0	4203	20.9	−43	−6.1

资料来源:《2022 年居民收入和消费支出情况》①《2022 年陕西省国民经济和社会发展统计公报》②。

---

① 国家统计局:《2022 年居民收入和消费支出情况》,http://www.stats.gov.cn/xxgk/sjfb/zxfb2020/202301/t20230117_1892129.html,发布时间:2023 年 1 月 17 日,最后检索时间:2023 年 11 月 23 日。

② 陕西省统计局、国家统计局陕西调查总队:《2022 年陕西省国民经济和社会发展统计公报》,https://snzd.stats.gov.cn/tjgb/2023/44928.shtml,发布时间:2023 年 4 月 17 日,最后检索时间:2023 年 11 月 23 日。

二 陕西省城乡居民收入影响因素分析

（一）经济增长因素

经济可持续增长是城乡居民收入稳定增长的根本动力。近年来，面对需求收缩、供给冲击、预期转弱等压力，陕西省经济发展速度由中高速向中速转变，经济持续增长的压力较大。2018～2021 年，虽然城乡居民收入在增速上跑赢了 GDP，但经济增速波动牵引着居民收入随之波动（见图 1）。

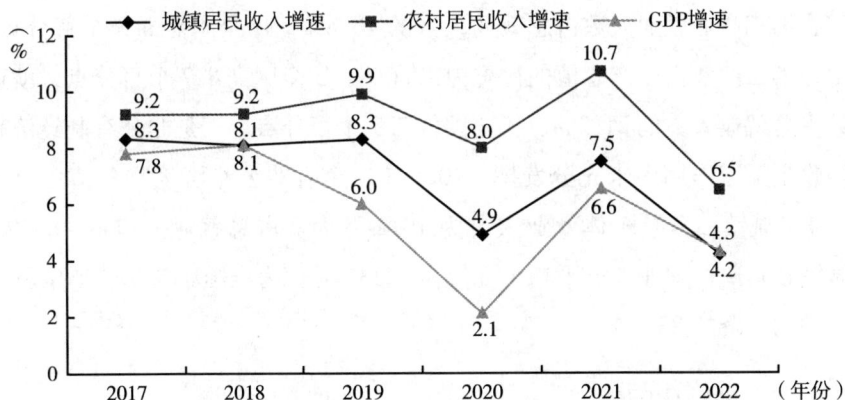

图 1　2017~2022 年陕西城乡居民收入增速与 GDP 增速比较

资料来源：《陕西统计年鉴 2023》；国家统计局陕西调查总队：《2013—2022 年陕西城乡居民收入增速》，https：//snzd. stats. gov. cn/mstj/2023/44842. shtml，发布时间：2023 年 4 月 6 日，最后检索时间：2023 年 11 月 23 日。

2022 年，全省城乡居民人均可支配收入虽然分别以 4.2% 和 6.5% 的幅度增长，但居民消费价格指数（CPI）使居民收入的年均实际增幅缩减为 2.1% 和 4.4%，均比名义增幅低 2.1 个百分点，在一定程度上影响了居民收入增速。

（二）产业结构因素

一是农业劳动生产率相对较低。2022年，陕西省农业在三次产业中的占比为7.9%，而农村人口占全省总人口的36.0%；当年农村劳动力转移就业743.8万人、占全省总人口的18.8%，"农业小省、农民大省"特征明显。长期以来，农户分散、经营主体实力弱、规模小，科技创新能力不足等问题成为制约陕西农业发展和农民增收的瓶颈。农业日报社发布的2022年农业产业化龙头企业500强排行榜中，排名第1的山东有77家企业入围，四川26家，河南17家，湖北17家，而陕西暂无企业入围。农业产业链条短，农村三次产业融合程度低、层次浅，农户难以从产业链和价值链中受益。二是第二、第三产业就业增收的主渠道作用不明显。2021年，陕西省第二、第三产业就业人数占总就业人数的70.8%，比全国低6.3个百分点。其中，第二产业占生产总值的比重为48.6%、比全国高8.7个百分点，就业人数占总就业人数的21.2%、比全国低7.9个百分点。三是非公有制经济就业增收主渠道作用尚未充分发挥。2021年，全省非公经济生产总值占比为51.4%，城镇私营及个体就业人员为1012万人、占总就业人口的48.4%，但城镇私营单位就业人员平均工资仅为52331元，为全国城镇私营单位就业人员平均工资的83.2%。

（三）城镇化因素

一是"半城镇化"现象影响农民增收。2022年，陕西省常住人口城镇化率为64.02%，但大量进城农村转移人口没有享受到与户籍挂钩的诸多公共服务，导致农民工权益减损，直接影响收入提高。同时，一定规模的农民进城，城镇常住人口逐年增多，这无形中拉低了城镇居民平均收入。二是就地城镇化率较低，市民化成本增加。城镇体系不健全，中小城镇发展明显滞后，造成进城农民普遍倾向大中城市，致使购房成本高，教育、医疗等公共资源供需矛盾突出，农民进城门槛提高，难以有效转移农村人口。三是城镇化产业支撑薄弱。中小城市普遍特色产业不明显，基础设施、产业发展、金融支持等落后于中部省份和沿海地区，难以形成人流、物流、资金流等要素聚集效应，产业承载能力弱，吸纳就业能力差，造成城镇居民就业面窄，农业转移人口在非农产业中就业的机会少。

三 提高陕西省城乡居民收入的对策建议

全面提升陕西省城乡居民收入水平是陕西省当前面临的紧迫任务，也是一项系统工程，需要各方面齐心协力、多管齐下，在调高、扩中的同时，大幅度提高低收入人群收入，推动富民增收与经济增长协调发展，不断增强群众的获得感和幸福感。

（一）加快建立有利于增收富民的发展模式，夯实城乡居民增收基础

1. 调整产业结构，筑牢居民增收基础

持续加大工业投资力度，围绕重点产业链延链补链强链，夯实现代能源、先进制造、战略性新兴、文化旅游4个万亿级产业集群底盘，加快形成新质生产力，大力发展新业态、新模式，构建具有陕西特色的现代化产业体系，为居民增收奠定坚实的产业发展基础。

2. 深化重点领域改革，优化提升营商环境

发挥营商环境创新示范区引领作用，坚持"有效市场"和"有为政府"协同发力，推动数字政府建设，完善用好"秦务员、秦政通、陕企通"三个平台，着力营造市场化、法治化、国际化的一流营商环境。加快"亩均论英雄""标准地+承诺制"改革，建立健全用地、用水、用能等要素向重点产业链、产业功能区、重大项目和优秀创新团队倾斜机制，为产业发展留足空间。深化国资国企改革，推动国有企业由管资产向管资本转变，支持企业聚焦主责主业做大做强，提高核心竞争力。

3. 加强政策保障，切实减轻企业负担

进一步加大政府减税降费力度，降低小微企业行政审批、生产经营、用工、融资、物流等综合成本。阶段性降低社会保险费率，对上年度亏损的困

难企业可申请缓缴社会保险费。加大对各类协会、商会、学会、中介组织收费的规范管理，降低企业负担。支持省级县域工业集中区内标准化厂房建设，鼓励将厂房向小微企业出租、出售，降低企业前期投入，减轻小微企业负担。

4. 强化就业优先，保障重点群体就业

持续加强就业支持，聚焦短板弱项多措并举，提高稳岗就业政策实效。采取健全就业公共服务体系、健全终身职业技能培训制度、完善促进创业带动就业的保障制度等举措，规范发展新就业形态，大力促进高质量充分就业。用心用情用力做好重点群体就业服务，发挥好公共就业服务机构和人力资源服务机构作用，加快"秦云就业"平台推广覆盖，拓展市场化社会化就业渠道。

（二）着力提升城镇化质量，降低农民进城就业增收门槛

1. 加快推进农村转移人口市民化

推动公共资源按常住人口规模配置，加大社会公共服务在财政支出中的比重，探索建立进城落户人口与新增建设用地挂钩机制，加速破除城乡区域间迁移流动壁垒，剥离附加在户籍上的种种利益，畅通农业人口转移渠道，减少农民总量，扩大中等收入群体。加大易地搬迁和就业扶持力度，让不适于生产生活的偏远地区和灾害频发地区人口尽可能到城镇集中居住。

2. 不断提升县域承载力

把做强县域经济作为缩小区域城乡差距、逐步实现共同富裕的战略抓手，落实支持县域发展若干措施，完善基础设施、商贸物流、公共服务、社会治理网络，统筹建设城镇、产业、创新、投融资平台，动态完善"一县一策""一区一策"事项清单，引导县区制定首位产业招商引资政策，推进县域园区提档升级，因地制宜发展生活性服务业、制造业等劳动密集型产业，培育标杆产业和区域品牌，带动特色经济、联农带农经济、集体经济、民营经济发展，构建以县城为枢纽、以小城镇为节点的县域经济体系，增强县域产业配套功能和综合承载能力。

3. 精心打造特色小镇，促进就近城镇化

一是稳步推进配套改革。规范发展特色小镇，适当赋予特色小镇人、财、事等权限，提高特色小镇管理水平，促进特色小镇经济发展。鼓励支持开展各类改革创新实验和试点，制定完善的申报、创建、培育和挂牌奖惩政策，拓宽社会资本参与特色小镇建设渠道。加大用地政策支持力度，对全省具有示范性的特色小镇，给予一定的用地指标奖励。二是因地制宜突出特色。选择一批产业基础好、地域特色鲜明、区位优势明显、人口聚集度高、交通条件较好的地区，打造一批在全国有影响的特色小镇，促进农村一二三产业融合发展，实现乡村与城市连接，使特色小镇成为创新创业发展平台和新型城镇化有效载体。落实主体功能布局，强化顶层设计，科学编制规划，扩大小镇常住人口规模、吸引人口和加大相关配套服务供给。三是着力强化产业支撑。坚持产业引领，依托历史文化、自然资源、生态环境等资源，打造一批城郊休闲、生态旅游、时尚创意、特色产业等特色小镇，支持羊乳、特色中药材、陶瓷、茶叶、富硒产品等产业发展。将特色小镇公共道路、桥梁、给排水等基础设施建设项目，优先列入政府城建项目计划，予以用地、融资及财政支持。

（三）大力实施乡村振兴战略，千方百计增加农民收入

1. 大力发展特色现代农业

推进农业与各类先进生产要素深度融合，坚持品种培育、品质提升、品牌打造一体发展，因地制宜发展特色产业，健全生产、加工、流通、科技、服务全产业链，培育壮大肉品、中药材、苹果、乳制品、茶、蔬菜、食用菌、猕猴桃等重点产业链，促进农村一二三产业融合发展，拓宽农民增收致富渠道。建立完善供需对接平台，大力发展订单农业，避免农民盲目生产造成损失，增强农产品抵御市场风险能力。加快发展农村电子商务，完善市镇村三级农村物流网络，畅通农村物流"微循环"，让消费品"下得来"、农产品"出得去"。鼓励工商企业下乡投资，加大政策扶持力度，提升经营主体拉动产业化、带动农民增收的作用。拓展农业工厂等新形态，发展现代农

业综合体，新增农业补贴向新型农业经营主体倾斜。

2. 加快培育高素质现代农民

抓住实施乡村振兴战略的重大机遇，加快培养一批具备现代农民意识和现代农业意识的新型职业农民，为农业农村现代化提供人才支撑。结合当地主导产业发展现状和未来规划，"订单式"培养新型农民，确保因产施培、因岗施培、因人定培，确保农民学有所用、充分就业。建立劳动力供需对接平台和机制，坚持线上线下相结合，深入推进岗位信息实时共享、技能培训深度合作、就业服务精准对接，解决本地需要的人从外地招而本地劳动力大量闲置的矛盾。按照公益岗位待遇扶持培养一批本土成长起来的农业科技型人才，探索公益性推广与经营性服务融合，引导农技人员为龙头企业、合作社、家庭农场等提供技术承包、转让、咨询等有偿服务，提高农业科技含量。

3. 着力增加农民财产性收入

从农村土地、金融资产入手，探索通过土地、资本等要素使用权和收益权增加农民收入，有序推动农村宅基地出租、流转、抵押，探索实现城乡土地"同权同价"和农地"增值归农"。推广粮食实物计价、委托流转、股份合作流转等方式，大力推行"保底租金+工资+分红"机制，建立对长期流出土地农户的促进就业与社会保障政策。建立健全农村集体资产增值富农机制，推广农村土地经营权股份合作公司模式，整合农村低效闲置资源、资金，发展壮大新型农村集体经济，促进集体资产保值增值，不断增加群众股息、分红、租金等收入，打通农民从集体资产中获取收益的通道。

（四）深入践行共享发展理念，多渠道增加城镇居民收入

1. 建立合理的工资增长机制

推动居民收入增长与经济增长基本同步，引导企业提高工人福利待遇，建立工资增长与企业效益挂钩机制。切实建立执行义务教育教师工资待遇保障长效机制，事先做好预算安排，确保义务教育教师工资收入和津补贴水平不低于当地公务员。持续开展根治欠薪专项行动，健全以工资拖欠快速处

置、信用惩戒等为核心的工资支付保障机制，保障劳动者的合法权益。

2. 多渠道增加居民财产性收入

持续拓宽中低收入群体要素收入渠道，通过要素市场改革释放红利，切实增加居民财产性收入。推动资本市场稳定健康发展，丰富居民可投资金融产品，引导上市公司建立员工持股计划和股权激励机制，结合企业发展完善分红机制。促进房地产市场持续健康发展，支持居民合理拥有住房资产，将房产红利赋予住房者。大力发展房屋租赁市场，鼓励企业和个人整合利用闲置房屋发展酒店公寓、特色民宿等新业态，提高居民房屋出租收入。

3. 大力推进创业富民

落实创业财政贴息、融资担保、行业引导、税收减免等扶持政策，向创业者提供场地厂房、宿舍、水电费优惠、人才服务等支持。加强对创业人员的金融支持力度，提高贷款额度，延长贷款期限，解决创业人员融资难融资贵问题，切实降低创业准入成本，提高创业成功率。大力支持和鼓励各行业能人、回乡大学生、返乡农民工自主创业，发扬企业家创业精神，兴办企业带动增收致富。规范发展地摊经济、夜市经济，让城市管理更加便民、利民、惠民，降低个人谋生门槛，拓宽就业创业渠道，让城市更具"烟火气"。促进民营经济发展壮大，开展民营企业"扶小创优"行动，依法保护民营企业产权及其企业家权益，使各种所有制经济依法平等使用生产要素、公平参与市场竞争、同等受到法律保护，促进民营经济做大做优做强。

4. 积极实行人才激励政策

放大秦创原的孵化、转化和辐射带动作用，深化"三项改革"，积极推进科研院所试点，推进科技成果就地转化，持续激发广大科技人员创新创业活力，扩大高科技人才收入渠道。赋予科研单位更大的管理权限，促进科研单位灵活用人、盘活资源、用活经费，提高科研水平和成果转化能力。加大人才激励力度，针对技能型、研究型、管理型等专业人才实施差异化激励手段，充分调动各级各类人才的积极性和创造性。

（五）全面提升基本公共服务惠民水平，减少城乡居民公共消费支出

1. 合理提升社会保障待遇水平

落实全民参保计划，及时合理地调整退休人员基本养老金水平，切实保障灵活就业人员的社保政策落实。健全城乡居民基本医疗和大病保险政策，提高医疗保障水平，防止因病致贫。加强政策兜底，健全工伤待遇和失业保险调整机制。不断提高社会福利，充分保障困难群体生活，提高老、孤、病残等群体福利待遇，结合经济发展水平适时扩大覆盖面。

2. 努力减少居民教育、医疗、住房支出

加大义务教育和学前教育投入力度，加快补齐短板弱项，切实解决随迁入学难、婴幼儿照护难、早教服务难、课外负担重、"择校热"、"大班额"等突出问题，适当缩小陕北、陕南地区农村中小学生就学半径，减轻城乡家庭教育额外支出。提高基层医疗、养老、托育服务水平，加强基层医疗、养老、托育基础设施建设，精准做好养老托育服务，减少基层群众就医、养老、托育等方面的支出。完善廉租房和保障房政策，切实把好准入审核关口，建立动态监管调整机制，切实让有限资源惠及住房困难群体，满足群众的基本住房需求。

B.3

陕西人才强省建设研究报告

闫　臻*

摘　要：　陕西省人才资源丰富，发展势头良好，为进一步推进人才强省建设奠定了坚实基础。从陕西人才发展现状看，人才规模不断扩大，人才质量持续提升，人才引育平台渐显成效，人才服务效能稳步提升，人才政策日趋完善。同时，陕西在人才强省建设进程中也面临区域人才一体化发展相对缓慢、人才发展承载平台有待完善、人才国际化发展水平有所不足等挑战。针对此，本文提出了构建关中平原城市群人才一体化发展体系，促进跨区域整合联动提速；打造"一带一路"国际人才城（陕西西安），推动人才资源服务产业园业态创新；积极对接陕西自由贸易试验区人才需求，加强国际化人才引进保障措施等对策建议。

关键词：　人才强省　人才政策　陕西省

一　陕西人才发展现状

（一）人才规模不断扩大

陕西人才资源丰富，数量规模保持增势。陕西省人才资源和科教实力在西部领先、位居全国前列。截至"十三五"末，陕西省各类人才资源总量600.46万人[①]。截至2022年底，全省专业技术人才总量221万人，比2020

---

*　闫臻，西安交通大学人文社会科学学院社会学系副教授，研究方向为城市社会学与人才发展。

[①]　（记者）沈桦：《集聚高质量发展新动能——陕西人才事业创新发展综述》，陕西网，https：//www.ishaanxi.com/c/2021/1123/2258268.shtml，发布时间：2021年11月23日，最后检索时间：2023年10月20日。

年增加 15 万人；技能人才总量 538.5 万人，占到就业人口的 25.70%，比 2021 年增加 19.7 万人；高技能人才 159.6 万人，占技能人才总量的 29.64%，比 2021 年增加 3.9 万人；享受国务院政府津贴专家 1965 人，获中华技能大奖者 10 人，全国技术能手 99 人，全国杰出专业技术人才 7 人，陕西省有突出贡献专家 1059 人，百千万人才工程国家级人选 142 人，陕西省首席技师 200 名；评选"三秦工匠""首席技师""技术能手"4768 人。2022 年底，全省有高等院校 111 所、科研院所 1300 多家，省属事业单位 455 家，国家级重点实验室、研究中心和工程中心等创新平台 110 余个，中国西部海外博士后创新示范中心 1 个，陕西省博士后创新创业园 1 个，西安留学人员创业园 1 个（部省共建），博士后科研平台 407 个。①

（二）人才质量持续提升

陕西高层次人才聚集效应明显，人才质量稳步提升。截至 2023 年，陕西省有在陕"两院"院士 74 名②，比 2021 年增加 2 人③，数量稳居全国前列；近三年，陕西省成功引进高层次人才 8000 余人④。高等院校成为高层次人才重要聚集平台。近五年来，陕西省高校引进高层次人才 449 人，引进博士 8391 人。2022 年底，陕西省高校有"两院"院士 48 人，长江学者奖励计划 239 人，国家高层次人才引进计划 237 人、"特支计划"177 人，"杰

---

① 陕西省人力资源和社会保障厅：《加快推进人才强省法治保障调研汇报材料》，2023 年 3 月 30 日；（记者）周明：《陕西鼓励科研人员离岗创业》，《陕西日报》2023 年 11 月 29 日，第 3 版；（记者）白圩珑、谢斌：《陕西省推进技工教育和技能人才高质量发展　技能人才总量达 538.5 万人》，《三秦都市报》2023 年 5 月 28 日，第 A05 版；（记者）曹媛媛：《"陕西职业技能教育发展现状调查"第三篇：高技能人才助力陕西高质量发展》，起点新闻，发布时间：2022 年 7 月 22 日，https：//rst.shaanxi.gov.cn/newstyle/pub_newsshow.asp？id=1017729&chid=100079，最后检索时间：2023 年 10 月 20 日；《勠力同心绘蓝图　谱写人才高质量发展新篇章——陕西省人社厅推进"十三五"人事人才创新发展工作纪实》，《陕西日报》2020 年 11 月 27 日，第 7 版。

② （记者）王嘉、张彦刚：《陕西新增 2 名院士》，《三秦都市报》2023 年 11 月 23 日，第 A2 版。

③ （记者）甘甜、霍强：《陕西新增两院院士六人外籍院士一人》，《陕西日报》2021 年 11 月 19 日，第 3 版；（记者）甘甜：《让更多"千里马"在三秦大地竞相奔腾——陕西加快推进人才强省战略综述》，《陕西日报》2022 年 9 月 8 日，第 1 版。

④ （记者）周明：《陕西鼓励科研人员离岗创业》，《陕西日报》2023 年 11 月 29 日，第 3 版。

青"81人,"优青"151人,文化名家暨"四个一批"11人。① 高层次青年人才是高层次人才队伍的重要组成部分,相关人才资助项目更成为培育青年人才科研实力"上台阶"的重要抓手。具体来看,2022年,陕西省评选中青年科技创新领军人才100名、创新创业人才50名,通过进一步加大陕西省"杰青"、青年基金等项目资助力度,2022年青年人才获得"杰青"项目70个、科技新星项目150个、青年项目1000个。② 此外,陕西省支持的各级各类高层次人才发展专门投入和专项计划都极大地吸引了省外高水平人才赴陕从事创新创业、科技研发等工作。从人才投入看,自2012年起,陕西每年设立2亿元省高层次创新创业人才工程专项资金,2019年开始将专项资金标准提高到4亿元,从2021年起,连续三年设立秦创原高层次人才引用专项资金,初定规模1亿元,③ 有力支持了高层次创新创业人才引进和使用工作。从人才计划看,陕西集中实施省高层次人才引进计划、省"特支计划"、"三秦学者"创新团队计划、"三秦工匠计划"四大省级人才计划,"十三五"期间,引进支持了1600多名高层次创新创业领军人才。④ 这些引才用才举措充分反映出陕西对高水平人才的"磁石效应"。

(三)人才引育平台渐显成效

陕西延伸拓展人才引育平台,促进人才发展"多点开花"。首先,面向秦创原建设和陕西省重点产业链,推动全省建成博士后科研流动站、工作站及创新基地共418个,设站规模居全国第7名,连续引培12万名博士后青年科技人才赴陕创新创业。其次,建好发挥好园区引才育才功能,2022年,依托陕西省秦创原总窗口,全省首个博士后创新创业

---

① 陕西省教育厅:《在加快推进人才强省法治保障专题调研会上的发言》,2023年3月30日。
② 陕西省科技厅:《在加快推进人才强省法治保障专题调研会上的发言》,2023年3月30日。
③ (记者)张梅:《我省设立秦创原高层次人才引用专项资金》,《陕西日报》2021年6月16日,第1版。
④ (记者)甘甜:《让更多"千里马"在三秦大地竞相奔腾——陕西加快推进人才强省战略综述》,《陕西日报》2022年9月8日,第1版。

园建成落地，充分发挥了西安留学回国人才创业园的载体作用，大幅度吸引来自美国、日本、加拿大以及欧洲各国等近千名留学人员来园区创新创业。再次，全省建成国家级、省级高技能人才培训基地和技能大师工作室分别达到199个、246个，这成为全省的人才聚集高地、科研成果转化示范基地、创新创业实践阵地。最后，激发博士后创新创业活力，高效搭建产学研对接平台。2022年，全省启动首届博士后创新创业大赛，共吸引1800余名博士后报名参赛，产出380个项目，其中64个项目团队获奖。①

（四）人才服务效能稳步提升

陕西优化人才服务环境，促进人才服务效能持续提升。一方面，与线下工作模式相结合，创新线上场景应用，加强人才服务信息化建设，打造人才服务网络平台。以"数据多跑路，人才零跑腿"工作目标为引导，转变升级服务理念，积极倡导服务前移，搭建"陕西省高层次人才网上服务平台"。该平台服务端呈现"三位一体"架构，以网站服务、App手机端服务、微信服务号多种线上服务方式共同面对高层次人才差异需求。2022年5月，服务平台上线运营，2023年2月，31名高层次人才已在服务平台登记注册，其中13人提出15项人才需求，主要涉及永居办理、配偶就业、子女择校入学等方面内容，2023年3月已办结12人14项服务需求。另一方面，围绕社会人才需求提供职称评审服务，在机制层面为各类社会人才及时搭建运转顺畅的职称申报通道及其评审平台。2022年，陕西省人才交流服务中心为社会人才提供了包括考试报名资格审核、职称评价服务、职称委托评审、办理电子证书及其他职称业务在内的多项服务，其中为3490人进行考试报名资格审核，为906人开展各个系列的职称委托评审，共办理电子证书1837本，为1463人办理其他职称业务，为10330名社会人才中的专业技术

---

① 陕西省人力资源和社会保障厅：《加快推进人才强省法治保障调研汇报材料》，2023年3月30日。

人员提供职称评价服务，其中包括 2634 人的职称认定评审、296 人的高级职称评审。[①]

（五）人才政策日趋完善

陕西人才政策趋于体系化，打造了人才发展良好生态。以陕西省人力资源和社会保障厅出台的人才政策为例，"十三五"以来，陕西省人力资源和社会保障厅相继印发《关于印发〈陕西省突出贡献人才和引进高层次人才高级职称考核认定办法〉的通知》《关于进一步做好高技能人才与专业技术人才职业发展贯通工作的通知》《关于充分发挥市场作用促进人才顺畅有序流动的实施意见》《关于全面实施职业技能等级认定的通知》《关于乡村振兴人才职称晋升支持政策的通知》等人才政策 48 个，主要包括人才引进、培养、流动、评价、激励等方面内容，极大地促进了陕西省人才政策内容的丰富与体系的完善。[②]

二　陕西人才强省建设面临的挑战

（一）区域人才一体化发展相对缓慢，存量优势亟须整合提速

对比国内京津冀、长三角、粤港澳大湾区等城市群，分析发现，与陕西紧密相关的关中平原城市群人才一体化的整合速度相对滞后，融合程度略显不足。作为人才空间发展战略极为重要的一环，城市群人才一体化能极大提升人才资源使用、人才效能发挥、人才效益释放。实际上，关中平原城市群人才一体化进展快慢也较大程度地影响了陕西人才强省建设进程及其现实效

---

① 陕西省人力资源和社会保障厅：《加快推进人才强省法治保障调研汇报材料》，2023 年 3 月 30 日；陕西省人才交流服务中心：《加快推进人才强省法治保障调研汇报材料》，2023 年 3 月 30 日。

② 陕西省人力资源和社会保障厅：《加快推进人才强省法治保障调研汇报材料》，2023 年 3 月 30 日。

果。根据《关中平原城市群发展规划》，关中平原城市群人才一体化发展领域还有部分内容需要完善、充实及创新，同时长期性、战略性、前瞻性的城市群人才专项规划尚显不足，一定程度上影响了陕西省域人才空间聚集。结合实践看，关中平原城市群人才一体化进程相较京津冀、长三角、粤港澳大湾区三大区域的发展，面临着区域间人才合作战略、协同机制等方面发展不足的挑战。

（二）人才发展承载平台有待完善，人才效能充分发挥程度有限

陕西人才强省要实现激励效应最大化，必须依靠人才平台的杠杆作用，一旦这一人才支撑平台发展不足，人才效能必然受到直接或间接影响。具体来看，目前陕西正处于产业优化升级转型期，人才平台发展程度、高端人才聚集程度、人才效能释放程度等直接受限于经济产业的优化升级程度，由于部分高精尖产业优势及其产业创新优势还未充分展现出来，产业集聚人才的功能尚未完全发挥，一定程度上影响了产业发展带动人才成长、人才集聚产生规模效应良性循环的形成，进而也影响了产业链—人才链上下游贯通。此外，人才发展平台与产业实际发展尚未完全达到协同融合的程度，这些方面也对人才引领产业发展形成可持续发展格局带来了挑战。

（三）人才国际化发展水平有所不足，国际人才生态尚需完善优化

陕西面临新的重大战略、重要机遇，亟须进一步提升全省人才国际竞争力。一方面，"类海外"人才环境建设程度相对不足，同时与东部人才资源富集地相比，人才生活服务供给能力存在一定的差距，尤其是国际化人才社区建设相对有限，人才流动国际化配置市场化程度略显不足，人才评价机制对标国际水准仍有一部分调整提升的空间。另一方面，国际人才生态体系尚未完全完善优化。如何进一步提升引进国际人才的灵活性，如何充分发挥市场的吸引力作用以及提供高水准的人才配套服务环境等，仍需进一步探索更高效的实施办法和创新举措，并进行试点突破。

三 推进陕西人才强省建设的对策建议

区域竞争在一定程度上依赖人才资源竞争和比拼。加快追赶超越，陕西必须在人才竞争中拥有主动权，占据优势地位，充分发挥人才资源的"先发优势"。综合来看，陕西人才队伍建设工作取得了显著成效，人才资源总量丰富，具有区域竞争优势，而且人才资源作为经济社会发展中的第一资源，陕西人才队伍建设能够为人才强省提供核心资源要素、创新驱动力量，进一步发挥人才效应支撑人才强省建设。针对陕西人才强省面临的问题，提出如下对策建议。

（一）构建关中平原城市群人才一体化发展体系，促进跨区域整合联动提速

关中平原城市群被列入"十三五"规划国家级城市群，陕西面临极佳的发展机遇，随着"大西安"政策逐步推开，建设关中平原城市群核心区的进程不断加快，构建关中平原城市群人才一体化发展体系愈加迫切和重要。具体来看，关中平原城市群人才一体化发展体系亟须打造城市群人才一体化治理、支持、服务、评价、合作五大体系。

1. 建立关中平原城市群人才一体化治理体系

关中平原城市群人才一体化治理体系强调以平等协商、互助共赢、资源分享、网络合作、效益辐射为实施原则。关中平原城市群内各市共同协商成立"关中平原城市群人才一体化发展合作协调共进小组"，明确工作机制、推进方案、成员组成单位及实施流程，确立合作协调共进小组及其办公室运转职责，并制定召开不同会议的协商制度。

2. 打造关中平原城市群人才一体化支持体系

打造关中平原城市群人才一体化发展决策咨询支持体系，探索建立完善的政府购买、专业化决策咨询成果服务制度，实施多元参与的人才决策咨询服务供给机制，引导专家共同开展持续性与长期性、思路性与战略性、前瞻

性与预测性、宏观性与微观性、问题性与对策性相结合的研究。同时，加强研究成果转化机制建设，打造关中平原城市群人才一体化发展专项基金政策支持体系，采用财政拨款和社会资本双向合作、共同支持的组成形式，运营管理主要依托专业化服务机构执行，职能部门承担政策监管和业务督导职责。

3. 完善关中平原城市群人才一体化服务体系

推动构建关中平原城市群人才公共服务资源流通互享机制，重点开展关中平原城市群人才社会保障"无障碍流动"政策改革试点；推动关中平原城市群人才一体化人才资源数据合作共享库建设，依托"大数据""云计算"，提倡"各市个体接入、区域整体响应"，建立关中平原城市群人才一体化信息云平台；集中打造关中平原城市群人才资源数据一体化服务平台，按照人才一体化需求类型分别设置国际高层次人才、重点需求行业专家、高端稀缺人才、创新创业型人才团队等四类人才专业化数据库；重点加强人才资源预警信息和人才发展需求信息前置工作。

4. 推进关中平原城市群人才一体化评价体系

建立统一的人才评价标准综合体系，强化同一标准下设立岗位职责，重视能力发展、业绩导向、业内认可，引入国际标准并结合本地特征形成人才评价统一准则；建立健全一体化人才评价专业人员资格认证制度，引入规范化、职业化、专业化人才评价机构；创建一体多样的人才评价方法技术，强调因地制宜、变革创新，鼓励关中平原城市群内各市自主研发、特色创新，积累适合的人才评价经验和典型案例；引入第三方评价组织机构，共建组织合作机制，整合已有经验方法和实践案例，提炼本地人才评价方法的亮点及特色优势。

5. 建设关中平原城市群人才一体化合作体系

打造关中平原城市群一体化人才市场，改善人才区域合作配套政策环境，重点解决涉及人才人事档案对接、公积金异地互贷、社会保障异地转接、教育资源流动共享、医疗保障异地现时结算等问题；打造关中平原城市群产业协同合作机制，搭建"人才+产业"合作新业态，延伸扩展人才产业链，形成"组合式"和"串珠式"两类资源合作模式，注重挖掘关中平原城市群内各市产业优势，做好优势资源互补、携手共同创新、分工合作研发、分享成果转化等工作；打造关中平原城市群创新创业资源分享扶持系统，重点建设产业投融资集成系统、创新创业配套资源调配系统、人才资源流动实时数据汇集系统，建设"人才+创新创业"联动机制，同时引入社会资本打造"关中平原城市群人才产业走廊"；打造关中平原城市群人才组织机构合作联盟，以各市人才专业化组织机构为依托，建立联动响应机制，推动其在人才融合、互流、共享、联合服务、共同科研攻关等方面合作。

（二）打造"一带一路"国际人才城（陕西西安），推动人才资源服务产业园业态创新

国际人才城建设是人才资源服务产业园业态形式的重要创新实践。为了有效适应人才资源服务产业园区转型、升级、提速、增效、创新，陕西建设"一带一路"国际人才城成为当务之急。

1. 借鉴上海经验筹建陕西"一带一路"国际人才城（西安）

陕西筹建"一带一路"国际人才城（西安），应积极借鉴上海等国际人才城建设经验，对外对接共建"一带一路"国家发展人才需求，对内服务中国（陕西）自由贸易试验区建设、大西安建设、关中平原城市群建设等。为进一步推动海内外高端人才聚集达到新高度，陕西国际人才城建设迫切需要提上日程。陕西国际人才城是会聚各类人才服务要素的空间集成平台，也是主动服务人才各种需求的整合型业务对接窗口、人才相关资源共享交流的综合载体，更是陕西建设"一带一路"的人才走廊、人才资源聚集区、人才新高地的重要地标，因此，应建设"一带一路"国际人才城，将西安打造成为集人才展示、服务、创业、交流于一体的"人才之城"，同时需要加快落实、用好、转化中国—中亚峰会成果，促进建设国际一流水平的"一带一路"国际人才城（西安）。

2. 完善优化"一带一路"国际人才城（陕西西安）配套政策环境

结合筹建陕西国际人才城步骤，分批制定出台一系列保障政策举措，如

《"一带一路"国际人才城（陕西人才资源服务产业园）发展规划》《陕西关于加快"一带一路"国际人才城建设暨人才资源服务产业发展的若干实施意见》《关于陕西加快"一带一路"国际人才城建设暨人才资源服务产业发展的若干实施意见任务分解方案》《"一带一路"国际人才城（陕西西安）建设暨陕西人才资源服务产业发展专项资金使用管理暂行办法》《"一带一路"国际人才城（陕西西安）（陕西人才资源服务产业园区）认定办法》等。

3. 提前引导"一带一路"国际人才城（陕西人才资源服务产业园）对接内外人才服务需求

首先，对接"五大中心"，即要着力构建"五大中心"——交通商贸物流中心、国际产能合作中心、科技教育中心、国际旅游中心、区域金融中心，这些领域的人才引进及培育会成为人才资源服务的重点；其次，与陕西"一带一路"建设中的多个跨国跨区域国际合作产业园合作对接，为人才提供多层次服务，比如围绕中俄丝绸之路高科技产业园、中哈共建现代农业技术科技示范园、中吉空港经济产业园等分类对接，做好前期人才储备、培训、推荐等服务工作；最后，对接"一带一路"国内沿线省份，尤其是与陕西邻近区域建立对接交流机制，比如与西北其他省区、西南重庆等地加强联系合作，发挥好陕西"一带一路"国际人才城（陕西人才资源服务产业园）的辐射联动作用，将陕西西安打造成为"一带一路"人才资源服务功能区的中心。

4. 探索创新"一带一路"国际人才城（陕西人才资源服务产业园）多元筹资机制

积极探索创新适合陕西实际的人才资源服务产业投资方式和融资模式，一方面，陕西人才城的国际定位和服务工作面向更加开放的全球区域——"一带一路"，因此可以考虑引入共建"一带一路"重点区域入股投资，成立带有外资股份的人才资源国际化服务功能园区，通过注入外部资金并与共建"一带一路"国家一起在人才资源服务产业链打造、国际化服务标准认定、国际化人才资源流动等方面加强沟通和认识，提升国际人才城服务层级和工作水平；另一方面，引进 PPP 模式建设园区，重视社会资本引入与合作，通过市场化方式引入专业的人才资源服务产业园运营管理者及其团队、人才资源服务项目地产开发所有者，依靠 BT、BOT、TBT、TOT、DBFO、风投、合资、控股等不同方式，探索以政企协作式伙伴关系为先导、社会各界投入的国际人才城建设多元筹资机制。

（三）积极对接陕西自由贸易试验区人才需求，加强国际化人才引进保障措施

1. 积极复制实施外籍人才出入境政策，加快相关配套措施出台

引进一大批一流国际化人才是实现中国（陕西）自由贸易试验区制度创新的关键之举。因此，陕西自贸区一方面要积极复制和尽快对接相关部门总结推出的多项出入境政策措施，主要服务对象是外籍高层次人才、海外华人、外籍留学生以及长期在华工作人员等；另一方面尽快配套制定出台适合陕西发展实际的国际化人才保障相关政策和实施办法。

2. 探索人才管理工作负面清单模式，提升自贸区运转和人才服务效率

为了有效增强陕西自贸区运转和人才服务工作效率，因地制宜地探索人才管理工作负面清单模式是一项非常重要的人才改革创新试验性举措。人才管理工作负面清单模式强调以制度创新为导向，通过稳步探索和总结人才管理工作负面清单模式，重点在人才引进培育、薪酬待遇、税收优惠、知识产权保护、创业融资、产业扶持、出入境、就医、住房等领域进行制度设计、先行先试，获得成功经验后再行复制推广。

3. 建设"三点一线"海外人才组织机构网络，搭建吸引全球优秀人才服务平台

海外人才在整个人才队伍发展中所占分量愈加重要，在实施创新驱动发展、科技创新、创业示范等领域发挥了不可替代的战略作用和全局影响力。建议学习国内引进海外高层次人才方面较为成熟的北京、上海等地的成功经验，健全全球引才工作服务网络。建设"三点一线"海外人才组织机构网络，即在国内成立海外人才政策职能部门和专业服务机构——海外人才局和海外人才工作中

心，在国外设立海外人才工作站，发挥对外宣传介绍陕西、引进国际高层次人才、开展招商引资、吸引项目资源、推进人才离岸孵化合作试点等工作职能。

4. 打造陕西自贸区海外人才离岸创新创业基地，形成"境内关外"的竞争优势

参照借鉴深圳、上海、武汉、苏州、成都等城市建立的 5 个海外人才离岸创新创业基地实践经验，积极创建陕西自贸区海外人才离岸创新创业基地，短时间内推动形成海外人才集聚规模效应。第一，移植复制"区内注册、海内外经营"的"双向离岸"模式。第二，分类实现境内外创业孵化功能并增强本地创新。第三，加强政策突破和制度创新工作。

参考文献

张天扬主编《北京人才发展报告（2022）》，社会科学文献出版社，2022。

苏长青、王承哲、刘新勇主编《河南人才发展报告（2023）》，社会科学文献出版社，2023。

张健主编《宁波人才发展报告（2023）》，中国商业出版社，2023。

B.4
陕西高等教育高质量发展报告*

联合课题组**

摘　要： 建设教育强国，龙头是高等教育。高等教育对建设教育强国乃至推动国家经济社会高质量发展具有重要意义。2022 年，陕西高等教育事业实现了高质量内涵式发展，但也存在学科专业布局不均衡、本科教育质量有待提升、研究生教育发展不充分、高等职业教育产教融合不深入等问题。陕西应优化学科专业布局、推动高水平本科教育建设、打造西部研究生教育高地、赋能高等职业教育内涵式发展，助推陕西高等教育在追赶超越中实现高质量发展。

关键词： 高等教育　学科专业布局　高质量发展　陕西省

习近平总书记在二十届中共中央政治局第五次集体学习时指出，建设教育强国，龙头是高等教育。具有"人才培养、科学研究、社会服务、文化传承创新、国际交流"五大功能的高等教育对建设教育强国乃至推动国家经济社会高质量发展具有重要意义。2022 年，陕西高等教育事业遵循"办学有特色、发展有优势、工作有亮点"的发展思路，实现了高质量内涵式发展。与此同时，陕西高等教育事业在学科建设、研究生教育、本科教育、高等职业教育等方面仍存在发展不平衡不充分的问题。本文从陕西高等教育事业发展

＊ 本文系陕西省哲学社会科学研究专项"'双一流'背景下陕西高等教育高质量发展研究"（项目编号：2022HZ1867）的阶段性研究成果。

＊＊ 课题组成员：郑森，陕西师范大学教育学部博士研究生，陕西省社会科学院教育研究所研究实习员，研究方向为教育行政管理；李序雯，西安电子科技大学研究生院干事，研究方向为研究生教育、高等教育管理；张鹤，陕西省社会科学院教育研究所所长，研究员，博士，研究方向为教育管理、教育政策与法律。报告执笔人：郑森、李序雯。

现状入手，分析其在高质量发展过程中存在的问题，并针对性地提出高质量发展的对策，以期满足人民群众对陕西高等教育高质量发展的期盼。

一 陕西高等教育事业发展现状

2022年，陕西高等教育事业稳步发展。在保障基本办学条件下，高等教育数字化变革持续推进，数字资源增长显著；高等院校招生规模持续增加，博士生招生数量增长明显；教师队伍结构持续优化，年龄结构渐趋合理；学科发展内涵进一步提升，通过"吐故纳新"优化了学科布局，一批学科处于国内领先水平。

（一）院校数量与基本办学条件

截至2022年底，陕西共有各类高等教育学校（机构）111所[1]，与上年数量保持一致。其中，本科层次高等学校57所，专科层次高等学校40所，成人高等学校14所。本科层次高等学校中，有普通高校55所（包含10所独立学院），本科层次职业学校2所。专科层次高等学校中，有高等职业学校38所，高等专科学校2所。

陕西高校基本办学条件稳定。2022年，陕西高校产权占地面积为7051.72万平方米，比上年增加98.24万平方米，同比增长1.41%。固定资产总值为1586.74亿元，当年新增133.34亿元，同比增长9.17%；其中教学科研实习仪器设备资产价值309.01亿元。拥有图书12378.94万册，当年新增516.25万册，同比增长4.35%。

数字资源量总体呈现增长趋势。2022年，陕西共有电子图书1.18亿册，电子期刊3891.13万册，音视频491.42万小时，分别增长872.2万册、1101.81万册、74.32万小时，同比增长7.95%、39.50%、17.82%。数字终端62.03万台，比上年增加51419台，同比增长9.04%（见图1）。

---

[1] 如无特殊说明，本文数据均来源于2021~2022年《陕西教育事业统计年鉴》。

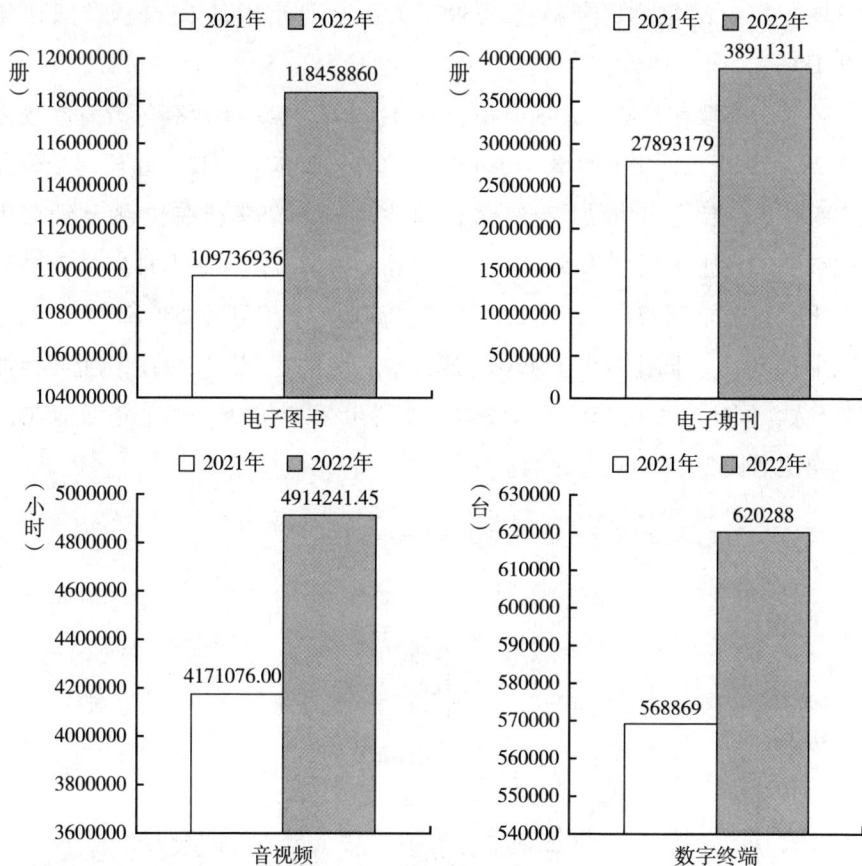

图1　2021年与2022年陕西省高等教育数字资源对比

（二）学生规模与结构

陕西高等院校招生计划数持续增加。2022年，陕西高等院校共招收67.79万人，较上年增加38690人，同比增长6.05%。其中招收博士研究生7045人，比上年增加714人，同比增长11.28%；招收硕士研究生59511人，比上年增加3072人，同比增长5.44%；普通本科生招收213377人，比上年增加13533人，增长6.77%；招收高职本、专科生167108人，比上年减少6343人，同比减少3.66%；招收成人本、专科生116863人，比上年增加18135人，增长

18.37%；招收网络本、专科生 113957 人，比上年增加 9579 人，同比增长 9.18%。

陕西高等教育在校生总规模稳中有升。2022 年，陕西高等教育在校生数为 203.79 万人，比上年增加 57407 人，增长 2.90%。其中在校博士研究生 29590 人，比上年增加 2639 人，同比增长 9.79%；在校硕士研究生 171981 人，比上年增加 13511 人，同比增长 8.53%；普通本科生共 764831 人，比上年增加 25231 人，增长 3.41%；高职本、专科生 539525 人，比上年减少 8150 人，同比减少 1.49%；成人本、专科生 237203 人，比上年增加 13737 人，同比增长 6.15%。网络本、专科生 294748 人，比上年增加 6504 人，同比增长 2.26%（见图 2）。

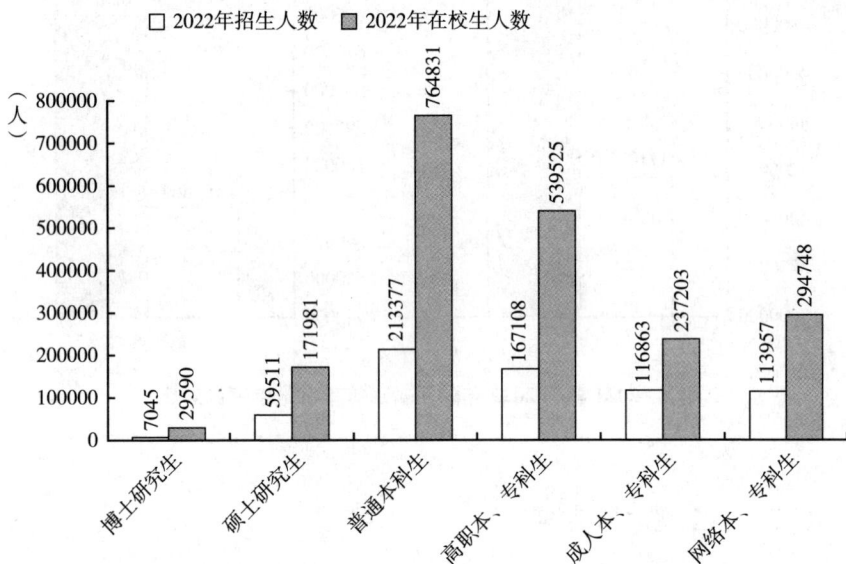

图 2 2022 年陕西省高等院校招生人数与在校生人数

（三）教职工规模与结构

陕西高等教育教职工队伍规模稳步增长，专任教师数量有较大幅度提升。2022 年，陕西高校教职工共计 116984 人，比上年增加 2987 人，同比增长 2.62%。其中高校专任教师 79522 人，比上年增加 1417 人，同比增长 1.81%。与此同时，与办学规模整体收缩相适应，成人高校教职工与专任教师数分别为 1878 人、1071 人，与上年相比均呈现下降趋势，分别比上年减少 171 人、116 人，同比降低 8.35% 和 9.77%。

陕西高校专任教师队伍结构持续优化。从教师学历层次来看，2022 年陕西具有研究生学历的专任教师 65778 人，较上年增加 4141 人，同比增长 6.72%。其中具有博士学位的专任教师 28857 人，较上年增加 1833 人，同比增长 6.78%。从职称结构来看，2022 年陕西高等教育正高级专任教师 11084 人，较上年增加 599 人，同比增长 5.71%；副高级专任教师占比基本持平，共计 25729 人，较上年增加 80 人，同比增长 0.31%；中级职称专任教师共计 29105 人，较上年增加 1066 人，同比增长 3.80%；初级职称专任教师共计 8382 人，较上年增加 483 人，同比增长 6.11%；未定职称专任教师共计 5222 人，较上年增加 1038 人，同比增长 24.81%。

陕西高校专任教师队伍年龄结构渐趋合理。2022 年，专任教师队伍源源不断地补充新生力量，35 岁以下青年教师 23234 人，较上年增加 1050 人，同比增长 4.73%；35~44 岁教师 31590 人，较上年增加 1456 人，同比增长 4.83%；45~54 岁教师 16507 人，较上年增加 1333 人，同比增长 8.78%；55~64 岁教师 7835 人，较上年减少 476 人，同比减少 5.73%；65 岁及以上教师 356 人，较上年减少 97 人，同比减少 21.41%（见图 3）。

（四）学科与专业建设情况

陕西具有研究生培养条件的高校共 28 所，其中具有博士学位授予权的高校 15 所，另有 22 家科研机构具有研究生学位授予权。

2022 年，陕西普通高校拥有博士学位授权一级学科点 199 个，比上年增加 20 个；博士学位授权二级学科点（不含一级学科覆盖点）39 个，比上年增加 3 个；博士后科研流动站 151 个，比上年减少 3 个。硕士学位授权一级学科点 489 个，比上年增加 33 个；硕士学位授权二级学科点（不含一级学科覆盖点）96 个，较上年减少 5 个。

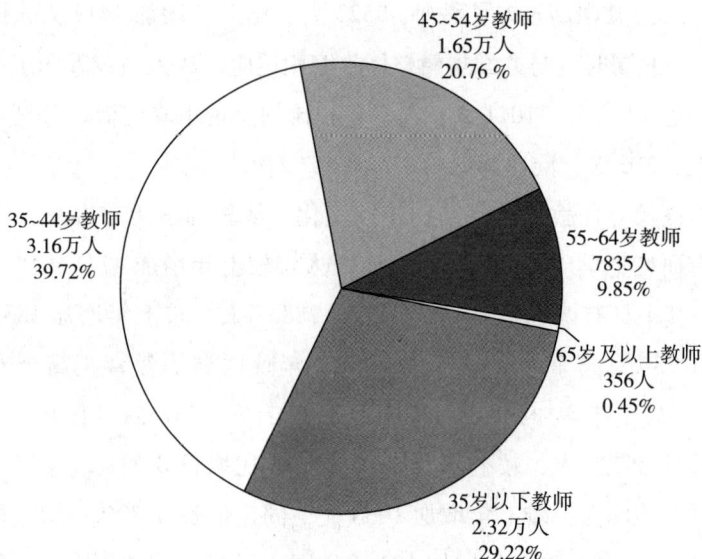

图3　2022年陕西省高校专任教师队伍年龄分布

目前陕西8所高校拥有20个国家一流学科，高校数量居全国第4，学科数量居全国第7。在陕普通高等学校拥有20个国家一流学科，71个省级一流学科。

2022年，陕西省普通高校共设专业2758个，比上年减少70个，同比减少2.48%。其中，普通本科专业共2437个，高等职业教育专科专业共321个。陕西省高等职业学校共设专业2155个，其中，高等职业教育专科专业2118个，高等职业教育本科专业37个。成人高校共设专业52个。

在陕科研机构拥有硕士学位授权一级学科点17个，硕士学位授权二级学科点（不含一级学科覆盖点）26个；博士学位授权一级学科点2个，博士学位授权二级学科点（不含一级学科覆盖点）5个，博士后科研流动站5个。

二　陕西高等教育事业高质量发展存在的问题

2022年，陕西高等教育事业整体呈现良好的发展态势，各类指标均有不同幅度增长。但深入剖析，陕西高等教育事业在学科专业布局、研究生教育、本科教育、高等职业教育等领域仍存在发展不平衡不充分的问题。

（一）学科专业布局不均衡

习近平总书记在二十届中共中央政治局第五次集体学习时强调，要把加快建设中国特色、世界一流的大学和优势学科作为重中之重，大力加强基础学科、新兴学科、交叉学科建设。自第一轮"双一流"建设正式启动以来，陕西有17个学科入选了一流学科建设。在第二轮"双一流"建设启动后，陕西有20个学科入选了一流学科建设。陕西以"双一流"建设牵引学科专业建设，于2016年出台了《关于建设"一流大学、一流学科，一流学院、一流专业"的实施意见》，于2022年出台了《陕西省"一流大学、一流学科"建设支持方案》。在这些政策方案的指导下，经过两轮的持续建设，陕西省现有国家级一流学科20个、省级一流学科71个。但在学科建设过程中，仍存在建设速度趋缓、学科分布不均衡、交叉学科建设不充分等问题。一是高校学科专业建设速度趋缓。从横向与第一轮学科建设情况相近的省份相比，陕西省高等教育学科建设发展速度趋缓。在第二轮"双一流"高校名单中，陕西省虽有8所高校的20个学科入选，但每所高校平均入选学科仅2.5个，居全国第15，低于全国平均数3.45个。上海、江苏、北京三省市的入选学校、学科数都是陕西省的2倍以上；广东入选学校数与陕西省持平，但入选学科数比陕西省多；湖北、浙江的入选学科数也比陕西省多。从水平相应的高校看，作为陕西省高校"龙头"的西安交通大学有8个学科入选"双一流"名单，而上海交大则有18个学科入选；西北工业大学有3个学科入选，而同类型的哈尔滨工业大学、北京航空航天大学则均有8个学科入选。西安理工大学、西安建筑科技大学、西安科技大学、陕西科技大学、西安美术学院等5所高校在第二轮"双一流"学科建设评估中均遗憾落选，一定程度上降低了陕西省整体学科建设步伐，其他省份"前甩后追"的态势愈加明显。二是学科建设存在分布不均衡的现象。从学科属性来看，陕西省存在较明显的"工强理弱文落后"的"偏科"现象。一方面，陕西省第二轮"双一流"建设学科中，哲学社会科学学科所占比例不到一流学科总量的1/5；另一方面，从招生规模来看，2022年陕西省共招研究生66556人，仅工学就招了34360人，占总招生人数的51.63%。三是交叉学科建设尚处于起步阶段。截至2022年底，陕西省有交叉学科在读博士32人，当年招生32人，尚无毕业生。

（二）本科教育质量有待提升

本科教育是提高高等教育质量的最重要基础，"以本为本"是高等教育高质量发展的前提。自中共陕西省委教育工委、陕西省教育厅2020年印发《持续推进高水平本科教育实施意见》以来，陕西省本科教育在人才培养、教师队伍建设、教育教学改革、一流专业、一流课程建设等方面取得了一定的成绩。但在发展过程中，一些本科院校存在办学定位不清晰、专业结构不合理、教学质量不高等问题。一是办学定位不清晰。不少本科院校都存在"特色鲜明""国内一流"等办学目标，但是部分高校在发展过程中对自身定位和特色尚需明确。个别学校对特色项目挖潜仍显不足，只是简单地将某些二级学院的特色项目"升级"为学校的特色项目。二是专业结构不合理。部分学校对社会急需和战略性新兴产业敏感性不足，尚存在一些不能适应当下经济社会发展的需要、与社会需求脱节的专业，人才培养不能适应产业转型与升级的需要。个别专业存在同质化现象，导致专业人才培养质量不高。在专业设置方面，各高校均存在"建设容易退出难"的问题，尚无明确的专业调整机制。三是本科教学质量有待提升。专业人才培养方案内容调整不及时，导致教学大纲更新缓慢，现有课程体系科学性、实效性有待提升。授课方式仍以讲授式为主，讨论式、探究式、启发式教学方法运用不足。部分教材内容与学科前沿和新兴需求脱节，已不能适应当前本科教育教学的需要。

（三）研究生教育发展不够充分

研究生教育肩负着高层次人才培养和创新创造的重要使命，是国家发展、社会进步的重要基石。① 自全国研究生教育会议以来，我国研究生教育取得了长足发展与进步。为响应国家战略、提升本省研究生教育水平，陕西印发《加快推进新时代陕西研究生教育高质量发展的实施意见》，以期打造西部研究生教育高地，助推陕西高等教育高水平有特色发展。但在发展过程中，陕西研究生教育存在规模占比相对不足、专业学位研究生培养质量不高、研究生导师队伍建设不强等问题。一是研究生规模占比相对不足。自2017年起，非全日制研究生数据被纳入研究生统计指标范围，研究生招生数与在校生人数在统计层面均有了增长。但即便如此，在2022年高等教育在学总规模中，仅有201571位在学研究生，占在学总规模的9.89%；其中在学博士研究生仅有29590人，仅占1.45%，与高等教育发达省份存在较大差距。以北京市为例，2022年北京高等教育在学总规模为174.84万人，②包括435035名在学研究生，占其在学总规模的24.88%；其中在学博士研究生124970人，③占7.15%。由此可见，陕西高层次人才储备培养尤其是研究生培养的数量仍不充分。二是专业学位研究生培养方式趋同于学术学位研究生。2022年，陕西省在校专业学位研究生规模达到111084人，较在校学术学位研究生多2万余人，尤其是在学专业学位硕士生规模更是远超学术学位硕士研究生规模。专业学位研究生作为"大多数"，却受到传统教育理念的影响，重学术学位、轻专业学位的思想仍一定程度存在。在培养过程中，专业学位往往简单套用学术学位的培养方式，导致培养的复合型、应用型人才质量不高。与此同时，专业学位还存在授权点数量有限、类别设置较为单

① 《教育部、国家发展改革委、财政部关于加快新时代研究生教育改革发展的意见》，教育部网站（2020年9月21日），http://www.moe.gov.cn/srcsite/A22/s7065/202009/t20200921_489271.html，最后检索时间：2023年10月15日。

② 《2022~2023学年度北京教育事业发展统计概况》，北京市教育委员会网站（2023年3月20日），https://view.officeapps.live.com/op/view.aspx? src = http% 3A% 2F% 2Fjw. beijing. gov. cn% 2Fxxgk% 2Fshujufab% 2Ftongjigaikuang% 2F202303% 2FP020230911355943085975. xls&wdOrigin=BROWSELINK，最后检索时间：2023年10月19日。

③ 《2022~2023学年度北京教育事业发展统计概况》，北京市教育委员会网站（2023年3月20日），https://view.officeapps.live.com/op/view.aspx? src = http% 3A% 2F% 2Fjw. beijing. gov. cn% 2Fxxgk% 2Fshujufab% 2Ftongjigaikuang% 2F202303% 2FP020230317333292399844. xls&wdOrigin=BROWSELINK，最后检索时间：2023年10月19日。

一、培养模式较为传统等问题。三是研究生导师队伍建设不规范。导师作为研究生的引路人，对其成长成才的作用不言而喻。2022年，陕西已拥有研究生导师24823名，规模较大，但极个别导师违反师德、行为失范的不当行为仍偶有发生，进一步加强师德师风建设是研究生导师队伍建设的首要问题。个别导师缺乏与研究生的沟通交流，对研究生的思想状况、学习动态、生活现状了解不够深入。部分学校对导师的增列、聘用、考核尚不规范，对导师的工作内容与工作职责规定尚不明确，导师的岗位管理机制尚不健全。

（四）高等职业教育产教融合有待深入

高等职业教育是高等教育体系和人力资源开发的重要组成部分，对传承技术技能、促进就业创业具有重要意义。陕西率先设立2所职业本科学校，畅通了职业教育专科层次以后的升学渠道。2022年，陕西省教育厅、陕西省财政厅印发《陕西省高水平高职学校和专业建设计划实施方案（2022-2025年）》，标志着省级"双高计划"的全面实施。依循"省级统筹设计、厅级多部门联动推进、建设单位具体实施"的纵向三级推进机制[①]，陕西遴选出13个省级高水平高职学校建设单位和92个高水平专业群。2023年1月，陕西省8所国家"双高计划"院校以"优"等成绩通过教育部评审，职业教育质量进一步提高。但与此同时，职业教育仍是建设陕西省高质量教育体系的薄弱环节。一是职业本科院校发展任重道远。一方面，陕西省现仅有西安汽车职业大学和西安信息职业大学2所民办职业本科大学，数量过少且都是民办院校，而公办高等职业学校质量有待提升；另一方面，无论是现有职业本科院校还是拟升格的专科院校，无论是公办院校还是民办院校，或多或少存在基本办学条件、发展理念、定位目标、师资队伍建设等方面的不足，职业院校如何得到社会广泛认可与支持成为其高质量发展首先要解决的问题。二是产教融合存在供需结构性失衡问题。随着产业转型升级，我国对

---

① 《陕西省扎实推进职业教育"双高计划"建设》，陕西省教育厅网站（2023年2月28日），http://jyt.shaanxi.gov.cn/jynews/rdjj/202302/28/129440.html，最后检索时间：2023年10月5日。

技术技能人才的需求不断加大。劳动力市场技术技能人才"用工荒"、职业学校毕业生"求职难"并存，结构性失业的窘境折射出职业院校在产教融合方面仍存在"两张皮"的现象。三是教师队伍建设有待加强。一方面，"双师型"教师数量不足。2022~2023学年授课专任教师共16696人，其中"双师型"教师仅有7762人，约占专任教师总人数的46.49%；另一方面，教师学历、职称结构亟待优化。在陕西17893名高等职业教育专任教师中，拥有博士学位的正高级教师仅有93人，仅占全体专任教师的0.52%。而初级和中级教师共10273人，占全体专任教师的57.41%。由此可知，高等职业教育教师队伍学历职称结构仍需要优化调整。

三 陕西高等教育事业高质量发展路径

在摸清陕西高等教育事业"家底"的基础上，围绕其存在的问题，结合中央和陕西政策文件精神，本文提出优化学科专业布局、打造西部研究生教育高地、推动高水平本科教育建设、赋能高等职业教育内涵式发展的高质量发展路径，以促进陕西高等教育实现高水平有特色发展。

（一）优化学科专业布局

1. 加强省级资源供给

一是加强学科专业设置统筹。省级教育行政部门要做好省属高校学科专业发展规划，指导在陕部属高校做好学科专业发展规划。摸清全省范围内各类高校学科专业建设情况，统筹高校资源，指导高校优化学科专业结构。在省级层面建立学位授权点动态调整机制，助推学位授权自主审核单位提升学位点教育教学质量。二是依据学校定位分类施策。政府层面应根据学校定位分类施策，制定有针对性的学科专业发展政策。对于"双一流"高校，应以"一学科一规划"的思路制定政策支持其高质量内涵式发展；对于其他普通高校，应以学校优势特色学科专业为建设基础，构建特色鲜明、实力强劲的学科专业体系。对于高等职业教育学校，应结合行业产业发展实际，以产教融合为方向制定学科专业发展政策。三是统筹拓展资源渠道。省级财政应坚持"普遍增加、重点扶持"的原则,持续增加对高校的财政资金投入。设立学科专业建设专项资金,定向支持一批具有发展潜力、鲜明特色的学科专业。省级教育部门应积极牵线,指导高校拓展资源渠道,通过国家级项目支持、成果转化、社会服务、校友捐资等多种方式充实学科专业的办学经费。

2. 调整学科专业结构

一是动态调整学科专业。密切关注研判学科前沿发展趋势,建立健全学科专业动态调整机制,继续支持建设一批较好服务国家战略需求的学科专业;调整、合并一批滞后于当前经济社会发展的学科专业;裁撤一批已不适应当前发展形势的学科专业。二是规范学科专业自评。定期组织培养单位开展学科专业自评,重点检视人才培养方案、课程体系、师资队伍、教学资源等建设情况,系统梳理学科专业发展建设中取得的成绩、存在的问题、发展的战略等内容,主动向社会公开。三是严格学科专业评价。省级教育行政部门应严格对照学科专业评价标准,定期从办学条件、教学质量、就业情况等维度研判培养单位的学科建设情况,对于建设不达标的学科专业,应通报并减少招生名额,限期整改。

3. 分类加强学科建设

一是加强基础学科建设。陕西应发挥高等教育优势,在继续确保工科优势的基础上充分重视和加强理科建设,使理科基础学科建设处于全国领先水平,推进文科基础学科建设。作为加强基础研究水平的主力军,在陕"双一流"大学应根据自身发展特点重视相关学科的高层次基础研究人才培养,加大省级各类人才计划对基础学科的支持力度。二是设立新兴学科专业。高校应根据国家和地区经济社会发展需要,制定学科专业发展规划,设立一批符合当前科技创新、产业升级的新兴学科专业。围绕陕西现阶段发展特点,应在工科、医科、农科、文科等领域新设一批学科专业,创新学科组织模式,服务社会发展新方向。三是积极发展交叉学科。建议设立省级交叉学科中心,鼓励跨学科研究。推动高校在理科、工科、农科、医科、文科等领域打破学科专业壁垒,深化交叉融合。高校应以原有学科为依托,构造本学科系统的知识体系、明确特定的研究对象、形成独有的研究方法、形成新的研究领域，培养高层次复合型创新型人才。

（二）加快建设高水平本科教育

1. 找准发展定位

一是明确本科教育的核心地位。高校应顺应世界发展趋势，积极响应国家战略发展新需求，围绕高校五大基本职能，将本科教育置于教育教学的基础地位、高质量人才培养的核心地位，为我国高等教育内涵式发展、建设高等教育强国贡献力量。二是把握发展本科教育的形势要求。应充分认识到本科教育对于高等教育乃至人才培养的重要意义，落实"回归常识、回归本分、回归初心、回归梦想"，以"四个回归"作为开展本科教育工作的基本遵循，在工作重心、资源投入、领导精力等方面向本科教育倾斜。三是根据学校特色明确发展定位。各类本科院校应以形成"陕西特色、国内一流、世界知名"的高水平本科教育为总体目标，明确自己的发展定位。高校要深入挖掘自身历史沿革、剖析现有资源，明确自身办学优势和短板。在此基础上，精准提炼自身办学特色，服务重点行业领域，为实现陕西省高等教育高质量发展乃至地方经济社会发展提供人力、智力支持。

2. 优化专业结构

一是加强一流专业建设。应深入实施"双万计划"，以国家级、省级教学名师，国家级、省级优秀教材为依托打造一流课程，以一流课程为依托打造一流专业，以一流专业和一流成果为依托打造一流本科。应深入推进"六卓越一拔尖"计划2.0，重点建设与"六卓越"相关的工科、农科、医科、文科专业。二是落实专业设置自主权。按照"国家指导、省级统筹、高校自主"的原则，探索在省级层面设立专业设置制度。应充分考虑自身办学特色和发展定位、陕西省经济社会发展需求等因素，在申报新专业、调整已有专业、制定招生计划、审核学士学位授予专业等方面对高校予以支持。三是建立健全专业动态调整机制。支持新材料、航空航天技术、人工智能、碳中和等响应国家发展战略、适应学生职业生涯发展需求的新学科建设,加强文科类专业建设。定期对本科专业进行审核评估,对于发展势头良好、满足当下经济社会发展需求的专业予以保留与支持,"关停并转"不符合时代需求的专业、同质化专业、培养质量不高的专业。

3. 提升教学质量

一是提升教师教育教学能力。落实教授为本科生上课制度,明确高层次人才学者须坚守本科教学一线,制定教授、副教授的本科生课程教学课时要求,实现教授全员授课。支持各类杰出人才称号获得者、教学名师以名师工作室、名师讲堂等为抓手打造教学名师梯队。面向新入职的青年教师,加强入职培训中教育教学的培训内容;发挥老教师传帮带作用,指导青年教师备课、教学、研讨。二是加强一流课程建设。以一流本科课程"双万计划"为引领,打造线上一流课程、线下一流课程、线上线下混合式一流课程、虚拟仿真实验教学一流课程、社会实践一流课程五类陕西"金课"。加强教学数字化、信息化建设。建设智慧校园、智慧教室,推动现代教育技术在教学实践中的探索与应用,借助高等教育云服务体系的形成,推动教育教学新形态发展。三是完善高校本科教学评估制度。引导高校按照本科专业类教学标准和行业标准进行本科教学自我评估,并将结果向社会公开。对新建本科院校教学工作进行合格评估,对其余本科学校开展本科教学审核评估。按照管办评分离原则,支持第三方专业机构开展高等教育质量评估。

(三)打造西部研究生教育高地

1. 扩大研究生教育在高等教育中的占比

一是适度超前布局博士研究生招生规模。系统分析陕西人才缺口状况,依据科技发展现状,聚焦国家重大战略需求、世界科技前沿,扩大相关学科招生规模,有的放矢地培养急需紧缺的高水平人才,提升高等教育对经济社会高质量发展的支撑力。加大对基础学科、新兴学科、交叉学科的招生力度,加强拔尖创新人才自主培养。二是保持硕士研究生教育规模稳健增长。保证具有广泛社会需求、具有鲜明职业背景的学科招生规模。根据陕西省发展需求,重点培育制造业、农业、信息、服务业和社会治理等领域的硕士研究生，并逐步扩大硕士专业学位规模。三是增设一批研究生专业学位。应指导培养单位结合自身定位与社会发展需求，优化人才培养类型结构，新增一批硕士、博士专业学位。对于专业学位类别的建设，应建立设置标准、完善设置程序、健全管理机制，建成一批灵活规范、符合行业发展规律的专业学位。

2. 提升专业学位研究生培养质量

一是优化专业型研究生培养方式。引导培养单位与行业共同制定注重实践创新能力培养的研究生培养方案。针对行业专业特点，优化课程体系。邀请行业专家上讲台，开设具有专业特色、与专业技能相结合的实践课程，推动行业产业专家参与编写专业型研究生专用教材，实现专业型与学术型研究生分类培养。二是深化产教融合的培养模式。加强职业资格与专业学位培养的链接。依托陕西省产教融合型城市和产教融合型企业，推进"产教融合研究生联合培养基地"建设计划，将创新创业教育融入专业型研究生培养体系。探索双导师制，鼓励设立"产业导师"，推动企业参与人才培养。三是建立健全科学的评价机制。不将论文成果作为评价教师的唯一指标，将教学、实践、成果转化等内容纳入教师评价体系。将专业学位论文与学术学位论文分类评价，强调专业学位研究生毕业论文的应用性，要求创新性成果的产出。

3. 加强导师队伍建设

一是强化导师育人职责。导师要坚持立德树人的根本任务，以身垂范，以自身优良的品德与学风激励研究生。要充分了解研究生的思想动态，将思政教育与专业教育有机结合，做到课程思政"润物细无声"。要培养研究生养成严谨的学术规范，注重学术伦理与学术道德，形成良好学风。二是加强导师培训。以研究生导师能力提升计划为突破口，搭建"学校—学院—团队"三级导师培训体系，开展类型丰富、业务全面的各类培训，确保导师培训全覆盖，提升研究生教育质量。三是加强导师岗位管理。健全导师准入准出机制，严把导师评聘标准，对政治表现、师德师风不符合要求的导师实行"一票否决"。制定文件明确的导师权责，要求导师重视研究生的学业管理。规范导师指导行为，鼓励组建导师团队，加强导师培训、考核工作。

（四）赋能高等职业教育内涵式发展

1.提升学校内部治理水平

一是加强党对学校的全面领导。全面贯彻落实党的教育方针，充分发挥党组织在学校的核心作用，深入推进习近平新时代中国特色社会主义思想进教材、进课堂、进培训、进头脑。加强理想信念教育，将立德树人根本任务落实到人才培养的各个环节，做到全员、全过程、全方位"三全"育人。全面落实党委领导下的校长负责制，发挥基层党组织战斗堡垒作用，带动共青团、工会、学生会组织建设，构建高职院校党委、二级学院党组织、基层党组织"三位一体"的组织体系，为高职院校发展提供坚强的组织保障。二是健全学校内部治理体系。健全以学校章程为治理核心的高等职业院校制度体系，由学校、企业、行业、社区等多元主体构成的理事会（董事会）协同治理。扩大二级学院的自主管理权限，加强院系间业务合作。培养监督意识，发挥教职工代表大会、学术委员会、专业建设委员会、教材审定委员会等的咨询、审议、监督作用，做到学校自主管理，自我约束。三是加快智慧校园建设。全面提升高职院校的信息化水平，促进数字技术、人工智能、大数据等新科技手段融入教育管理中，提升管理效能。积极发展数字经济背景下应运而生的新兴专业，开发高质量数字资源。提高师生信息化水平，通过开发基于新技术产生的数字教育产品，为教育服务供给提质增效。建设智慧课堂、虚拟工厂等教育教学资源，催生安全、个性化、泛在的学习实践模式，丰富教育教学模式。

2.深入推进产教融合

一是优化人才培养模式。应构建德智体美劳全面发展的人才培养体系，加强劳动教育，实现职业技能和职业精神培养高度融合。坚持工学结合、校企联动，加强学生实践能力、合作能力、创新能力、职业适应力培养，传承培养学生的工匠精神。学校应主动对接社会需求，建设与当下经济社会发展相适应的专业，推行"1+X"证书（学历证书+若干职业技能等级证书）制度。二是搭建技术技能服务平台。适应陕西经济社会发展需求，以校企合作为桥梁，积极参与秦创原创新驱动平台建设。高职院校应加强与地方政府、行业协会、工业产业园区深度合作，建设具有技术研发、智库咨询、人才培养、创业孵化功能的校级产教融合平台。重点提升与学校特色相符专业群的配套供给服务能力，以人才培养、产品设计、工艺研发、技术推广功能服务陕西支柱产业发展。三是探索中国特色学徒制。以集团化办学、校企联合培养为抓手，扩大现代学徒制的培养规模。高职院校应牵头组建职业教育集团，吸引对口企业建立实践基地、实验室。施行面向企业真实生产模式的项目制、任务式培养模式，注重学生形成专注严谨、追求卓越的职业素养。

3. 建设高水平双师型教师团队

一是组建高水平教学创新团队。富集校内外优质人才资源，在校内培育一批在行业内有影响的专业群建设带头人，引进培养一批在课程教学、技术研发、资源建设方面有突出成绩的骨干教师；选聘大国工匠、三秦工匠、技能大师、业界知名专家，结合校内优质教师资源，组建数量充足、结构合理、专兼结合的双师型教学创新团队。二是完善教师培训体系。建立高等职业学校教师发展中心，促进专任教师职业发展，提升兼职教师职业素养。健全职前培训、入职培训、在职进修的全过程教师培训体系，畅通教师成长渠道。三是优化教师评价方式。以"多劳多得，优绩优酬"为绩效工资分配的指导思想，动态调整优化教师评价方式。确立以项目管理和业绩考核为重点的评价机制，突出业绩贡献和能力水平导向。

B.5
陕西公共就业服务体系建设报告

联合课题组*

摘　要：　公共就业服务体系建设是实现高质量充分就业目标的重要保障。近年来，陕西积极探索构建全方位公共就业服务体系，在优化公共就业服务政策、建立健全多元供给体系、打通线上线下服务渠道、保障重点群体就业基本服务、营造就业创业良好氛围等方面取得较大进步。但同时，面对当前新的就业形势和高质量充分就业的新要求，权责关系尚需厘清、人才队伍亟待优化、信息化建设有待完善、城乡服务建设仍有差距、重点群体服务水平欠佳等问题仍然存在。为加快推进陕西全方位公共就业服务体系建设，建议：完善政策体系，健全体制机制；加强队伍建设，促进基层发展；搭建信息平台，赋能数智融通；统筹城乡发展，实现优质均衡；提升就业服务，支持重点群体；覆盖全程服务，激发创新活力。

关键词：　公共就业服务体系　高质量充分就业　陕西省

公共就业服务体系是我国基本公共服务体系的重要组成部分，健全公共就业服务体系，对于扩大就业规模、提升就业质量具有重要意义。① 党的二

---

*　课题组成员：樊荣，西安理工大学艺术与设计学院副教授，研究方向为公共服务、信息设计；税亚男，陕西省社会科学院社会学研究所研究实习员，研究方向为就业形势与就业政策；何奇，西安报业传媒集团（西安日报社）理论评论部评论员，研究方向为社会治理。报告执笔人：税亚男。

① 国家发展和改革委员会就业司：《扩大就业规模　改善就业结构　健全就业公共服务体系》，https://www.ndrc.gov.cn/fggz/jyysr/jysrsbxf/202107/t20210728_1291836.html，发布时间：2021年7月28日，最后检索时间：2023年10月17日。

十大报告提出，"实施就业优先战略""健全就业公共服务体系"，为促进高质量充分就业、优化就业服务提供了科学指引。陕西省委省政府全面贯彻落实党的二十大精神和党中央关于公共就业服务体系建设的决策部署，以推动实现高质量充分就业目标为导向，着力打造覆盖全民、贯穿全程、辐射全域、便捷高效的全方位公共就业服务体系，为全省进一步稳定就业形势奠定了良好的基础，提供了坚实的保障。为更好地应对当前就业新形势、新要求，本文以陕西省决策咨询委员会"高质量充分就业"课题组实地调研和问卷调查资料①为基础，分析陕西公共就业服务体系建设现状，总结实际工作中面临的主要问题，并针对性地提出对策建议。

一　陕西公共就业服务体系建设现状

（一）优化公共就业服务政策

陕西积极践行就业优先战略，围绕稳岗拓岗、培育就业能力、优化就业环境、保障劳动者合法权益等重点环节，全面打造促进就业政策体系，着力完善公共就业服务体系，确保了全省就业形势保持总体稳定。2021年，陕西印发《陕西省"十四五"就业促进规划》，提出扩总量、促创业、保重点、促匹配、提技能、强保障、防风险等7个方面的具体任务，明确了全省2021~2025年期间就业工作的主要目标和重点任务，为今后一段时间缓解全省就业总量压力、推动就业高质量发展提供了系统性指引。2022年，印发《陕西省就业工作领导小组工作要点》、《强化稳就业扩就业若干措施》和《支持稳就业扩就业六条新措施》，提出稳就业保就业30类43项政策，其中针对企业纾困稳就业政策8类11项、针对市场带动扩就业政策4类6项、针对群体服务保就业政策18类26项。2023年以来，陕西相继实施优化调

---

① 2023年6~7月，陕西省决策咨询委员会组织"高质量充分就业"调查组，先后赴安康、宝鸡、延安及省级有关部门进行调研座谈。如无特别说明，本文涉及的文字资料与数据资料均来自陕西省决策咨询委员会调研资料。

整稳就业惠民生 19 条、支持高校毕业生就业创业 6 条等多项政策，以有力的措施和有效的对策强稳岗、扩就业，合力推动全省稳就业各项工作顺利进行。陕西从政策措施的顶层设计出发，通过出台一系列强有力的政策法规和促进措施，着力健全以稳就业、惠民生为导向的公共就业服务体系，为实现高质量充分就业保驾护航。

（二）建立健全多元供给体系

陕西鼓励引导社会力量广泛参与就业服务全流程，着力构建多元化公共就业服务供给体系，为劳动者提供多渠道、专业化服务，具体内容如下。

构建覆盖城乡的公共就业服务网络。在《陕西省就业促进条例》《关于推进全方位公共就业服务的实施意见》等政策文件指导下，基本建成覆盖省、市、县、街道（乡镇）、社区（村）的五级公共就业服务网络，以及创业孵化基地、县镇两级标准化创业中心、就业失业登记和人力资源管理等信息化服务系统，致力于为劳动者提供全程标准化、智慧化、便捷化的就业服务。在此基础上，以《关于乡镇和行政村综合改革的指导意见》为指导，整合原有机构和资源，在乡镇设立"五办二所三站"，并于社区设立人社服务窗口、建立基层综合服务平台，与此同时，依托街道（乡镇）、社区（村）的各项服务平台在街道（乡镇）、社区（村）配备劳动保障协理员和部分公益性岗位从业人员。截至 2022 年底，陕西已建立公共就业服务机构 151 家，建立街道（乡镇）劳动保障工作平台 1300 个，有工作人员 5787人；配备劳动保障工作人员的社区 2214 个，工作人员 3676 人；配备劳动保障工作人员的行政村 10235 个，工作人员 12084 人。

完善人力资源市场，支持社会组织承接基层公共就业服务。陕西全面推进"放管服"改革，实行许可备案和告知承诺制，持续进行人力资源市场秩序整治，促进人力资源行业健康发展。当前，陕西拥有成熟且具有竞争力的人力资源市场，截至 2022 年底，全省人力资源机构总数达到 3493 家，从业人员 36260 人，营收为 551.7 亿元，营收规模全国排名第 15 位。中国（西安）国家级人力资源服务产业园于 2017 年经人力资源和社会保障部批准成为全国第 11 家国家级产业园，现已入驻国内外知名人力资源服务机构 67 家，先后提供就业岗位 97794 个，为 108.9 人次、4.1 万家次用人单位提供了服务，成功引进各类高层次人才 5258 人。

动员各类社会组织和机构参与提供公共就业服务。陕西不断增加建设资金，用活政策工具，激发社会资本和优质资源参与政府公共就业服务供给的投资热情，补齐公共就业服务设施建设资金不足和管理模式落后的短板。此外，大力建设公共实训基地，发挥其在就业培训中的骨干作用。

（三）打通线上线下服务渠道

陕西坚持数智赋能、服务牵引、共建共享，不断优化公共就业信息服务系统，提升了全省公共就业服务的供给效率。

优化动态精准就业服务系统。陕西深入落实"1234"工作部署，建设一个核心数据库（实名制数据库），打造两大服务平台（秦云就业和用工供需平台），提供三类精准服务（劳动者、市场主体、政府部门），实现四项基本功能（业务经办、公共服务、就业监测、宏观决策），坚持"数据驱动、服务牵引"，建设应用进入新阶段。截至 2023 年 5 月，动态精准就业服务系统注册个人用户 1337.89 万人，覆盖全省 55.60% 劳动力人口，注册企业 8.25 万家，举办 6918 场招聘会，提供岗位 412.98 万个，121 万求职者参与招聘活动，累计促进就业 33.62 万人。

推广"家门口就业"服务模式。陕西依托动态精准就业服务系统和"秦云就业"平台，做实做细"家门口就业"，2022 年 5 月试点推广西安市莲湖区"家门口就业"服务模式，获得群众较多好评。其具体做法为：开发建立"秦云就业"西安专区，通过将"人找岗"和"岗找人"相结合，逐步形成集"家门口就业地图""家门口淘岗集市""家门口就业服务驿站""家门口就业社区服务圈"于一体的服务模式。截至 2023 年 5 月，"秦云就业"西安专区已覆盖全市 20 个区县、开发区，全市建设了 25 个"家门口就业服务驿站"，设立了社区服务点 68 个，组建了 10 支专业化服务团队；"秦云就业西安掌上大厅"已实现50多项服务事项掌上办理，开展家门口就业专场招聘活动115场次，开通社区职通车26次，为劳动者提供精准岗位推送19.96万次，并助力9.28万人实现就业。

搭建就地就近就业服务平台。2022年8月，陕西印发《关于加强零工市场建设　完善求职招聘服务的实施意见》，提出规范零工市场基础建设、提升零工市场服务能力、完善零工市场运行机制、促进零工市场健康发展、加强零工市场建设组织保障等措施，着力满足劳动者多元化的就业需求，推动实现高质量充分就业。截至2022年6月，陕西已有零工市场103个，日均求职人数1万余人，日均成交量5000余人。

（四）保障重点群体就业基本服务

陕西聚焦高校毕业生等就业重点服务对象，围绕职业介绍、就业技能提升、就业渠道拓展等关键领域开展多项重点服务，全力做好稳就业工作。

一是助力高校毕业生就业。积极开展"公共就业服务进校园活动"、百日千万招聘专项行动、离校未就业毕业生服务攻坚行动、百万见习岗位募集计划等系列活动，聚焦困难毕业生实行结对帮扶行动。全省登记2021届和2022届离校未就业高校毕业生180635人，通过服务后实现就业和参加见习161428人，累计为登记离校未就业毕业生提供公共就业服务257447人次；2021年至2023年5月底，全省共募集见习岗位17万余个，组织见习人员上岗6.2万人。二是畅通农民工外出务工和就近就业渠道。深化苏陕劳务协作，支持劳务品牌、返乡入乡创业园发展，开展"春暖农民工"服务行动和"春风行动"专项活动，持续做好"点对点"服务促返岗；依托人力资源机构、零工市场、"秦云就业"小程序，搭建岗位供需对接"绿色"通道，提供问政策、找工作、保权益等166项精准动态服务。2021年，农村劳动力转移就业704.3万人，同比增加20.6万人。三是促进退役军人就业。持续加强政策扶持，2019~2021年，累计向14.9万退役军人精准推送创业优惠政策，帮助8112人享受专项扶持政策；积极落实兜底帮扶，截至2022

年 6 月，累计帮扶 5985 名下岗退役军人再就业，消除零就业退役军人家庭 190 余户。四是加强困难人员兜底帮扶。通过开展就业援助月、残疾人就业帮扶、就业援助"暖心活动"、"聚焦重点群体、促进精准就业"等专项活动，2021~2022 年共有 29.94 万失业人员实现再就业、9.67 万困难人员实现就业，新增残疾人多种形式就业 2.85 万人，零就业家庭动态清零。培育"紫阳修脚师""蓝田厨师""旬阳建工"等劳务品牌，带动 5.6 万脱贫人口实现就业；促进社区工厂、就业帮扶基地提质增效，提高吸纳脱贫人口积极性，全省社区工厂达到 1945 家，带动脱贫劳动力 2 万余人；就业帮扶基地达到 1241 家，带动脱贫劳动力 2.05 万人。

（五）营造就业创业良好氛围

陕西在构建和谐劳动关系、根治农民工欠薪、完善劳动人事争议处理等方面不断发力，努力为劳动者营造良好的就业创业氛围。

一是构建和谐劳动关系。陕西实施"和谐同行"企业培育共同行动，印发《企业劳动用工指导手册》，帮助指导企业加强用工管理；紧跟新就业形态发展，2022 年印发《维护新就业形态劳动者劳动保障权益实施办法》，2023 年印发《关于加强新就业形态劳动者权益协商协调工作的通知》，着重解决新就业形态劳动者劳动权益保障的难点堵点痛点问题。二是开展根治欠薪专项行动。"十四五"以来，全省劳动监察机构主动检查用人单位 3.76 万家，立案查处欠薪等违法案件 6628 件，为 3.51 万名劳动者追发工资等 3.71 亿元，向社会公布重大违法行为 92 例，被列入拖欠农民工工资黑名单管理对象 63 个，被纳入拖欠农民工工资失信联合惩戒名单的用人单位 28 家。三是完善劳动人事争议处理机制。2022 年印发《陕西省劳动人事争议十大典型案例》，推动陕西劳动人事争议裁审工作规范高效运行，维护和保障和谐稳定的劳动人事关系；在全国率先将基层调解组织建设纳入省级示范创建目录，开展基层劳动人事争议调解组织示范单位创建活动。当前，全省仲裁和劳动监察"劳动维权一站式服务窗口"建成率达 85%，司法机关在仲裁委设法律援助站点覆盖率达 60%。

二 陕西公共就业服务体系建设面临的问题

（一）权责关系尚需厘清

公共就业服务牵涉劳动者就业的职业介绍、技能培训、就业跟踪和失业帮助等各个环节，服务内容多样、涉及面较广、各项服务职能之间的相关性较强，须做好系统管理和统筹协调。从陕西现状来看，公共就业服务涉及多个部门，各部门虽有独立的工作重点和目标，但在职能定位和业务范围方面又有一定程度的重合与交叉，这导致多个部门对某一就业服务领域都具有管辖权，劳动者可能面临被多头管理的困扰。不同地区、不同机构服务标准设置存在差异，对服务内容、服务流程、服务质量方面要求不同，可能使劳动者面临寻求服务不便的问题，还可能影响跨地区、跨机构信息共享与协作。

（二）人才队伍亟待优化

从全省公共就业服务机构人员配备情况来看，县级及以下基层就业服务队伍亟待优化。当前，公共就业服务需求不断增加，但个别地区相应的人员编制和招聘计划未能及时跟上，高学历、高素质的人才补充不足，加上优秀人才流失等因素，服务机构面临人手不足的问题。公共就业服务工作需要具备人力资源管理、职业指导等专业知识和技能，而部分公共就业服务人员缺乏必要培训和实践经验，服务能力与新形势下的工作要求不相匹配，这在一定程度上影响了服务质量和效率。

（三）信息化建设有待完善

一是就业信息互通共享不够通畅。当前人力资源系统、教育系统、各大高校等均建有就业服务网络平台，但各个数据库包含的具体内容、覆盖人群以及数据库建设标准不一致，互联互通、信息共享成本较高。二是就业信息服务智慧化水平有待提升。调研发现，部分公共就业服务网站和服务大厅功能单一；在县、街道（乡镇）、社区（村）三级就业信息化服务建设中，部分乡镇、村虽然建立了"云广播"等系统，但就业信息收集、监测等工作仍然主要通过建立微信群的方式开展，一定程度上降低了公共就业服务信息的传送效率。三是就业动态监测研判仍有不足。就业动态监测数字化平台对一些重点行业、重点地区、重点群体失业风险监测预警不足；由于频繁流动、就业渠道分散，相关群体跟踪统计难度较大，就业分析研判实际效果欠佳。

（四）城乡服务建设仍有差距

当前，陕西覆盖省、市、县、街道（乡镇）、社区（村）的五级公共就业服务网络基本建成，城乡公共就业服务差距逐渐缩小，但农村就业服务建设仍然需要重点关注。调研发现，公共就业服务向农村地区延伸的广度和深度不足。一些县、乡镇、村公共就业服务机构面临资金短缺、人员配备不足、基础设施落后等方面困境。部分农村劳动者受户籍地、常住地、参保地、就业地的限制，公共就业服务享有不便。在《关于乡镇和行政村综合改革的指导意见》的指导下，各地撤销乡镇劳动保障事务所、乡镇设立"五办二所三站"等工作顺利开展，但个别乡镇和行政村目前仍保留着独立的公共就业服务机构，将就业创业、职业介绍、就业培训、社会保险等多种业务整合为一体，弱化了专项工作的职能，影响了公共就业服务效能的发挥。随着机构改革深入实施，原乡镇、行政村专职劳动保障协管员、助理员等相继流失，公益性岗位和临聘人员流动性较大，公共就业服务专职队伍稳定性偏弱。

（五）重点群体服务水平欠佳

近年来，陕西重点群体公共就业服务持续优化，但在实际工作中，就业服务供给的精准程度有待提高。一是高校毕业生等青年群体就业指导服务针对性不强。当前，高校毕业生等青年群体就业注重个性发展、自我发展，但一些就业指导的内容主要为笼统的就业政策学习与就业形势认识，对其就业价值引导与能力培养较少。同时，大学生服务中心建设相对落后，在场地、经费、人员等方面的保障不足，高校开展大学生就业服务颇受影响。二是农民工群体职业技能培训、社会保险等服务保障有待加强。调查显示，农民工职业技能水平偏低，67.3%的受访农民工认为当前就业面临的主要问题是"文化水平低、无一技之长"，仅有28.1%的受访者表示接受过职业技能培训服务；另外发现，农民工社会保障水平较低，近四成受访农民工表示没有缴纳社会保险，缴纳医疗保险占比仅为56.6%，部分受访者表示对社会保险"不了解""不会缴"。三是退役军人就业服务供给质量不高。问卷调查结果显示，退役军人就业存在"技能单一"（54.7%）、"学历较低"（41.1%）的问题，获取优质就业岗位难度较大，亟须高质量就业服务供给。调查显示，在为退役军人筹措岗位方面，部分地区岗位资源少、工种单一，为退役军人提供的工作多为驾驶员、安保岗位等，岗位薪资和发展空间有限；个别镇街退役军人服务站存在经费保障不到位、工作人员不固定等问题，基层服务站工作开展难度较大。四是困难群体就业兜底帮扶力度有待加强。困难群体获取就业信息和服务的能力不足，对就业服务的需求较大，而当前公共就业服务供给相对有限，帮扶措施缺乏针对性，导致帮扶效果欠佳。

三 健全陕西公共就业服务体系的对策建议

（一）完善政策体系，健全体制机制

在公共就业服务体系建设过程中，加强顶层设计，制定全省统一的就业政策、服务机制、服务组织和体系保障，形成一套网络架构清晰、体制管理合理、服务高效的体系，是公共就业服务体系高效运行的重要保障。针对当前陕西公共就业服务多头管理，机构职能不明确等问题，一方面，应积极完善就业服务政策体系。以《中华人民共和国就业促进法》和国家公共就业服务相关政策为指导，立足陕西实际，积极借鉴发达地区公共就业服务建设

经验，大胆尝试最新理论前沿成果，制定陕西公共就业服务体系建设的地方性条例。对公共就业服务机构设置、服务场所建设、服务人员从业规范等方面制定标准规范，做到机构设置、人员编制、服务职能、建设标准等方面的统一，为公共就业服务体系建设的重要环节提供政策支持和依据。另一方面，理顺服务机构职能。依据机构等级设立标准的服务窗口与一站式服务大厅，统一公共就业服务流程和规范，使就业群体享受到无差别的公共就业服务。落实各级各部门就业服务管理范围与职责，制定好公共就业服务实施计划，将工作任务清单化、项目化，确保相关措施落地生效；加强目标考核，组织开展公共就业服务工作进度与质量的考核评估，推进目标任务顺利达成。

（二）加强队伍建设，促进基层发展

一是加强岗位培训，提升工作人员业务素质。加快建立公共就业服务人才培养机制，通过开展定期培训、重点专题培训、交换轮岗等，加强就业服务基础知识、基本服务流程、工作程序和信息系统操作等方面培训，将业务培训系统化、制度化、规范化；同时，还应注重就业服务人员职业素养提升，重点突出政治理论素养和职业道德守则培训，不断强化就业服务人员职业道德、行为规范和责任意识，全面提升就业服务人员的专业水平和业务能力。二是明确基层公共就业服务机构编制数量，构建覆盖城乡的公共就业服务队伍。按照相关文件要求，科学规划县级、街道（乡镇）、社区（村）公共就业服务机构编制数量和专职干部岗位，在基层公共就业服务机构中灵活聘用兼职工作人员，壮大基层就业服务队伍。三是强化人员配备，稳定基层服务队伍。通过"三支一扶"、大学生村官等选拔合适人才补充公共就业服务专职队伍，优化基层队伍人员组成；合理提高专职岗位、兼职岗位和公益性岗位的基本工资、福利待遇，做好同工同酬、一视同仁，促进基层服务队伍稳定发展。

（三）搭建信息平台，赋能数智融通

一是优化就业服务信息平台功能。全面推进"互联网+公共就业服务"建设，不断优化网上办事大厅、"秦云就业"、"陕西工会"等网络服务平台

功能；加强对传统公共就业服务实施创新改造和升级，推动线下业务逐步拓展到线上，实现公共就业网上服务"应上尽上、全程在线"。二是加强信息互联互通和数据共享。充分发挥"秦云就业""陕西工会"等网络平台作用，及时汇总发布本地以及其他各地就业创业政策信息和职业招聘、就业见习、技能培训等信息，实现信息跨地区、跨部门交换共享和动态管理。加强数据挖掘和信息利用，充分运用大数据、云计算等新技术，监测和分析重点行业、重点区域、重点群体就业动态和岗位增减，为研判就业形势、预警失业风险和制定就业政策提供数据支撑。三是提升基层就业服务信息化水平。加大督查工作力度，落实落细人社厅信息化工作指导意见，完善省、市、县、街道（乡镇）、社区（村）五级网络架构，提升网络接入安全认证，合理划分业务专网与互联网的边界，形成优势互补、安全可靠的网络架构。

（四）统筹城乡发展，实现优质均衡

一是推动公共就业服务城乡常住人口全覆盖。加快推进城乡一体化进程，完善公共就业服务与常住人口挂钩、由常住地供给机制，深入推进城市"15分钟"和农村"半小时"就业服务圈建设落地，使城乡劳动者就近便捷享受各项公共就业服务。加大督查工作力度，深化基层公共就业服务机构改革，加强街道（乡镇）、社区（村）一级的就业服务机构建设，落实基层机构设置、设施设备、人员配备等指导性标准，完善就业服务功能，不断缩小公共就业服务水平和质量在不同区域间的差距。二是推进城乡劳动者服务均等化。加快破除体制限制、地域限制、部门限制，在制度安排和服务供给上做到城乡劳动者同等对待，推动服务对象、服务区域、服务内容、服务质量的均等化；加大基本公共就业服务向乡村振兴重点区域的倾斜力度，充分发挥易地搬迁安置社区就业服务窗口作用，常态化提供政策宣讲、就业指导、技能培训等就业服务，保障各类服务对象获得公共就业服务无差别化、机会均等化。三是深化多元服务体系合作。充分运用市场化机制推进服务主体多元化，积极发挥政府公共就业服务的主体作用，加强与社会民营机构合作，鼓励优秀中介机构积极参与提供公共就业

服务；借助志愿服务组织等相关社会力量，为劳动者提供更充分、更专业的公共就业服务。

（五）提升就业服务，支持重点群体

一是为高校毕业生等青年群体提供更为精细化的就业服务。做好高校毕业生职业规划和就业指导工作，集中优质资源，提前介入高校，分析当前就业形势，推广现代企业用人理念，为高校毕业生提供个性化、专业化的职业指导服务。大力开发基层就业岗位，通过提高补贴、畅通晋升渠道等优惠政策吸引大学生去基层就业，并在生活保障、工资待遇、情感支持等方面给予长期关怀，解决好基层人才留不住问题；做好学历教育与职业技能培训的衔接工作，加强大学生专业技能实训和职业素质培养，强化能力拉动就业。加大对大学生就业指导服务机构建设的支持，在场地、经费、人员等方面给予充分保证，发挥大学生就业指导服务机构功能。二是重视农民工群体技能培训、社会保障等服务需求。加大经费支持力度，大规模开展针对性强、实用性高的农民工职业教育、职业技能培训，持续开展农民工劳动预备制培训等专项培训行动，缓解农民工就业压力。加大农民工社会保障督查力度，规范企业与农民工的就业合同签订履约和社保缴纳，维护农民工社会保障的权益。三是提高退役军人就业服务供给质量。加大基层、国企、学校等就业岗位的开发力度，努力为退役军人提供多样化的工作岗位；整合社会创业孵化基地优势资源，持续优化退役军人创新创业环境，为退役军人提供经营场地、金融支持、税费减免等服务；加大基层退役军人服务站建设的资金投入与人员配备，充分发挥基层服务站就业服务功能。四是加强困难就业群体就业兜底帮扶。进一步完善就业困难人员认定办法和程序，对困难群体加强动态管理、分类帮扶和全程跟踪服务，实现有就业意愿的全部帮扶到位。开展针对性、实用性强的职业技能培训，推进职业技能培训与企业转型升级、乡村振兴、县域经济发展"三结合"培训，进一步提升脱贫劳动力就业创业技能水平。加强对用人单位吸纳残疾人就业的优惠政策宣传，树立残疾人就业先进单位优秀典型，增强用人单位安置残疾人就业的社会责任感和扶残助残意识；帮助有就业意愿和培训需求的残疾人得到相应的职业素质培训、就业技能培训、岗位技能培训、实用技术培训；支持有知识和技术的残疾人自主创业，并为其提供政策咨询和配套便利服务。

（六）覆盖全程服务，激发创新活力

针对政策落实不足、精准扶持不到位、服务程序不规范等问题，应加大督查力度，积极跟进落实创业政策的执行和实施，做好政策到期的续接工作和政策调整的宣传解读，确保政策覆盖到更大范围和有效落地；加大贷款贴息、税收优惠、创业补贴、场地支持等政策力度，合理设置帮扶政策的兑现门槛，保障受益主体的可持续发展，推动以创业带动就业；建立统一的服务标准，规范工作流程与服务程序，合理放宽限制、简化手续，提高服务效率和质量。建设创业孵化基地等创业载体，搭建市场化创业孵化平台，发挥创业孵化效果导向机制和绩效评估动态管理机制作用，促进创业带动就业。继续组织"中国创翼""丝路创星"等创新创业大赛以及马兰花全国创业培训讲师大赛和全国公共就业服务专项业务竞赛等专项活动，营造支持创新创业良好氛围。此外，各级公共就业服务机构要为有创业意愿的劳动者提供政策解读、创业培训、开办指导、融资贷款等全生命周期服务；注重对创业失败者提供专业指导服务，帮助他们重树信心，再次实现创业就业。

参考文献

孔微巍、廉永生、金向鑫：《实现高质量就业的公共服务体系研究》，科学出版社，2022。

赵乐发：《城乡统筹的就业服务体系如何建构》，《人民论坛》2016年第19期。

B.6

陕西乡村医疗卫生服务体系建设研究

陕西卫生健康事业发展与改革研究中心课题组*

摘　要： 乡村医疗卫生服务体系是我国医疗卫生体系的网底，是农村经济社会发展和乡村振兴的健康保障。近年来，陕西省县乡村三级公共卫生服务网实现全覆盖，全省医疗体制机制改革初有成效，基层医疗服务保障水平进一步增强，医防融合健康服务体系基本形成，广大农村卫生环境焕然一新。但同时，乡村医疗卫生事业发展也存在一些短板有待补齐，比如公共卫生基础设施仍然落后、开展分级诊疗受限、"医防"合力尚未完全形成、公共卫生人才数量不足等。为更好地完善陕西省乡村公共医疗卫生服务体系，本文提出健全乡村医疗卫生事业发展长效机制、创新医防融合协同机制、强化农村公共卫生专业人才队伍建设、加大基层医疗机构建设力度、加快乡村公共卫生健康信息化建设等对策建议。

关键词： 乡村医疗卫生　服务体系　医防融合

党的十八大以来，加强乡村医疗卫生体系建设、持续提升乡村医疗卫生服务能力，成为党和政府高度关注的问题。习近平总书记对加快补齐公共卫生服务短板、健全乡村公共卫生服务体系作出重要指示。2023 年初，中共中央办公厅、国务院办公厅印发《关于进一步深化改革促进乡村医疗卫生

---

* 陕西卫生健康事业发展与改革研究中心课题组成员：黄海涛，陕西学前师范学院图书馆馆长，博士，研究方向为人口与健康；李巾，陕西省社会科学院副研究员，陕西卫生健康事业发展与改革研究中心执行主任，研究方向为健康社会学；聂翔，陕西省社会科学院助理研究员，研究方向为社会政策。

体系健康发展的意见》，强调要把乡村医疗卫生工作摆在乡村振兴的重要位置，以基层为重点，以体制机制改革为驱动，加快县域优质医疗卫生资源扩容和均衡布局，推动重心下移、资源下沉，健全适应乡村特点、优质高效的乡村医疗卫生体系，让广大农民群众能够就近获得更加公平可及、系统连续的医疗卫生服务。① 促进乡村卫生体系健康发展、保障陕西 1800 多万农民群众健康生活，对陕西省全面推进乡村振兴有积极重要的意义。本文围绕陕西乡村医疗卫生服务体系建设的现状、取得的成就和存在的问题进行分析，对加快建设陕西省乡村医疗卫生服务体系进行思考。

一 加强乡村医疗卫生服务体系建设的重要意义

乡村医疗卫生服务是我国基层医疗保健服务最基础的力量，也是最薄弱的环节，它同农村地区广大人民群众的生命健康安全息息相关。乡村医疗卫生服务体系是农村地区重要的公共服务体系，在服务农村居民就近看病就医、疾病防控、人人享有医疗卫生保健等方面发挥着重要作用，对于保障广大农民身体健康、促进乡村振兴和农村经济社会发展具有十分重要的意义。

（一）加强乡村医疗卫生服务体系建设是实现乡村振兴的健康保障

医疗卫生、公共健康是乡村振兴的重要组成部分。伴随社会经济发展和人口老龄化的快速进展，乡村医疗卫生事业发展越来越受到人们的广泛关注。没有乡村医疗的振兴，就不可能实现全面的乡村振兴。随着城镇化和人口老龄化的发展，我国乡村人口结构和空间布局发生了重大变化，很多农村地区出现"空心化"、常住人口老龄化，这对乡村医疗资源的合理布局提出了挑战。党的二十大报告指出，发展壮大医疗卫生队伍，把工作重点放在农

---

① 《健全适应乡村特点、优质高效的乡村医疗卫生体系—中央农办、国家卫生健康委负责人就〈关于进一步深化改革促进乡村医疗卫生体系健康发展的意见〉答记者问》，《中国农村卫生》2023 年第 3 期。

村和社区。推进乡村振兴，就要大力聚焦乡村医疗，立足保基本、强基层、建机制，以补齐基层医疗卫生服务短板为突破口，实现村卫生室标准化建设的全覆盖和村卫生室服务能力的显著提升，促进农村医疗卫生事业的长远发展。乡村医疗卫生体系健康发展要立足于广大乡村基层医疗机构的短板和特点，以乡镇卫生院为基点，以基本、安全、经济、便捷为目标，为农民群众提供基本医疗卫生服务，进行健康管理，通过不断提升乡村医疗卫生机构服务能力，提升农民群众的就医福祉。

（二）完善乡村医疗卫生服务体系是满足农村群众多元化服务的需要

第七次全国人口普查数据显示，陕西省居住在乡村的人口为 1476 万人，占全省常住人口的 37.34%，由此可见，改善农村卫生状况对全省社会卫生事业的发展有着重要的意义。近年来，乡村地区慢性病发病率增长较快，疾病谱和患病率日益与城市趋同，疾病负担有超过城市的趋势。同时，农村地区交通状况改善、收入水平提高以后，乡村人民群众的就医行为发生了变化，许多患者向县、市级大医院集中的趋势明显。国家陆续推出多项医改政策，推进紧密型县域医共体以及分级诊疗制度建设，助力县域医疗服务能力提升，推动资源下沉，帮扶乡镇卫生院，但由于县域医疗资源分布不合理、基层医疗机构服务能力弱，因此依然普遍存在大型三甲医院"一床难求"、基层医疗机构"门可罗雀"的现象。这对更合理地确定乡村基层医疗机构的职能定位、调整乡村医疗服务提供模式，从而更好地满足人民群众的医疗需求提出了挑战。虽然农村医疗卫生事业在很多地区进行改革，优化卫生资源配置，提高农村健康质量，完善公共服务，有效地改善了农民因病致贫、小病不治、大病硬扛的状况，但是与广大人民群众多层次多样化的卫生服务需求相比还有一定的差距，因此需要更加重视乡村医疗卫生事业的发展，不断创新医疗卫生事业管理，更好地完善乡村医疗卫生服务运行机制。①

---

① 熊淡宁等：《乡村医疗发展的探索与研究》，《黄冈职业技术学院学报》2023 年第 3 期。

（三）优化乡村医疗卫生服务是推动农村三级医疗预防体系发展的需要

陕西省农村情况千差万别，整体上人口居住分散，为了使基层卫生机构能够为广大人民群众更好地提供卫生保健服务，就要不断完善农村医疗卫生三级医疗预防保健网络建设。陕西在加强乡村医疗卫生服务体系建设过程中，通过县域医共体建设，推进三级医疗预防保健网络体系建设，不断提升县级医院对危急重症患者抢救和疑难复杂疾病转诊服务能力，提升乡镇卫生院防病治病和健康管理能力，健全急诊急救和巡诊服务体系，强化村卫生室的基本医疗服务功能，从而更好地保障乡村基本医疗卫生服务供给，不断加强疾病预防和救治能力建设。其中，村卫生室是初级医疗预防保健网中实施健康乡村行动、倡导文明健康生活方式的主阵地，其主要职责包括简易治疗、计划免疫和初级卫生保健等工作。乡卫生院和中心卫生院作为二级医疗预防保健网络体系，其主要职责包括常见病、多发病及一般危重病症的诊治、疫情的初步处理等，二级医疗预防保健网是农村卫生建设的重点、难点。县医院和县防疫站、妇幼保健站等机构作为三级医疗预防保健网络，在疑难重症诊治、危重病症抢救、妇幼保健等综合性医疗、预防保健服务方面发挥了重要作用。

二 陕西乡村医疗卫生服务体系建设取得的成效

近年来，陕西省把医疗健康事业放在优先发展的战略地位，创新政策措施，不断推进乡村医疗卫生公共服务体系建设，整合型医疗卫生服务体系基本建立，基层医疗卫生网底更加巩固，不断健全面向农村、面向大众的紧密型医共体合作体系，群众健康素养明显提升，全省广大农村人民群众的获得感、幸福感不断增强。

（一）全省县乡村三级公共卫生服务网实现全覆盖

陕西省在医疗卫生改革中不断完善县乡村一体化服务体系，推动医疗卫生工作重心下移、资源下沉，为人民群众提供便民、安全的基本医疗卫生服务。2022 年全省共有基层医疗卫生机构 32978 个，专业公共卫生机构 407个，预防控制中心/防疫站 119 个，健康教育所/站/中心 11 个、急救中心/站 5 个、妇幼保健院/所/站 117 个，卫生监督所 115 个。① 近年来，陕西省多措并举，不断深入推进乡村公共卫生体系建设。2019 年以来，陕西省重点围绕"三个有"开展工作，在有地方看病方面，96 家县级公立综合医院全部达到二级医院标准，1540 个乡镇卫生院、23747 个村卫生室全部达到基本标准，贫困地区县域内就诊率达到 90%。②

（二）全省医疗体制机制改革初有成效

全省有 83 个县（市、区）启动了紧密型县域医共体建设，医共体建设促进了资源下沉，一批新技术在基层医疗卫生机构开展。安康市推动优质医疗下沉，服务基层群众，汉滨区第一医院可以开展射频消融术、永久起搏器安置术、先天性心脏病介入封堵术及无痛肠胃镜检查。麟游县两亭镇中心卫生院结合实际完成了对检验室、手术室的基本改造，购买了 UN73 全自动血液细胞分析仪及 EXC400 全自动生化分析仪两台设备，现手术室已建设完成，可开展一、二级常规手术，检验科已投入使用，为辖区群众提供血常规（三分类+五分类）、肝肾功、血脂等检验服务，极大地方便了辖区群众。镇安县永乐镇卫生院眼科技术力量已基本达到与县医院相当，眉县齐镇卫生院开展了腹股沟斜疝修补术、头皮肿物切除术和整脊枪应用，汉中市汉台区七里镇卫生院开展了口腔科、眼科门诊、胸痛单元、心理门诊，由二三级医院下沉技术，并执行下一级医院的收费价格，就诊患者明显受益。

（三）基层医疗服务保障水平进一步提升

适宜技术推广应用、优质服务基层行、千县工程、组团式帮扶、医联体

---

① 2022 年陕西省卫生健康委员会内部统计数据。如无特殊说明，本文数据均来源于省卫生健康委员会统计数据。

② 《陕西省"十四五"卫生健康事业发展规划》，陕西省人民政府网（shaanxi.gov.cn）。

医共体等改革措施逐步落地，基层服务能力得到提升。陕西省卫生健康统计数据显示，2022年农村地区基层医疗卫生机构诊疗4267.84万人次，在农村总诊疗人次中的占比由2021年的41.27%提高到53.53%，商洛、铜川、安康、咸阳占比超过60%。有地方看病、有医生看病、看得好病成为农村人口最基本的健康需求。商洛市通过公有产权村卫生室建设，建立村级医疗卫生阵地，实现了公有产权卫生室村村全覆盖的目标，解决村医到龄退出导致卫生阵地减少问题、农村医务人员流失问题，有效提升了基层群众医疗保障水平，减轻了群众医疗费用负担。神木市四家市级公立医院采用每年抽调中高级专业技术人员下沉到村卫生院、社区卫生服务中心的方式，开展疾病诊疗、健康宣教、专题讲座、教学查房、病例讨论、线上教学等工作，多举措推动基层服务能力提升，提高了基层就诊率。

（四）医防融合健康服务体系基本形成

加快建立医防融合机制，为老百姓提供全方位全周期的卫生与健康服务是我国深化医改的重要方向。陕西省在医防融合健康服务中注重打造"县—镇—村—家庭"四级联动的管理模式，以"小切口"见实效为目标在县级医院、镇卫生院、村卫生室开展"三高共管、三级协同"医防融合试点，通过管理下沉服务、延伸"三高共管"等举措，不断提升基层医院管理、服务、医防三项能力。县级医院与基层镇办医院卫生室有效融合，推进基层首诊、双向转诊、急慢分治、上下联动的分级诊疗机制，让广大群众享受连续性健康服务。鼓励县域内所有医疗机构形成有序的医疗卫生服务格局，将管理职责整合在一起进行协同服务，使有限的专业技术资源效益最大化，同时加强网络化管理，形成镇办卫生院、村卫生室管理网格化，利用家庭医生、村医的力量，全面推进整合型医疗卫生服务体系建设，打造以提升全民健康水平为目标、服务网格化的健康服务保障体系。

（五）陕西省广大农村卫生环境焕然一新

陕西省农村人居环境整治得到了极大改善，开展房厕"两改"、垃圾污水处理、排除污染、硬化绿化美化亮化等村容村貌提升工程，农村人居环境整治工作提升了群众的幸福指数，农民卫生健康意识不断增强，不良生活习惯得到有效改变；面向家庭、个人预防疾病、早期发现、合理用药等维护健康的知识与技能广泛普及，广大农村居民的健康生活方式加快推广。

三　陕西乡村医疗卫生服务体系存在的问题

近年来，虽然陕西省乡村医疗卫生健康事业取得了长足的发展，但是也还存在一些问题和不足，制约了乡村医疗卫生事业的进一步发展。

（一）农村公共卫生基础设施仍然薄弱、县域综合服务发展缓慢

从整体上看，部分地区乡村卫生室建设不达标，村级医疗设施配备和服务水平不足，人员、工资、业务、药械等没有实现一体化管理。疾控中心与各级医疗工作融合程度不深，资源配置效率相对较低，部分县级医控中心业务用房面积达不到国家要求标准。传染病防控尚未全覆盖，目前陕西省80个县级医院传染病区及发热门诊规范化建设，乡镇卫生院发热门诊、隔离区域、防护设备建设有待于进一步发展。医疗、公共卫生与疾病预防控制分开提供服务，治疗归卫生系统，预防归疾控中心，工作整合不够，县域治疗与预防业务还未实现统一，村民目前更关注的是能在家门口看病、能看好病，对于预防的认知、理解还有待提升，县域医防综合服务发展缓慢。

（二）分级诊疗推广难度较大，县域医共体建设面临多种挑战

目前，县域医共体实施后，开展分级诊疗仍然受多种因素制约，特别是患者及家属不愿意下转接受诊疗，导致这一状况的直接原因是乡村医疗诊疗条件跟不上，基层医疗技术水平不高。其次是基层医疗机构承接下转患者的能力弱，尤其缺少心脑血管疾病后期治疗和康复专业技术和人员。医保结算系统衔接不畅，政策规定对下转患者不设起付线，实际情况是结算系统上下不通，仍是按正常出入院计账。同时，基层用药不能完全满足群众需求，镇

村两级医疗卫生机构药品配备与上级医院用药衔接不够，因此对承接患者下转机制建设产生不利影响。集中带量采购药品耗材方面，配送企业因配送成本过高或以生产企业断供为由不及时配送。这些因素影响了分级诊疗、医联体和医共体建设的推进。

（三）"医防"合力尚未完全形成，一体化建设不足

"保基本、强基层"是我国医药卫生体制改革发展的方向，但在基层工作实践中推进面临诸多困难，预防为主的要求没能得到很好地坚持。以县乡村一体化为导向，建设紧密型县域医共体，目标是优化配置医疗资源，保障人民群众在家门口就能享受到优质的医疗服务。但在具体实施过程中，有的医共体试点县未将疾控、妇幼等公共卫生机构纳入医共体建设，这种模式导致县域内医共体之间在公共卫生服务协同供给方面发挥合力作用受到了限制。而且由于疾控机构与医疗、基层行政管理部门没有形成融合、一体化管理格局，卫生系统业务开展方面，卫生健康系统按部门分工，治疗归治疗，预防归预防，当前医生大部分精力在"治已病"，消减病人存量；疾控中心在乡村"治未病"工作中参与不够，预防、治疗业务融合不够。同时，乡村公共卫生信息化水平不高，信息系统运行不畅，疾控系统信息与医院信息平台内部还没有实现互联互通，病人服务信息不共享，与居民全生命周期健康管理服务的需求还存在一定的差距。

（四）基层公共卫生人才数量不足，专业技术人才短缺

部分乡镇卫生院人才数量不足。虽然各区县自上而下分层次、分批次对乡镇卫生院和社区卫生服务中心、村卫生室中医药人员进行常态化培训，但是仍存在乡镇医疗资源配置不均、专业技术人才短缺、医疗服务水平相对较弱等问题。网底专业人员缺乏，在岗乡村医生人数缩减且业务水平和专业素养不齐，个别薄弱村卫生室没有村医或村医服务能力不足。国家培养的基层专业人才队伍稳定性不够，政府部门在基层公共卫生人才培养方面出台了很多支持政策，如国家发改委等五部委联合印发《关于开展农村订单定向医

学生免费培养工作的实施意见》，提出享受国家教育优惠政策的农村订单定向医学生，毕业后须回到定向地乡镇卫生院服务达一定年限。但是一般到就业期的时候，很多毕业生因基层发展空间有限而选择违约，交纳违约金以后到城市就业，人才流失严重。

四　完善陕西乡村医疗卫生服务体系的对策建议

当前，加快建设和完善乡村医疗卫生服务体系，促进全省公共卫生服务事业的可持续发展，要全面贯彻落实习近平总书记关于加快补齐公共卫生服务短板，健全乡村公共卫生服务体系的重要指示，贯彻落实《关于进一步深化改革促进乡村医疗卫生体系健康发展的意见》，着重从以下方面加快建设和改革，更好地保障陕西省广大农村居民的健康权益，完善陕西省乡村公共医疗卫生服务体系。

（一）健全乡村医疗卫生事业发展长效机制

持续深化乡村医疗卫生服务体系综合改革，切实加强紧密型县域医共体建设，完善运行机制，加快推进镇村医疗卫生服务一体化管理，落实政府投入责任，推动"两个允许"政策落实，激发基层医疗机构运行活力。积极应对人口老龄化和镇村空心化，出台差异化医疗公共卫生发展规划，对人口聚集地区重点打造一批具备二级医院功能的中心乡镇卫生院，对于人口空心化严重的村，建立流动服务机制，满足就医需求。同时，加快推进"十四五"卫生健康事业发展规划落地，加大各级政府财政投入，支持市县各级各类医疗及公共卫生机构尽快完成差异化建设，切实补齐医疗卫生基础设施短板。要不断建立健全工作体制机制，不断完善公共卫生体系、医疗服务体系和中医服务体系三大体系，构建整合型医疗服务体系，在省市级层面加快推动医疗联合体建设，建设一批重点专科，县区级层面加快推动紧密型医共体建设。发挥中医药在维护和促进人民健康方面的独特作用，持续推进中医药传承创新，扩大基层中医药用药目录，满足群众用药需求，强化中医药在疾病预防中的作用，推动中医药事业高质量发展。

（二）落实医疗机构公共卫生责任，创新医防融合协同机制

建立健全医防融合协同机制，要切实转变基层普遍存在的"重医轻防"观念，全面落实医疗机构的公共卫生责任。首先，健全慢性病防治体系，坚持卫生健康工作方针，以基层为重点，预防为主、防治结合，基层医疗机构要因地制宜，积极推行医疗和预防融合服务发展模式，致力打造"无病要防、急病要急、慢病要准"的整合型医疗服务体系。医疗机构和疾控中心等公共卫生机构要紧密协作，完善医防融合长效机制，通过加强紧密型医共体建设，各级医疗单位各司其职，形成大健康一盘棋，提供连续性健康服务，使广大人民群众有更多的获得感。其次，促进分级诊疗，提高基层医疗服务能力，以常见病多发病、慢性病分级治疗为突破口，重点做好高血压、糖尿病分级诊疗工作，通过医联体内医院的 HIS、LIS、PACS 系统连接实现县、乡、村、家庭四级联动，落实分级诊疗，形成基层首诊、双向转诊、上下联动、急慢分治的合理就医秩序。最后，运用"互联网+"医疗服务提高服务效能，基层医院可以通过"互联网+服务"让优质资源下沉，实现基层医疗机构与上级医疗机构医生之间的双向转诊，将慢病管理落实到镇、村和家庭，通过"互联网+"服务，使医生实现多点在线远程咨询，为医生提供知识教育辅助决策，引导用户在基层医院做好定期检查，将医院服务的半径从院内延伸到院外，形成闭环的优质服务，普惠更多基层群众。

（三）强化农村公共卫生专业人才队伍建设，完善引培使用机制

加强基层卫生人才队伍建设，多渠道引才用才，加强基层医务人员业务培训，解决好乡村医生养老保障问题。一是筑牢乡村医生服务阵地，实施基层医疗卫生机构标准化建设，统筹规划村卫生室建设，持续加强乡村医生培训。二是创新管理方式，全面推进紧密型县乡村卫生一体化医共体，加强基层医疗卫生服务体系人才队伍建设。统筹医共体人事管理，牵头医院应拥有

医共体内部人事管理自主权，实行编制分别核定、统筹使用，推动牵头县级公立医院和乡镇卫生院编制一体化管理，实现岗位统筹、县管乡用，鼓励逐步实行乡聘村用，根据岗位需要，实现医共体内人员统一调配。加大医疗机构人才招聘力度，优先保证基层医疗卫生机构用人需要。对取得乡村全科执业助理医师资格证书的医师，在医共体内的基层医疗卫生机构执业，对技术力量不足的村卫生室，由乡镇卫生院派驻医务人员轮流巡诊。三是优化卫生健康系统人才流动程序，提高公共卫生医务人员待遇。畅通县外人员调入"绿色通道"，并对外来优秀人才经考核后办理相关人事手续；针对人员流失、留人难问题，一方面实行最低五年服务年限及考前报备制度。新进人员执行并签订最低5年服务聘用合同，同时建立有利于调动医务人员积极性、符合乡村医疗卫生行业特点的薪酬分配制度。四是积极推广中医适宜技术，依托培训基地，培养中医人才，充分发挥中医简便、价廉的特点和治未病的作用，满足群众就近诊疗的就医需求，降低群众看病费用。

（四）开展综合集成式改革探索，加大基层医疗机构建设力度

优化乡村医疗卫生机构布局，拓展乡村医疗卫生机构服务功能，重点强化医疗服务能力，健全乡村公共卫生服务体系，将三级公立医院改革与县镇村的改革区分开，统筹推进编制、人事、薪酬和能力建设。推动部分中心乡镇卫生院建成县域医疗分中心，达到二级综合医院水平，推进社区卫生服务中心（站）、乡镇卫生院新建、迁建和改扩建，及时更新乡镇卫生院、村卫生室老旧落后的基本医疗设备，有效提升乡村医疗卫生服务体系防病治病和健康管理的能力，扎实做好基本公共卫生服务。推进紧密型医共体总额预付，实行"两扩大一打通"，即扩大覆盖范围，扩大基层医保用药报销目录，打通医共体内转诊渠道，同时加快完善医保报销政策，改变医院根据医保报销政策看病的现象，促使其回归到"治病"的正常轨道上来。加大基层医疗机构建设，省级立项开展县域医疗服务副中心建设，以科室共建为抓手切实提升基层技术能力，完善医保结算系统，支持上下级医院转诊，落实上转患者累计起付线、下转患者不设起付线政策，提升群众选择基层就诊和

下转康复的意愿。发挥医疗服务价格补偿作用，加快解决《陕西省医疗服务项目价格（2021版）》执行中地市降低技术性服务价格的行为，"小步快走"式开展医疗服务价格动态调整，解决价格与技术下沉、新技术应用脱节问题，促进医院良性发展。

（五）加快乡村公共卫生健康信息化建设，推动信息共享

一是要建立分工明确的闭环管理。县级医院负责高危患者的救治、手术实施等医疗工作，乡镇级医疗卫生机构注重健康管理筛查、随访管理等，村卫生站做好公共卫生、家庭医生以及健康宣教等工作，通过信息化手段和远程诊疗系统，全面将三级医疗卫生机构联动在一起，构建县域医共体内县、镇、村闭环管理体系。二是加强健康信息平台建设，基本实现县乡村医疗信息互联互通，启动县域智慧健康信息平台，建立县级医院与乡镇卫生院点对点、面对面远程会诊系统，乡镇卫生院电子病历、影像资料和辅助检查等资料同步传输，远程会诊电子病例，实现患者医疗服务信息、医疗保障等数据互联互通，并能实时进行动态更新，使患者足不出乡也能享受县级医院专家的优质服务。三是多种模式的AI诊断工具联合使用，通过"云诊所""云药房"惠及越来越多的农村居民，为广大农村居民提供智慧化的便利医疗服务。

参考文献

李永红、许亚莉：《陕西乡村公共卫生体系建设路径研究》，《陕西行政学院学报》2022年第1期。

赵晓芳：《健康中国视角下安徽乡村医疗卫生服务体系高质量发展研究》，《山东农业工程学院学报》2022年第10期。

陕西省农村养老服务模式创新实践与提升路径研究[*]

韦艳 滕晓莹 胡明凤[**]

摘 要： 农村地区已经成为养老的重点、难点和痛点所在，推动农村养老服务高质量发展是当前重要议题。调查研究发现陕西省农村老年群体身体状况整体较为健康，生活满意度较高；养老观念较为传统，超过半数认同"养儿防老"；农村地区养老服务供给不足，老年群体养老服务付费意愿不高。陕西省在农村养老实践中，呈现中医药融入医养结合模式、多元共建互助养老模式、"兴村+解困"养老模式等，来应对陕西省农村人口老龄化挑战。但同时也出现了中医药融合深度有限、资金供给渠道可持续性欠佳、养老资源配置利用效率略低、失能失智群体照料仍需关注等发展困境。本文提出建议：发挥关中资源优势，壮大陕西省养老服务行业队伍；建成中医药全产业链，打造陕西中医药文化特色；优化村级资源配置，实现养老服务精准供需；完善老年群体划分细则，探索推广长期护理险。

关键词： 农村养老模式 互助养老 医养结合 陕西省

在我国人口结构转型和城乡人口流动等多元社会背景下，农村地区已经

---

* 基金项目：国家社会科学基金项目"数字乡村建设对农村智慧养老服务体系的影响及优化路径研究"（项目编号：23BRK011）。

** 韦艳，博士，西安财经大学统计学院二级教授，研究方向为人口与可持续发展；滕晓莹，西安财经大学统计学院硕士研究生，研究方向为社会统计；胡明凤，西安财经大学统计学院硕士研究生，研究方向为经济统计。

成为养老的重点、难点和痛点所在。与城镇相比，我国农村人口老龄化程度更高、速度更快、地区差异更大，完善农村养老服务体系建设也更加迫切。在农村养老实践中，地区间具有高度异质性，单一的养老服务模式难以应用到所有区域。近年来，陕西省政府十分重视农村养老服务体系的建设与完善，先后出台多项政策文件，推动农村养老服务工作转型升级，各地也基于资源禀赋进行创新实践，深入分析了解农村地区的现状问题和创新模式，对于积极应对人口老龄化和促进陕西省农村养老服务体系高质量发展具有重要的现实意义。

一　陕西农村老年群体基本情况

《2022年陕西省国民经济和社会发展统计公报》数据显示，截至2022年末，陕西省60岁及以上人口数达811万，占全省常住总人口数的20.5%，高于全国0.7个百分点，其中65岁及以上人口数达581万，占全省常住总人口数的14.7%，比上年末增加0.7个百分点。陕西省第七次人口普查数据显示，汉中市人口老龄化程度最深，65岁及以上人口比重已超过17.0%，远高于全省老龄化平均水平，宝鸡、咸阳和渭南等地也超过15.0%，已进入中度老龄化社会。

为全面了解陕西省农村养老服务体系的建设现状和创新模式，本文分析来自多源数据。

一是微观调查数据，用于农村老年群体基本状况分析。资料来源于2021年12月至2022年5月开展的"健康老龄化与智慧养老"专项调查数据，主要调查内容包括老年群体身心健康状况、养老方式认知情况和养老服务供给现状及付费意愿等。专项调查共回收有效问卷149份，回访部分受访者主要是对回收问卷进行审核，在数据录入后对数据进行清洗和逻辑检验，确保数据准确。

二是实地走访调研数据，用于养老模式创新分析。资料来源于作者2023年参加的陕西省全国示范性老年友好社区实地调研资料，以及2023年全省医养结合典型案例推荐的调研资料。

三是二手数据资料，用于养老模式创新分析。资料来源于陕西省实施的"乐龄陪伴——农村留守老年人关爱工程"数据，该数据主要基于2021年在陕南、陕北、关中地区开展的农村养老服务工作。

（一）农村老年群体的身体状况整体较为健康，生活满意度较高

整体上看，农村老年群体身体状况水平尚可，以比较不健康、一般健康和比较健康为主，三者总体占比超过85.0%，其中身体状况比较健康的占比最高，为39.7%。从农村老年群体对其生活的满意程度来看，有超过45.0%的老年群体比较满意自己的生活，占比最高，其次是一般满意，占比为30.7%（见表1）。对生活非常不满意、不太满意和非常满意的老年群体身体状况分布相对均衡，而对生活一般满意和比较满意的老年群体其身体状况分布差异较大，其中身体比较健康的农村老年群体也比较满意自己的生活状况。

表1 农村老年群体身体状况和生活满意程度

单位：%

身体状况	生活满意程度					总计
	非常不满意	不太满意	一般满意	比较满意	非常满意	
非常不健康	0.0	2.0	2.7	1.3	0.0	6.0
比较不健康	0.0	2.0	10.7	6.6	2.0	21.3
一般健康	0.0	0.9	12.0	10.7	3.4	27.0
比较健康	0.9	0.9	4.0	26.6	7.3	39.7
非常健康	0.0	0.0	1.3	2.7	2.0	6.0
总计	0.9	5.8	30.7	47.9	14.7	100.0

资料来源：2021~2022年陕西省"健康老龄化与智慧养老"专项调查。

农村老年群体中，在过去一个月内，认为自己心情愉快的占比达63.8%，只有12.8%的老年群体感到空虚，从不感到孤独的老年群体占比最高，为89.2%，对睡眠状况满意的老年群体占比较高，为63.1%，40.9%的

农村老年群体认为自己过得比大多数人好（见表2）。整体上看，农村老年群体心理状况良好，但是依然有小部分老年群体存在情绪低沉、生活空虚、睡眠状况不佳等问题。

表2 农村老年群体心理状况

单位：%

心理状况	不符合	较不符合	不确定	比较符合	符合
过去一个月总是感到心情愉快	5.3	18.1	12.8	34.9	28.9
过去一个月感到生活空虚	34.2	37.6	15.4	12.1	0.7
过去一个月感到孤独	53.6	35.6	17.4	10.7	2.7
过去一个月对睡眠状况感到满意	12.8	13.4	10.7	40.9	22.2
大多数人过得比自己好	10.7	30.2	35.6	16.8	6.7

资料来源：2021~2022年陕西省"健康老龄化与智慧养老"专项调查。

（二）农村老年群体养老观念较为传统，超过半数认同"养儿防老"

农村老年群体中认为靠儿子养老的占比最高，为63.7%，其次是认为养老要靠自己和靠女儿，占比分别为46.6%和29.5%，只有4.1%的老年群体将自己的养老寄希望于专业养老服务机构（见表3）。这表明目前大多数农村老年群体的养老观念较为传统，家庭养老仍是农村地区的主要养老方式。

表3 农村老年群体养老方式认知情况

单位：%

养老观念	比例
靠儿子养老	63.7
靠女儿养老	29.5
靠政府养老	17.1
靠自己养老	46.6
专业养老服务人员	4.1
看情况而定	11.6

资料来源：2021~2022年陕西省"健康老龄化与智慧养老"专项调查。

（三）农村地区养老服务供给不足，老年群体养老服务付费意愿不高

从农村地区提供养老服务供给情况来看，超过60%的老年群体表示所在地区都不会提供问卷涉及的10种养老服务项目。其中农村地区提供"上门探访"、"帮助日常购物"和"老年群体服务热线"这三项养老服务的占比较高，分别为23.8%、15.9%和14.3%，提供"助浴服务"和"陪同看病"这两项养老服务的占比较低，仅为4.0%和4.8%，此外还有部分老年群体不清楚社区是否提供这些养老服务（见表4）。

愿意为养老服务付费的老年群体占比为15.9%，部分愿意的老年群体占比为41.3%。这表明，目前农村地区养老服务供给严重不足，老年群体对养老服务的付费意愿不高，这可能与农村老年群体收入水平不高、对养老服务认知不足等有关。因此在未来，相关部门应加强对农村养老服务的推广和普及。

表4　农村地区养老服务供给现状

单位：%

养老服务项目	是否提供		
	是	否	不清楚
上门探访	23.8	63.5	12.7
老年饭桌或送饭	11.9	76.2	11.9
上门做家务	8.7	80.2	11.1
助浴服务	4.0	81.7	14.3
帮助日常购物	15.9	65.1	19.0
陪同看病	4.8	79.4	15.9
老年群体服务热线	14.3	63.5	22.2
日托站或托老所	7.2	72.2	20.6
法律援助	11.1	61.1	27.8
心理咨询	9.5	64.3	26.2

资料来源：2021~2022年陕西省"健康老龄化与智慧养老"专项调查。

二　陕西农村养老服务模式创新实践

在农村养老服务实践中，陕西省各地立足实际情况，创新发展思路，积极展开实践，推动农村养老服务转型升级，呈现以下几种农村养老服务新模式。

（一）中医药融入医养结合模式

中医药作为我国独有的医疗卫生资源，在农村地区有着深厚的历史底蕴和群众基础，并且其在疾病治疗、预防保健、康复养生等方面都展现出特有优势。中医药融入医养结合能够将医疗资源与养老资源完美融合，降低"医养分离"所导致的资源浪费，有效缓解目前老年群体看病难、看病贵的现状，在农村地区有着广阔的发展空间。中医药融入医养结合模式是一条具有中国特色的新型医养结合道路，能够满足我国农村老年群体长期健康养老需求，有助于推动健康老龄化社会建设。

陕南地区拥有丰富的中药材资源，中医药养生文化盛行，其中洋县和眉县地区将中医健康管理理念充分融入医养结合模式当中，增加中医特色的诊疗和护理技术，为老年群体提供更具针对性和多样性的健康管理服务。除此之外，中医药融入医养结合模式带动了陕南地区中药材等经济作物种植、加工和销售等相关产业的发展，增加了农民经济收入，在提升养老服务质量的同时实现了乡村经济振兴。

1.汉中市洋县："四大平台+六精准"

洋县创新打造"四大平台"。体能评估平台对老年群体进行体能评估，确定护理等级，提供对应护理服务。健康状况信息平台对老年群体进行健康体检，建立健康档案，制定针对性的生活和医疗照护方案。身体素质活动平台定期组织开展各类适宜老年群体的文体活动，提高老年群体身体健康素质。心理健康咨询平台为老年群体进行心理咨询和疏导，提高老年群体心理健康水平。在此基础上洋县实现"五大联动"。医院联动：人力、物力、财力、技术共享，做到床边就诊、零距离住院，实现医养结合无缝衔接。培训学校联动：开设养老护理、保健按摩等特色康养技能专业，为农村养老服务产业提供人才支撑。健康管理公司联动：设计研发智慧健康养老信息平台和手机端 App，用于护理工作记录、管理人员监管考核、老人家属监督等养老服务工作，提升养老服务水平。社区联动：共同组建"日间照料+住养老人+居家上门"三位一体的综合养老服务中心，推动社区养老服务体系建设。家庭联动：以县城为中心，辐射到周边各镇、村及家庭户，为失能、半失能老人以及残疾人提供上门服务，为农村家庭解困助力。

洋县在农村养老服务工作中推行"六精准"工作法。生活照料方面，围绕老年群体营养膳食、生活起居等日常生活需求，精准施策，着力满足老年群体多样化需求。医疗服务方面，与洋县新健康医院和洋县医院签订协议，建立老年群体健康档案，从源头上掌握老年群体身体各项指标情况，因人施策，精准治疗。康复服务方面，针对老年群体身体状况，由康复师对其开展理疗、针灸、推拿按摩等康复治疗。健康教育方面，开展养老护理员培训班，护理员定期参加培训，系统学习专业知识，参加实地训练，强化护理员健康教育；邀请县医院、中医院专家定期开展防跌倒、慢性病防治、中医养生保健知识等专题讲座，强化老年群体健康教育。中医药服务方面，根据中医体质标准，精准识别每位老人的体质类型，针对不同体质类型和时令性疾病情况送药上门，并根据所患疾病采取对应的中医适宜疗法，进行药物干预和送诊治疗。心理慰藉方面，对老年群体心理状态进行评估，采取对应的心理疏导措施，一人一策，精准慰藉。

2. 宝鸡市眉县："医院为主，村医为辅"

眉县以"大病靠治，慢病靠养"为医养思路，建立了"医院为主，村医为辅；中医治病，西医救命"的农村医疗卫生体系，充分发挥中西医各自优势，为老年群体提供更切合实际的医疗服务。由村卫生室完成基本医疗服务，为老年群体提供吸氧、输液、拆线、床头换药等服务，定期为护理员开展护理技能培训，提升医疗护理技能水平。眉县中医医院则为老年群体提供更加多元化的医疗服务，派遣主任医师作为养老机构驻点医师，为老年群体提供中西医诊疗服务，同时医院开通老年群体急诊就医绿色通道，老人入住信息共享，先查后看，及时就诊。针对老年慢性病的预防、治疗和管理，采用中西医结合的调理方案，汤剂和丸药相结合，治疗过程中实施针灸推拿等中医康复措施，并辅以康养膳食的中医食材搭配，真正实现低成本高疗效。

眉县充分利用周边社会资源和医疗资源，积极调动多元主体共同参与农村养老服务，提升基层医疗护理服务质量，完善医养结合模式。养老机构与幸福院合作，全面接管空置的农村幸福院并进行深度融合，定期为幸福院及周边老人做免费培训、体检等工作，做到及时发现问题、及时就医。依托村委会卫生室，为老年群体普及健康知识、优化健康服务、完善健康保障提供全面服务，推动基层医疗机构医养工作渗透。与县中医医院签订协议，实现中西医相互结合、相互补充，对老年群体高血压、糖尿病、高血脂等慢性病提供积极的预防措施和治疗方案，从饮食和中药中得到调理，实现慢病管理。利用社会其他专业资源，如聘请专业牙科团队、专业按摩护理团队等，解决老年群体"看不见"的问题，为老年群体提供细微化的养老服务。

（二）多元共建互助养老模式

在经济转型、社会转轨的中国农村，互助型养老模式具有比家庭养老更大的优势，它是农村经济社会转型的必然要求，是农村养老模式可持续发展的理性选择。互助养老模式以"自主、集体、互助"为理念，具有集体化、个性化和可持续化的特征，自助的同时，也强调对他人的扶弱。尤其在地缘、亲缘网络密集的农村地区，互助养老灵活多样，借助多元主体能够有效降低养老成本。

1. 咸阳市泾阳县："四社联动"互助养老

陕西省助老汇（以下简称助老汇）与泾阳县合作，对王桥镇东街村、太平镇孙家堡村、太平镇权杨村、泾干镇瑞凝村、永乐镇亢营村、桥底镇沟而上村等6村展开深入调研，提出推行"社会组织+基层老年协会"模式的"邻里互助"试点居家养老服务项目。该模式是助老汇工作发展中心主导实施的满足农村社区中失能老人及部分老年群体养老照料服务需求、加强养老服务队伍建设、探索农村养老服务体系建设的公益类项目。此项目主要依托村级老年协会，发挥邻里互助的传统美德，动员社区志愿者成为社区养老协管员。助老汇主要业务有培育老年协会规范化、专业化发展；解决农村老年群体养老服务需求（贫困、健康、照料、心理、社会参与等）；搭建农村老年领域工作网络；探索原地养老服务有效模式。

泾阳县建立以社区为平台、以社会组织为载体、以社会工作专业人才为支撑、以社区志愿者为补充的"四社联动"体系，搭建农村养老服务的组织架构，打造农村养老服务的团队体系。招募志愿协管员参加紧急处理、心理疏导、健康保健等岗前培训，满足重点服务对象的养老照护需求。分组配对6个项目村的协管员与服务对象，明确要从老年群体实际需求出发，提供安全看护、生活照料、卫生保健、文体活动、精神慰藉等服务。养老服务试点借助原存于中华民族中的"老吾老以及人之老"文化因子，动员农村社区人员成为养老协管员，采用更符合农村因地缘、亲缘关系构建起来的熟人社区网络开展邻里互助，通过政策引导和专业培训，使基层老年协会真正成为自我管理、自我教育、自我服务的社区公益社会组织。

2.宝鸡市凤翔区:聚力建设农村幸福院

凤翔区农村养老面临着空巢老人现象突出、物质精神生活匮乏、养老体系发展滞后等诸多新挑战。故该区按照"先行试点、稳步推进、全面实施"的思路，以幸福院建设探索农村养老新途径，着力解决农村空巢、独居和留守老人的就餐、文化娱乐、精神慰藉等服务空缺问题。宝鸡市在全省率先整市推进农村幸福院建设，并开展制度化管理、政策化扶持、常态化监管。为保障农村幸福院健康发展，凤翔区农村幸福院按照"自治、自愿、自保、自助"原则，明确村民委员会管理主体、入院老人和子女亲属三方责任。采取领导联村包抓、部门联院帮扶等方式，鼓励引导社会各界进行爱心捐助、参与管理。

凤翔区坚持"因地制宜、资源整合、方便老人"的原则，以中心村为重点，最大限度盘活撤并学校、闲置集体房产和其他公有或私有房产等资源，通过置换、购买等形式，进行改建、扩建，解决幸福院建设场所问题。采取"政府支持、部门帮扶、村上自筹、社会捐助"相结合的办法解决建设资金。在此基础上实行以奖代补，投入1300万元对农村幸福院建设资金给予补助，县（区）根据自身情况对幸福院建设再次投入一定资金。此举填补了农村村级养老空白，为破解农村养老难题提供了有效指引，在构建和谐社会、促进乡村振兴方面发挥了积极作用。

3. 延安市宜川县："支部+扶贫+养老"新路径

宜川县辛户村为改善贫困老人的居住条件，镇政府结合实际，确立了"支部+扶贫+养老"的农村养老模式。该模式首先由村支部牵头抓总，协调建设用地，争取民政福利彩票公益金，以"互助"为核心，构建入住院民互帮互助模式。其次为完善基础设施建设，辛户村党支部以"改建不新建"为思路，将该村"云辛合作社"旧址集体土地无偿提供给幸福院建设。同时辛户村通过多渠道获取资金，为老年群体配备基本设施设备。

辛户村幸福院以"互助"为核心，整体运营由村委会统管，日常助洁、助餐等均由入住院民互助完成，村委会为幸福院免费提供水、电、暖等基本服务，另外辛户村采取政府投资、部门招商和社会筹资的方法配备幸福院老年群体基础设施设备，根据种类齐全、使用安全、适宜老年群体操作使用、不追求奢华、避免浪费等原则，统一配备了床铺、基本家用电器、桌椅等设施设备，同时遵循"低成本、高质量"的原则，开发利用村内闲置土地资源建设幸福院。截至2023年底，宜川县已有120余名孤寡老人实现了老有所养、老有所依、老有所乐的目标。

（三）"兴村+解困"养老模式

"兴村+解困"养老模式是将扶贫救助、产业经济与老年群体养老需求三者有机融合，致力于服务失能、失智、重病、低保、贫困等需要兜底的农村困难老人，以老年群体的迫切需求为导向，通过扶贫救助、产业发展、社会捐赠等多种渠道筹集资金，采取创新医养结合模式、提升医疗护理人员技能水平等多种途径为老年群体解困，提高农村老年群体养老质量。"兴村+

解困"养老模式是政府、企业、社会三方力量深度结合的农村养老模式的创新,该模式不仅可以有效解决农村困难老人的养老困境,还有助于部分农村贫困家庭实现可持续解困。

1. 商洛市柞水县:产业振兴助力多层次养老

柞水县金米村是全国示范性老年友好型社区,它的重点在于以木耳产业为基础,各部门协调打造颐养天年的老年友好型幸福家园。

一是"小木耳、大产业",筑牢经济基础。金米村坚持将木耳产业作为巩固脱贫攻坚成果同乡村振兴有效衔接的主导产业,积极发挥党员带动、群众联动作用,凝心聚力做强"小木耳"主导产业,推行"党支部+集体经济+贫困户"模式。二是强化基层治理,打造老年友好型社区环境。金米村不断强化基层治理,提升为老服务能力和水平,探索出一条"创建老年友好社区、彰显敬老人文关怀"的金米村特色友好社区之路。三是科技融入为老服务。金米村新建智慧木耳大棚,招聘多名身体健康的老人参与木耳产业,利用电商直播带货、网络销售等新渠道帮助老年群体售卖农副产品。全村公共区域设置智能监控,特殊老人家庭根据需要安装家庭监控,村组干部和老人家属能够随时掌握老人动向和身体健康状况。四是代际互动提升老年群体满足感。金米村持续推进社区环境适老化、适儿化改造,解决村内适龄儿童就近上学问题和代际隔离问题,促进"一老一小"互动,使得老年群体生活更为幸福、更有动力、更有盼头。

2. 安康市宁陕县:"四化"管理新模式

宁陕县开创"四化"管理新模式,破解脱贫攻坚老大难问题,确保全县所有农村老年群体"生活有保障、生存有尊严"。

一是失能关爱亲情化。为保证失能和半失能老人老有所养、老有所依,宁陕县建立了全市第一家失能五保老人托养中心,工作人员将缺乏照护的失能五保老人接往中心集中供养,并从社会上有敬老爱老情怀、能吃苦耐劳的优秀人才中公开选聘服务人员,他们每日提供助餐、助洁、助浴服务,用心用情用力守护失能老人的身心健康。二是集中供养精细化。为全面提升集中供养水平,尤其是特困供养人员的生活水平,宁陕县建成覆盖全县 11 个镇的"一中心六区域"七所大型敬老院。三是分散监管常态化。考虑到散居特困人员的地缘关系和亲情纽带，该县运用"互联网+"思维，建立散居对象监管系统，落实散居特困对象"两不愁三保障"。四是兜底托养社会化。这是针对一部分不符合特困供养政策的重残对象和农村独居老人，他们虽然有赡养义务人，却基于赡养义务人婚嫁、务工、自身条件差等原因没有能力履行照护义务。为此，宁陕县利用敬老院10%的空余床位，实施低偿托养服务。

3. 汉中市城固县：机构嵌入社区养老

有经济能力的老年群体可以享受机构养老的专业服务，而社区特别是农村社区的贫困老人，没有收入来源，子女生活自顾不暇，养老问题层出不穷。鉴于此，城固县栗子苑爱心老年公寓依托中央财政项目拨付的25万元和自筹的7万元，把机构专业的养老服务辐射到社区困难老人，通过"政府主导+机构主体+社工（志愿者）主力"的模式，为城固县农村社区397名贫困、空巢、残疾老人，无偿提供养老公寓专业服务。

城固县将机构专业化养老服务走进社区作为养老模式的重心。一是请老年群体"进机构"。在机构内部开展专业生活照料、护理、助餐、助浴、助医等服务活动；组织老年群体聆听心理咨询师关于"幸福"的讲座，转变养老观念，解除心理困惑；邀请专家开展关于"老年健康"的知识讲座。二是机构工作人员"走出去"。爱心老年公寓从南山到北山，个性化关爱农村社区老人，让居家困难老人享受专业护理和服务。针对困难老人群体，城固县采取首先送生活之需，保障他们的基本生活，其次为他们个性化定制脱贫方案并提供技术支持。对于空巢老年群体，城固县定期组织护理员和社工为他们提供照料、护理、助洁、助浴、康乐等服务。面对残疾老人群体，机构工作人员不仅送去生活必需品和康复器材，同时提供专业化养老服务。

4. 榆林市榆阳区：医养结合专业养护

为满足特困供养群体身体健康且有尊严的生活需求，榆林市榆阳区打破现有敬老院缺乏可靠的医疗和特护能力及公办医疗机构不愿意承担基本生活保障的壁垒，统筹医疗和养老两大资源，设立榆阳区老年护理院，依托高新医院老年护理院进行就医就养式供养。

榆林市榆阳区医养结合模式的关键在于为供养群体制定个性化的供养方案。一是专业护理员。老年护理院按照每三名失能、一名半失能特困人员配备一名专业老年护理员，正常情况下特困人员由护理员提供全方位的生活照料和康复护理，一旦发生疾病，随即就地转入"医疗模式"，由责任医生和护士对其进行专门诊治和分级护理。二是免除重度残疾人员的抚养费用，并增发其低保金。考虑到重残重病人员的支付能力，榆阳区政府出台相关政策豁免了单身成年重度残疾人的抚养费，按零收入纳入低保范围并增发1倍标准的低保金，在此基础上将农村低保家庭托养对象按照城市低保标准进行管理。三是护理院收治易肇事肇祸精神障碍患者。榆阳区摸排发现，易肇事肇祸精神障碍患者有医养需求，而老年护理院没有精神障碍类的医疗资质，因此护理院与榆阳区安定医院的残疾人托养服务中心签订协议，负责收治易肇事肇祸精神障碍类患者。

三 陕西农村养老服务模式发展困境

在多方共同努力和协同合作下，陕西农村养老模式进行了积极探索并取得了一定发展成果。但是在实践过程中，作为一项复杂的系统工程，农村养老服务建设仍存在以下发展困境。

（一）中医药融合深度有限

目前农村中医药融入医养结合模式仍在初始阶段，医养机构的医疗服务人员大多来自基层，中医药专业人员较为稀缺，机构大多只能聘请中医药专家定期坐诊，这种问诊方式在稳定性和及时性方面略显不足，服务质量难以保证。另外农村医护人员薪酬待遇相对较低，人员数量不足，工作任务繁重且琐碎，加之社会地位不高，这些都造成了人才的流失。专业人才缺失使得农村医养机构难以对中医药理论、中医诊疗手段、中医膳食管理和中医药养生保健等进行深入挖掘、运用和推广，导致现有的农村中医药养老服务内容不够丰富，服务手段略显单调，中医药与医养结合融合深度有限，无法充分满足老年群体深层次的健康管理需求。

（二）资金供给渠道可持续性欠佳

中医药参与医养结合模式的正常运行需要一定资金，用于购买医疗设备、开设病房、招聘专业医师和护理人员等。目前农村地区的资金供给主要来源于政府和社会力量的捐赠，这两种资金供给渠道都缺乏长期稳定性和可持续性。部分农村地处偏远，医养机构前期养老服务建设投入较大，回报稳定性欠佳，且运营模式不够成熟，导致社会资本的投资积极性相对较低，农村医养机构现有资金难以支撑其未来发展。

（三）养老资源配置利用效率略低

农村养老服务资源往往来自政府"自上而下"的供给模式，尤其在养老服务模式具体实施方面，没能充分契合老年群体的实际需求。部分农村地区盘活了闲置用地、闲置房屋等用于养老服务机构或设施建设，而在劳动力流失、人口老龄化程度加深的背景下，还有一些农村空闲的非耕土地利用不够充分。

（四）失能失智老人群体照料仍需关注

农村地区失能失智老年群体人口数量较多，且面临着行动不便、生活不能自理等基本问题，现有养老服务模式针对这一群体存在服务产品不够充足、服务专业化水平相对较低、服务专业人员缺口较大等问题。除此以外，社工或志愿者等工作人员专业护理能力相对缺乏，致使该类群体切身体验到乡村振兴背景下农村养老模式带来的养老服务红利相对较少。

四　陕西农村养老服务模式提升路径

为推进农村养老模式创新，构建和完善农村养老服务体系，基于上述问题，本文在人才培养、产业发展、资源配置、养老补贴等方面提出以下优化路径，试图探索一条特色鲜明、富有成效的农村养老服务"陕西道路"。

（一）发挥关中资源优势，壮大陕西省养老服务行业队伍

建设养老服务人才队伍是提升养老服务质量的关键举措，陕西省一直在积极构建养老护理人才队伍建设体系，并将其纳入《陕西省"十四五"养老服务体系专项规划》当中，构建了省—市—县—养老机构四级培训机制。关中地区高校学府林立，高新区众多，资源丰富，应大力发挥关中地区教育、人才、技术、区位等资源优势，为农村养老服务体系建设提供坚实基础。大力发展健康服务管理、养老服务管理、中医老年病学等相关学科专业的建设，引导高校学府和职业院校开设老年心理学、老年社会学、康复医学、中医药学等专业，通过校企联合培养、保证持证上岗等方式，培养多学科复合型人才。积极探索医疗机构、养老机构和教育科研机构之间的合作，加强对老年疾病与健康的研究和管理，促进医养结合的深度融合，推动多方合作和交流，加强对陕西省农村地区的辐射作用。师承教育是农村医师培养的重要途径之一，应大力推动农村师承教育发展，提高农村养老服务人才待遇，完善相关职业发展晋升制度，建立健全相关保障措施，吸引更多专业人才投身到农村养老服务当中。鼓励支持目前基层在岗的医疗服务人员继续接受更高水平的职业教育，提高职业技能水平，培养职业归属感，加强基层养老人才队伍建设，提升基层人才养老服务能力。

（二）建成中医药全产业链，打造陕西中医药文化特色

在乡村振兴国家战略过渡期内，陕西应利用各级政府对农村地区发展的政策支持，积极争取更多的产业建设资金和政策性银行贷款，拓宽资金来源渠道，因地制宜扩大适销对路的优势中药材种植养殖规模。创新流通方式，加大陕南农村数字信息化"新基建"和交通物流基础设施建设布局力度。建成从中草药种植采集到加工生产、从防病治病到保健养生的中医药全产业链，并与农户转岗就业相结合，鼓励支持农民从事中医药相关工

作，让特许经营更多地向农民、合作社和农村社区倾斜，使农户更多地享受产业发展带来的权益和成果。完善农村医疗保险报销制度，降低医养结合养老模式成本和服务价格门槛，激发农村老年群体的参与热情。弘扬中医药文化，采取措施鼓励和支持将陕南中医药优势资源融入智慧健康养老产业，打造一批以"养生、养老、健康管理和中医药文化游"为核心功能的中医药智慧健康养老服务示范点、示范区和示范康养基地，培育独树一帜的中医药养生旅游特色，打造全国知名的高端生态旅游康养基地，形成智慧健康养老产业的陕西中医药文化特色。充分发挥乡村绿色旅游经济和中医药全产业链的经济驱动能力，与民政部门和社会资本开展合作，最终形成一个政府引导、社会各方参与以及投资回报逐年提升的健康养老产业发展新局面。

（三）优化村级资源配置，实现养老服务精准供需

农村养老资源合理化配置是老年群体受益最大化的前提，也是农村养老模式持续发展的基础。一方面，陕西省各级政府应盘活村内闲置土地、闲置房屋等空闲资源，统筹规划，将其改建为养老服务机构或用作养老设施建设用地等，注重为农村老年群体打造舒适的养老环境。加快智慧健康养老产品对接老年群体需求，完善"硬件产品"适老化，提高惠民服务的水平及整体供给能力。另一方面，"医养共体"的养老模式是实现医疗服务机构、养老服务机构和老年群体多方共赢的"医中有养"实践逻辑，其旨在打通和联结养老资源与医疗资源。陕西省各级政府应同医院团队签订合作协议，商量敲定合适的医养服务价格等级，建立互联互助智慧养老协作关系，构建多层次医疗保障体系，定期开展医养知识讲座、体检等活动，不限于血压测量、心肺听诊等外科项目，并根据地域差异性和个体需求特征，定制一对一医养方案，保障老年群体"医得健康""养得幸福"。推广"线上+线下"复合模式，实现精准化供需，比如对失能失智老人应用电子设备辅助照料，老人可享受远程医疗会诊，养老服务人员也可随时查看老人健康信息。

（四）完善老年群体划分细则，探索推广长期护理险

截至 2021 年，陕西省各地级市中只有汉中市入选长护险国家试点城市，该试点存在长护险受益对象的标准难以统一、受益人群的年龄限制等诸多问题，导致制度实施公平性难以满足，长护险的实际参保人难以享受其权益。农村地区老年群体拥有少部分收入来源或没有收入来源，仅靠养老保险和子女补贴养老，因此自身收入无法支付养老机构诸多服务项目的费用。为保障失能失智老人缓解养老焦虑、降低养护成本，减轻家庭负担、实现有效养老，各级政府一方面应严格把控地区有自理能力、丧失部分自理能力和全部丧失自理能力以及不同程度丧失智力的老年群体划分，实现各项补贴公平发放。另一方面，应在老龄化问题突出的地区率先有序开展长护险试点，完善现有长护险制度，扩大长护险服务项目支付范围，为失能老人提供基本生活照料以及相关医疗护理服务费用的补贴。非试点地区应结合相关政策摸索长护险制度实施，加快惠及失能失智老人群体。

参考文献

潘洋、于书洋、巩淑萍：《中医药医养结合助力健康老龄化产业发展探讨》，《中国卫生经济》2022 年第 9 期。

向运华、李雯铮：《集体互助养老：中国农村可持续养老模式的理性选择》，《江淮论坛》2020 年第 3 期。

张明锁、韩江风：《构建"慈善+扶贫+产业"的新型农村养老模式》，《中州学刊》2018 年第 6 期。

张志元：《乡村振兴战略下农村养老服务高质量发展研究》，《广西社会科学》2021 年第 11 期。

B.8
陕西省托育服务发展研究

岳爱　张芙蓉　高萍*

摘　要：　托育服务是生育支持体系的重要组成部分。陕西积极贯彻落实党中央、国务院战略部署，大力发展托育服务，推进陕西人口高质量发展，已取得一定成绩。婴幼儿照护服务发展政策初步形成，托育机构快速发展，托位供给大规模增加，多层次、多样化的托育服务格局基本形成，"养育未来""惠育中国"特色农村托育项目成效显著。但同时，陕西处于托育服务发展起步阶段，仍面临诸多问题和挑战。建议从增加中央预算内投资托育项目申报和省级财政投入、加快公办和普惠托育体系建设、制定多元主体举办普惠托育服务引导办法、营造社会托育环境、提升家庭送托意愿、制定地方性规范标准、建立市县激励办法以及强化各级主体办托责任等方面，完善托育服务政策规范、推进托育服务体系发展。

关键词：　托育服务　托育机构　普惠托育服务

托育服务是生育支持体系的重要组成部分，对减轻家庭养育负担、帮助女性平衡家庭与工作、释放育龄家庭生育意愿、促进人口长期均衡发展具有重要意义。从 2017 年起，陕西省人口出生率连年下降，2022 年 10 市首次出现人口负增长，人口可持续发展面临挑战。为建设高质量托育服务体系、锻造陕西人口发展新优势，本研究对陕西托育服务体系建设现状进行分析，

---

* 岳爱，陕西师范大学教育实验经济研究所教授，研究方向为儿童早期发展；张芙蓉，陕西省社会科学院助理研究员，研究方向为人口社会学；高萍，陕西省社会科学院助理研究员，研究方向为农村发展。

对面临的问题与挑战进行研判，并立足陕西实际，借鉴其他省份先进发展经验，提出完善陕西托育服务体系建设的对策建议。

一 托育服务体系建设现状

（一）婴幼儿照护服务发展政策初步形成

2019 年 12 月，省政府办公厅印发《关于促进 3 岁以下婴幼儿照护服务发展的实施意见》（以下简称《实施意见》）。各市区依据《实施意见》，结合本地实际跟进印发实施方案。截至 2023 年 9 月，陕西省 10 市和西咸新区均已出台各自实施办法。2023 年，西安、西咸新区、宝鸡、安康、商洛、延安 6 个市、区贯彻落实党中央国务院政策要求，印发《推进"一老一小"工作实施方案》。《实施意见》与该《实施方案》指出，"十四五"期间陕西省要基本形成规范化、多层次、多样化的婴幼儿照护服务格局，基本建立健全的政策规范体系，基本建成覆盖全省城乡的婴幼儿照护服务体系。同时，指出加强家庭婴幼儿照护服务支持指导、推动社区婴幼儿照护服务发展、建设多元化多形式婴幼儿照护服务体系、强化机构指导与监督、强化政策保障体系建设的发展方向。2021 年，省委省政府印发《陕西省优化生育政策促进人口长期均衡发展实施方案》，提出"十四五"期间托育服务体系建设目标，即到"十四五"末期，全省每个县（区）要建设 1~2 所公办托育机构，每千人口拥有 3 岁以下婴幼儿托位数达到 4.6 个。以上意见与方案明确了当前陕西省婴幼儿照护服务体系建设的遵循原则、基本方面、主要内容和关键指标，为陕西省托育服务体系建设指明了路径、提供了遵循，是当前陕西省托育服务体系建设的行动纲领。

（二）托育服务体系建设初见成效

省委省政府大力支持托育服务体系建设。2021 年省财政厅预算安排 500 万元专项资金、2022 年预算安排 1000 万元专项资金，通过以奖代补、培训、宣传和课题研究等方式支持托育服务发展。2023年安排1200万元，用于普惠托育服务发展。大力争取中央预算内投资支持陕西省托育服务发展。2020年争取国家预算内投资2000万元、2021年840万元、2023年150万元，投资陕西省托育服务发展，累计投资安康、商洛、渭南、延安、汉中等地19个托育项目①。积极落实国家发改委、国家卫健委《支持社会力量发展普惠托育服务专项行动实施方案（试行）》、财政部等部门《关于养老、托育、家政等社区家庭服务业税费优惠政策的公告》等支持政策，印发陕西省《保障性租赁住房和养老托育服务机构用水、用电、用气、用热价格政策》，引导社会力量在社区单独或联合建立公立、福利性、公办民营、民办公助等多种形式婴幼儿照护服务机构。在政府支持引导和市场召唤下，陕西省托育服务体系获得较快发展。截至2022年11月，全省共有托育服务机构2089个，共有托位10.92万个，入托婴幼儿5.45万名，107个县区确立试点托育机构316所，已通过备案机构335所。2023年初，西安市入选首批全国婴幼儿照护服务示范城市，同时，省发改委、省卫健委命名陕西省12个区（市）为省级示范城市创建单位。

（三）多层次、多样化的托育服务格局基本形成

在省委省政府的坚强领导下，在各市县的共同努力下，陕西省基本形成了多层次、多样化的托育服务发展格局。公办托育机构不断增多，按照"十四五"末全省每个县（区）要建设1~2所公办托育机构的要求，各地大力推进公办托育机构建设，并取得较好成效。普惠性托育服务快速发展。2021年8月，省卫生健康委员会、省发展和改革委员会联合印发《关于普惠托育服务认定及相关工作的通知》，指出按照"质量有保障、价格可承受、方便可及"的普惠性导向，以县区为单位确定区域内托育普惠价格、普惠托育机构名单。全省确认2022~2023年度普惠托

---

① 数据来自陕西省卫生健康委员会调研资料。如无特殊说明，本文数据均来自陕西省卫生健康委员会调研资料。

育机构 326 所①。幼儿园办托意愿不断增强，托幼一体化不断发展。如三原县 53 所幼儿园向下延伸入园 3 岁以下幼儿 1447 人。福利性托育服务逐渐起步，探索实践不断展开。如西安市新城区利用原钢厂设施，在社区综合服务设施中创建社区婴幼儿照护服务设施。陕煤集团在高新区引进社会力量在工业园区建立婴幼儿照护服务机构。西工大幼儿园利用现有资源，采取开设幼托班等多种形式，每孩每月收费 130 元提供福利性婴幼儿照护服务。市场化托育服务蓬勃发展。家庭式托育机构、独立托育机构、早教机构办托等多种类型托育机构规模不断壮大，全省累计开办市场化托育服务机构 1500 余家，并涌现出大型托育机构，如西安市雁塔区爱鹿果子托育中心，投资 2000 万元；商洛市镇安县乐贝森幼儿园，投资 6000 万元等。多层次、多样化的托育服务初具雏形，人民群众对托育服务的需求不断得到满足。

（四）"养育未来""慧育中国"特色农村托育项目成效显著

宁陕县、清涧县开展的由浙江省湖畔魔豆公益基金会出资，县委县政府组织实施，旨在探索农村托育服务发展模式的"养育未来"项目成效显著。2018年以来，宁陕县在 11 个镇建设 20 个村级养育中心、6 个养育服务点，开展集体活动、亲子活动和家访活动，指导家长科学养育婴幼儿。"养育未来"项目累计服务婴幼儿 1960 名、家长 3473 人，开展一对一课程 5.56 万节，组织集体活动6357 场。参与项目的婴幼儿在沟通能力、精细运动能力、早期综合发展水平方面提升效果明显。同时，省卫健委与清涧县建立了为期 3 年的婴幼儿照护工作支持帮扶机制。由中国发展研究基金会出资、县委县政府组织实施，2019 年年底在宁强县启动的"慧育中国"项目进展良好。"慧育中国"项目招聘在村妇女骨干为育婴辅导员，为 3 个试点乡镇 29 个行政村 964 名（其中建档立卡贫困户儿童 76 名、占比 7.88%，留守儿童 344 人、占比 35.68%）3 岁以下儿童及其家庭免费提供定期入户养育指导，截至 2023 年 6 月累计入户辅导 1.86 万次。接受辅

---

① 《省卫生健康委公示 2022-2023 年度省级托育试点机构名单》，陕西省卫生健康委员会网站（2022 年 6 月 14 日），http：//sxwjw. shaanxi. gov. cn/ywgz/rkjt/gzdt_ 932/202206/t20220614_ 2224612. html，最后检索日期：2023 年 11 月 20 日。

导的幼儿在认知、动作、社会性等领域的发展水平得到明显改善。2023年6月，镇巴县也签约"养育未来"项目。"养育未来"与"慧育中国"项目为宁陕县、清涧县和宁强县等偏远农村地区婴幼儿提供了卓有成效的照护指导服务，同时也为陕西省探索偏远地区农村婴幼儿照护服务模式提供了经验、借鉴与启示。

（五）托育服务组织实施稳步推进

陕西省全面贯彻落实党中央、国务院有关决策部署，明确将托育服务建设纳入国民经济和社会发展"十四五"规划，建立每千人口托位数工作指标和监管机制。省卫生健康委员会、省发展和改革委员会联合印发《陕西省"十四五"时期全省千人口托位数年度分解指标》，提出各市、县千人口托位数指标和工作措施。同时为加强托位建设监督管理，印发《关于建立县级托育机构托位台账的通知》，提出以县（区）为单位建立托育服务机构工作台账，形成县级"月更新"、市级"半年报"的台账管理和随机抽查机制。建立以省卫生健康委员会为牵头部门，政府分管卫生健康工作的领导同志担任召集人，市、县由各级卫生健康部门牵头，分管副市长、秘书长、副县长为召集人，联合发展和改革委员会、教育、工业和信息等众多部门和单位形成"省政府优化生育政策工作部门联席会议制度""婴幼儿照护工作联席会议制度"，全面贯彻落实党中央、国务院决策部署和省委、省政府工作要求。统筹协调优化生育政策工作，研究推进实施重大政策措施，指导、督促、检查有关政策措施落实。建立婴幼儿照护服务专家智库制度、学会协会制度等。成立陕西省婴幼儿照护智库，鼓励陕西学前师范学院、咸阳职业技术学院分别成立西北托育事业发展研究院、西部3岁以下婴幼儿托育研究中心，推进西安市成立婴幼儿照护服务行业协会等，引导各方力量共同发力，推进陕西托育服务发展。

二 托育服务体系建设存在的问题

（一）托育服务供给不平衡

当前陕西省托育服务发展尚处于起步阶段，托育服务供给不充分不平衡。托育服务供给主体主要为幼儿园、家庭托育点、托育服务公司、早教机构等。托育服务公司供给比例约为16%；幼儿园约为70%，主要表现为幼儿园以托班或混合班向2岁儿童延伸；家庭托育点约为3%，分布于住宅小区，服务内容较为单一；早教机构约为6%，以婴幼儿早期教育启蒙与照料为主，市场化运营，收费较高。在服务供给性质上，托育服务以民办托育机构为主，占比在90%以上，公办机构不足6%，党政企事业单位举办的福利性托育机构较少。在公益与营利性分布上，80%以上的托育机构为营利性质，普惠托育机构有325家，托位占比不足20%①。

（二）托育服务供需矛盾较为突出

托育服务供给与需求存在结构性矛盾。一方面，陕西省大量家庭托育需求未能得到满足。国家卫健委调查数据显示，超过30%的婴幼儿家庭具有送托意愿，但实际上仅有5.5%的家庭具有送托行为②，陕西省调查数据与此类似。而另一方面，托育机构托位空置率较高，大部分托育机构都无法达到满员运转。调研发现，与全国托育机构发展困境类似，陕西省部分托育机构托位空置率高达60%，其中民办机构尤为突出，托育服务供需之间矛盾突出。这与传统家庭养育观念、托育服务认知缺乏、普惠性托位供给少、市场托育家庭难以承担以及托育机构服务质量难以保证等因素密切相关。

（三）地方性标准规范需继续完善

当前陕西省托育机构设置、管理、备案标准规范以国家指导办法为依据，按照幼儿园规范进行。调研发现，部分托育机构规模小于幼儿园，租赁场地可改动空间有限，保健区、厨房面积、食品、消防等场地无法达到

---

① 数据由调查资料统计而来。
② 《婴幼儿入托率仅5.5%，专家：得让家长愿意送、送得起》，人民日报健康客户端（2023年4月18日），https://baijiahao.baidu.com/s?id=1763503012006467419&wfr=spider&for=pc，最后检索日期：2023年11月20日。

幼儿园标准，导致其无法享受扶持优惠政策。托育服务水平是影响托育服务发展的核心因素。与全国情况类似，当前陕西省托育服务课程标准建设不足，托育机构多是自主创设服务项目，课程设置缺乏统一标准，涵盖蒙特梭利、华德福等多种课程体系，这一方面阻碍了托育从业人员课程教学培训的标准化，另一方面也造成托育机构服务能力参差不齐、托育服务质量不高等。

（四）非营利性托育服务发展不足

为扶持推进托育服务体系建设，陕西省印发《陕西省优化生育政策促进人口长期均衡发展实施方案》，明确指出要支持鼓励幼儿园、社区、国有企业、用人单位等创办非营利性婴幼儿照护服务机构。但目前，鼓励不同主体创办非营利性托育机构的细化配套措施还不健全，如缺乏幼儿园办托扶持管理办法、企业办托鼓励办法等，相关力量办托积极性调动不够，非营利性托育服务供给仍显不足。当前，在陕西省省级试点托育机构中，幼儿园办托约占19.0%，社区办托、单位办托、园区办托较少①。2022年，陕西省千人拥有托位数2个，与全国2.5个的平均水平还有差距，要实现陕西"十四五"末千人托位数4.6个的规划任务还需努力。

（五）托育服务区域发展差异性较大

2022年职能部门对各地托育服务发展阶段性托位建设目标统计显示，陕西省12个市中6个市托位建设滞后于任务要求，2个市略高于任务标准，4个市超额完成任务。如陕南托育机构数量、托位数、每千人拥有托位数以及托育从业人员等均处于领先水平，特色办托模式、示范性托育机构也最为突出。关中地区托育服务发展水平位居其次，陕北地区托育服务发展略显缓慢，托育服务发展阶段性托位建设目标稍滞后于任务要求。

---

① 由调查资料测算而来。

三　对策建议

（一）大力争取国家普惠托育专项行动支持，推进陕西省公办与普惠托育服务体系建设

根据国家层面托育服务体系建设定位，中央预算内投资是各地公办、普惠性托育服务体系建设的主要资金来源。争取中央预算内投资是各地发展公办、普惠托育体系的重要方式。因此，建议从以下几方面做好中央预算内投资争取工作。一是精准梳理陕西省托育服务拟建、在建项目，做好年度项目储备。增加公办托育服务建设项目、国家支持社会力量发展普惠托育服务专项行动项目、普惠托育服务专项行动和儿童友好城市示范建设项目申报，大力争取中央预算内投资支持陕西省公办与普惠托育服务发展。二是提高省级财政投入水平，建设公办、普惠托育机构，撬动中央预算内投资。增加公办、普惠托育服务建设投入，培育符合中央预算内投资的储备项目，抛砖引玉，争取中央更多投资。三是增加省级托育服务运营补贴投入。为托育机构提供有支撑力的运营补贴对降低托育机构运营成本、缓解托育机构生存压力、降低托育收费标准、保障托育机构可持续发展都有极大的意义。当前陕西省奖补标准低，覆盖机构范围小，扶持激励效果不明显。因此，建议细化托育服务配套政策，增加托育服务扶持引导政策供给，提高补贴优惠标准，提升政策惠及面，保障政策有效落地，调动多元主体办托积极性。

（二）制定多元主体举办普惠托育服务配套引导办法，调动社会办托积极性

1. 开展社区托育试点，探索社区办托路径

一是选取人口密集和经济发展水平较好的区和镇作为试点，以街镇为单位，利用街镇闲置和利用率低的场地、社区卫生服务中心、居委会活动中心、传统单位大院和新式社会化物业公共场地和设施，以场地免费或低廉收费形式向外招募品牌连锁机构、省级婴幼儿照护服务示范机构等运营社区托

育服务。二是尝试打通"一老一小"社区照护资源,将利用率低和长期闲置的城乡日间照料中心一部分改建为社区嵌入式托育服站(点),探索社区托育先行先试的机制与经验,试点"15分钟托育圈"。

2. 印发配套政策,引导幼儿园、党政机关、企业单位、高校、公共医疗机构开展托育服务

明晰陕西省卫健、教育部门在托育一体化中的职责定位,明确幼儿园办托的管理、监督部门,使幼儿园办托有章可依。鼓励幼儿园办托,简化幼儿园办托备案手续,制定幼儿园办托资金补贴、税收优惠、租金减免、技术支持等引导政策,鼓励幼儿园以托班、混编班形式招收2~3岁婴幼儿,在幼儿园扩展一批普惠性托育机构;制定党政机关、企事业单位、高校、公共医疗机构办托经费列支办法、用地办法、工会经费支持办法、管理办法、财政补贴、税收优惠政策等,引导有条件的企事业单位单独或联合为职工提供福利性托育服务,在全社会新建一批福利性托育机构;给予已有民办托育机构一定补贴支持,降低托育服务成本,推动营利性托育机构转化一批普惠性托育机构。

(三)营造社会托育环境,提升家庭送托意愿

1. 鼓励有条件的市县、单位为职工发放托育消费券,推动家庭送托行为

托育消费券被发达国家经验证明是扶持托育机构发展和提升家庭送托能力最有效的政策之一。在陕西省全面发放育儿补贴、托育消费券时机尚不成熟的情况下,建议鼓励党政机关、事业单位、高校、公共医疗机构及有条件的企业为二孩、三孩员工按月发放托育券。托育券费用可在税前扣除,让员工凭借托育券选择心仪的托育机构进行计时托、半天托、临时托、全天托,在增强育龄家庭支付能力的同时,通过托育券体验托育服务,提升家庭送托意愿。

2. 遴选一批托育机构,建设社会托育体验基地,增进社会托育认知

借鉴广西托育服务亲子体验活动经验,结合上海"宝宝屋"理念,以区或街道为单位,遴选一批资质优良、通过备案的托育机构,通过政府购买

服务、补贴等形式，建设社会托育体验基地，以免费或低价形式为辖区育儿家庭每年提供 3~5 次托育服务，使育儿家庭通过婴幼儿一日作息、生活照护、亲子活动等体验，对托育理念、早期教育、托育机构等有更深了解，提升托育服务认可，将社会托育意愿转化为送托行为。

3. 加强宣传引导，提升群众对托育服务的了解与认识

做好托育服务宣传工作，提升社会对托育服务的了解与认知，建议从以下几个方面着手。一是以分类示范、官方挂牌等形式对合规机构进行认可与背书，提升家长对合规机构的信任度，提高家长送托意愿与信心。二是采用在社区宣传栏张贴海报或利用网络媒体（微信、抖音）、物业公司宣传等方式对本社区口碑好、服务佳、资质齐全的托育机构进行宣传，提高群众的知晓率与认可度。三是社区协助托育机构进行公益宣传。鼓励合格托育机构进入社区，以张贴海报、亲子体验、服务宣讲等方式宣传托育理念和自身服务优势，提升居民对托育服务的了解与送托意愿。

4. 开发注册备案托育机构电子地图，合理规划布局托育机构

开发当前注册备案托育机构电子地图，整体了解托育机构分布状况。在此基础上，以街道为单位，合理规划和布局托育机构，对普惠、公办、非营利性托育机构数量、规模和选址进行总体安排，对营利性托育机构进行政策调节，避免服务半径范围内托育园所建设较多而造成生源紧张。同时，将托育电子地图向社会公布，为居民托育查询提供方便。

（四）制定地方性标准办法，规范多元办托

1. 制定地方性规范标准，提升托育服务发展规范性

依据国家托育机构设置标准和管理办法，围绕幼儿园办托、社区办托、单位办托、家庭办托特点，制定具有可操作性的符合不同托育模式的场地建设、人员配备标准要求，为不同托育模式提供规范。制定托育机构管理办法地方性标准，构建托育服务管理长效机制。依据国家《托育机构登记和备案办法（试行）》制定符合不同托育模式的地方性食品经营许可、卫生评价、从业人员资质，尤其是变通备案卡脖子的消防标准，如学习北京，以日

常消防监督检查代替消防证明材料，对托位使用率高的机构给予消防整改补贴等，推出区别化、地方性备案标准，提升托育机构备案率，规范托育机构发展。

2. 制定地方性托育服务标准指南，提升托育服务质量

以国家卫健委印发的《托育机构保育指导大纲（试行）》《托育机构婴幼儿伤害预防指南（试行）》《中国婴幼儿喂养指南（试行）》为依据，参考湖北、江苏、浙江等先行先试地区经验，结合陕西省实际，组织托育协会、高校、科研机构、托育从业者联合编制保育教育指南及实施细则，明确托育机构在编班类型、学习领域、课程设置、环境创设、寓教于保、餐饮服务等方面的统一规范，为托育机构提供服务标准。

（五）加强指导性托育机构建设，促进托育服务人才技术发展

指导性、示范性托育机构建设对全省托育服务发展具有示范引领、带动辐射作用，是提高全省托育服务发展质量、促进托育服务规范发展的重要方式。当前，应从资金投入、政策出台、人才配备等方面重点扶持一批省级示范性托育机构、市级示范性托育机构，引领带动全省托育服务发展。在西安、宝鸡、咸阳等经济发展水平高、人口密度大的城市，以妇幼保健院、优质托育机构为依托，成立或申报中央预算内投资建设托育综合服务中心，为陕西省托育服务体系建设提供技术支撑，树立样板标杆。

（六）建立市县托育服务激励机制，强化各级主体托育服务建设责任

为强化各级政府支持和保障托育服务发展主体责任，建议制定面向市县的托育服务激励工作方案。以千人托位数、万人社区托育服务设施达标率、市级及所辖县公办综合性托育中心（园）建设项目、托位使用率、普惠托位覆盖率等为内容，制定评价指标，每年对各地区托育服务工作进展情况进行综合评价。划拨专项资金对托育服务工作推进成效好、托育服务指标完成较好、综合排名靠前的地区进行资金奖励，以压实市、县（市、区）政府

在规划、土地、场地、财政等方面支持和保障托育服务发展的主体责任，激励支持各地推动普惠托育服务高质量发展，扩大普惠托育服务供给，保障"十四五"规划托育服务指标任务如期完成。

参考文献

蔡迎旗、王翌：《欧洲国家 0~3 岁婴幼儿保教服务质量提升行动及其启示》，《学前教育研究》2020 年第 12 期。

陈偲、陆继锋：《公共托育服务：框架、进展与未来》，《行政管理改革》2020 年第 6 期。

但菲、矫佳凝：《"二孩政策"实施背景下家长对托育服务品质的需求》，《学前教育研究》2020 年第 12 期。

范昕、李敏谊、叶品：《托幼服务治理模式国际比较及中国路径选择》，《比较教育研究》2021 年第 1 期。

冯解忧、许巧年：《南京市 0~3 岁婴幼儿托育服务体系建设》，《中共南京市委党校学报》2018 年第 4 期。

郭林、董玉莲：《0~3 岁婴幼儿托育服务：国际比较与中国选择》，《中共中央党校（国家行政学院）学报》2021 年第 5 期。

郭绒、左志宏：《发展婴幼儿照护服务政策措施研究——基于 18 省（区、市）"婴幼儿照护服务的实施意见"的分析》，《湖南社会科学》2021 年第 4 期。

治理篇

B.9
陕西基层社区治理现状分析及建议

谢雨锋*

摘 要： 习近平总书记强调，"社会治理的重心必须落到城乡社区""要健全社区管理和服务体制，整合各种资源，增强社区公共服务能力"。增强社区治理中社区服务能力，既有利于提高基层社区服务能力，也有利于更高效地回应基层群众需求，更有利于推动基层治理高质量发展。当前，需要根据基层社区治理和社区建设实际，立足基层社区服务能力提升，从加快推进社区工作队伍专业化职业化建设、夯实基层治理根基、强化社会治理基础保障等多个方面加以发力。

关键词： 基层社区 社区治理 高质量发展 陕西省

随着社会主义市场经济发展和城镇化进程加快，社区在经济社会发展中

---

* 谢雨锋，陕西省社会科学院社会学研究所副研究员，研究方向为社会工作理论与实务、社区社会工作、社会调查与方法。

的地位愈加重要，居民服务需求呈现多元化、差异化、个性化趋势，社会治理难度亦与日俱增。通过激发基层治理原动力、提升社区服务水平，从而实现基层社区治理高质量发展，是社区治理的重要理念和发展趋势。

一 当前陕西基层社区治理的现状

（一）社区工作队伍建设情况

1. 社区"两委"成员以35~50岁为主体，年轻化特征明显

2020年，陕西省首次将社区"两委"换届与村"两委"换届统一安排、同步推进，全面加强对社区"两委"换届工作的组织领导和督导调度，不断增强换届工作质效。当前，全省共选举产生社区"两委"成员2.7万名，社区干部队伍得到整体优化，党对基层社区的领导全面加强，提升了社区治理水平和社区服务能力，夯实了基层工作队伍基础。从量化指标来看，社区"两委"成员35岁以下干部占比近30.0%，平均年龄由换届前的44.1岁下降至39岁；大专以上学历占75.5%，提升23.4个百分点；社区"一肩挑"比例高达96.5%，提高了23.7个百分点。[①]

2. 社区专职工作者招聘规模不断扩大，人数持续增加

截至2023年9月，陕西省共有社区专职工作人员37498名。自2020年将社区专职工作人员招聘权限下放到市（区）以来，各市（区）结合当地社区服务体系和社区工作者队伍建设规划，立足实际拟订社区专职工作人员年度招聘计划，积极向当地党委政府汇报，争取工作支持，大力推进招聘工作。三年来，全省除延安市、榆林市和杨凌示范区外，其余各市（区）均已开展社区专职工作者招聘工作，共招聘7494人。不过，对标国家和陕西省《"十四五"城乡社区服务体系建设规划》中到"十四五"末"每万名城镇常住人口拥有社区工作者18名"的指标要求，目前全省每万名城镇常住人口平均拥有社区工作者15.1人，还有7000多名的人员缺口（见表1、表2）。

---

① 资料来源：陕西省民政厅。如无特殊说明，本文数据均来自陕西省民政厅。

表1　2020年以来陕西省社区专职工作者队伍情况统计

单位：人

市（区）	年度招聘人数				总计
	2020年	2021年	2022年	2023年	
西安	143	1610	1370	1900	5023
宝鸡	0	0	467	—	467
咸阳	0	167	478	—	645
铜川	118	0	86	—	204
渭南	0	193	225	—	418
延安	0	0	0	—	0
榆林	0	0	0	—	0
汉中	0	0	0	300	300
安康	0	138	0	—	138
商洛	0	0	219	—	219
杨凌示范区	0	0	0	—	0
韩城	0	80	0	—	80
合计					7494

资料来源：2023年9月陕西省民政厅统计数据。

表2　当前陕西省社区专职工作者配备情况统计

单位：人

市（区）	应配备社区工作者数	目前有社区工作者人数	每万人平均拥有社区工作者人数	测算缺额
西安	18450	16328	15.9	2122
宝鸡	3402	2482	13.1	920
咸阳	3960	2537	11.5	1423
铜川	792	911	20.7	−119
渭南	3690	3050	14.9	640
延安	2520	1990	14.2	530
榆林	4014	2922	13.1	1092
汉中	2934	2923	17.9	11
安康	2232	1977	15.9	255
商洛	1764	1682	17.1	82
杨凌示范区	306	183	10.8	123
韩城	497	511	18.5	−14
合计	44561	37496	15.1	7065

资料来源：2023年9月陕西省民政厅统计数据。

3. 社区工作队伍专业化建设取得一定成效，社会工作师持证人数稳定上升

社会工作者作为党管的六支主体人才队伍之一，在保障改善民生、提升基层社会治理现代化水平、服务乡村振兴等方面具有不可替代的专业优势。开展社会工作者职业水平考试，是实施社会工作者职业水平评价的重要手段，是提高社区工作者职业地位、推进社区工作队伍专业化的有效途径，是推进社会工作专业人才队伍建设的重要制度安排。近年来，全省各地加强动员社区工作人员报考社会工作者职业水平考试，陕西省民政厅等职能部门积极开展考前公益培训，使得全省参考率和持证社工人数均有大幅提升，职业认同感也在不断增强。截至 2022 年底，全省城市社区共有社会工作师持证人员 7905 名，其中高级 2 名，中级 3796 名，初级 4107 名（见表3）。

表3　陕西省社区工作者持社会工作师证情况统计

单位：人

市（区）	社会工作师持证人数			
	高级	中级	初级	小计
西安		1807	2167	3974
宝鸡		364	322	686
咸阳		277	207	484
铜川		111	131	242
渭南	2	306	341	649
延安		173	124	297
榆林		199	264	463
汉中		277	268	545
安康		70	113	183
商洛		141	95	236
杨凌示范区		10	11	21
韩城		61	64	125
合计	2	3796	4107	7905

资料来源：2022 年陕西省民政厅统计数据。

4. 社区工作者职业化建设有待加强

2020 年，由陕西省委组织部牵头，会同陕西省民政厅、陕西省财政厅、陕西省人力资源和社会保障厅印发《关于健全社区工作者职业体系的指导

意见》，指出规范社区专职人员招聘、管理、考核等工作，设立岗位等级序列，推动建立社区工作者"三岗十八级"岗位等级序列和薪酬正常增长机制，建立从优秀社区工作者中招录（聘）公务员和事业单位人员制度。目前全省除少数市、县（区）尚未建立"三岗十八级"薪酬管理体系外，其余市、县（区）已基本落实到位。三年来，中共陕西省委组织部与陕西省人力资源和社会保障厅等部门联合组织从优秀社区工作者中招录（聘）乡镇（街道）公务员或事业单位工作人员1056名，进一步拓展了社区工作者职业发展通道。

5.加大社区工作者培训力度，提升基层社区服务效能

社区工作者作为社区工作的主要执行者，其角色和能力至关重要。近年来，陕西省坚持"省级示范培训、市级重点培训，县乡全员培训"原则，分级分层常态化开展社区工作人员培训，加强社区工作队伍能力建设。其中，陕西省民政厅坚持每年举办两期社区（村）干部省级示范培训班，培训人数300余人。2021年，陕西省民政厅会同陕西省委政法委，从全省各级党政机关、高校院所、基层社区等单位遴选长期从事基层治理工作人员30余名，建立了全省基层治理培训师资库。同时，全省各市县、镇街通过岗位锻炼、以会代训、走出去请进来、导师传帮带等方式，开展形式灵活、内容丰富的教育培训，提升了社区工作人员履职和服务群众能力。

（二）社区治理工作开展情况

1.社区治理组织领导体系更加完善

陕西省委成立城市基层党建引领基层治理领导小组，将党建引领基层治理纳入各级党组织书记述职评议考核中，全省市县两级均成立相应领导小组，建立市县两级班子成员包联街道社区制度，使得社区治理组织领导体系得到全面加强。其中，西安市委成立5个工作专班，负责全市城市基层治理牵头统筹、组织协调、督导落实，定期召开会议研究工作推进情况，解决重点难点问题；宝鸡市将社区建设作为市委、市政府重要工作内容，成立社区

建设指导委员会，形成了"党政领导、民政牵头、部门协作、社会参与、齐抓共建"的社区治理格局；渭南市按照"清单化、项目化、颗粒化"实施，以"周小结调度、月总结推进、季考核评价"扎实推进社区治理各项工作，且已取得明显成效。

2. 社区治理政策制度更加健全

近年来，陕西省各级民政部门强化基层政权建设，创新城乡社区治理，积极健全完善政策措施和工作制度，推动构建共建共治共享的城乡社区治理新格局。西安市印发《关于深化城市基层党建引领基层治理 实施"六个一"攻坚行动的工作方案》《关于深化社区（村）减负增效工作的若干措施》；宝鸡市印发《关于城市社区新建和规模优化调整的指导意见》《关于规范设置城镇社区服务站的意见》；汉中市汉台区印发《加强基层社会治理体系和治理能力建设创新试点工作方案》等政策文件，以上都为进一步提升全省社区治理效能提供了有效支撑。

3. 社区服务水平获得提升

近年来，陕西省相继印发《关于加强和完善城乡社区治理的实施意见》《关于加强乡镇政府服务能力建设的实施意见》《关于加强城乡社区协商的实施意见》，陕西省民政厅等7个部门联合印发《做好村规民约和居民公约工作行动方案》，陕西省民政厅牵头制定《陕西省"十四五"城乡社区服务体系建设规划》《陕西省村（居）民委员会工作职责事项指导目录》等政策文件，引领和推动全省城乡社区服务水平持续提升，社区居民自我服务意识日益增强。调研发现，各地依法组织居民开展自治活动，有序实施居务公开民主管理，不断深化基层民主协商，有效回应居民意见诉求；协助做好与居民利益有关的社会救助、社会保障、文化体育、卫生健康、社区教育等公共服务，持续扩展公共服务全覆盖；组织居民有序参与涉及切身利益的公共政策听证活动，指导和监督辖区业主委员会、物业服务企业开展工作。

4. 社区治理多元共建不断深化

近年来，全省各地积极探索街道社区与驻地单位开展党建联建活动，增强社区治理工作合力。陕西省富平县以"党建共建联席会"为切入点，打造形成"轮值主席制"的社区治理服务"1+N"模式,动员驻辖区企事业单位、物业企业、志愿者发挥自身优势,有序参与社区治理,开展社区为民服务,做实共驻共建共享;西安市莲湖区通过组织实施"莲爱·春风志愿""莲助·春风社工""莲善·春风慈善""莲益·春风组织"等志愿活动,积极为困境儿童、低保老人和困难群众提供服务;宝鸡市金台区扎实推进"五社联动"试点,从明确"建什么"入手,加强社会工作顶层设计,从立足"如何建"加压,促进社区工作与社区服务深度融合,从弄清"怎么干"着力,有效延伸社会治理"臂长"。

(三)陕西省基层社区治理的基本特征

1.技术赋能基层治理,重构社区服务新生态

为提高社会治理智能化,充分实现社会治理精准分析、精准服务、精准治理、精准监督、精准反馈,部分市县级民政部门积极推进智慧社区建设,不断提升社区治理信息化水平。其中,宝鸡市通过科技部"百城百园"项目建成的市县镇社四级信息互联互通互享的"智慧社区管理服务系统",利用"智慧社区"App加载"零跑腿"和远程核查事项121项,打造金台区"金心办"、渭滨区"'渭'您服务"、高新区"智慧云柜"等特色社区服务品牌,为辖区居民提供线上24小时不打烊服务,积极推动社区资源数字化、应用网络化、服务规范化。

2.网格嵌入基层治理,提升社区服务效能

在推进社会治理现代化进程中,陕西省将网格化管理作为加强基层治理的重要内容,积极探索"全科大网格"社会治理新模式,使得"小网格"成为基层治理的"神经末梢",真正实现社会治理重心下移和关口前移;将尊重民意、改善民生体现到了基层治理之中,更好地为居民提供了精准化、精细化服务,提升了居民群众的幸福感。全省各地按照"任务相当、方便管理、界定清晰、责任明确"的建设原则,进一步优化社区网格设置、健全工作机制,规范设置网格2.1万余个,充实配备专兼职网格员7.8万余人,积极推动网格化管理服务实现全覆盖。西安市新城区西一路街道的

"彩虹网格工作法"和宝鸡市的"社区—小区—楼栋—单元"四级网格体系都是全省近年来网格化管理的典范样本。

3. 整合推动基层治理，构建专业化社区服务模式

近年来，陕西省各地认真落实《陕西省培育发展社区社会组织专项行动实施方案（2021-2023 年）》，加快培育发展服务性、公益性、互助性社区社会组织，推动其承接社区服务，丰富社区服务内容，提升社区服务专业化水平。截至 2022 年底，宝鸡市全市社区社会组织达到 2980 个，注册志愿者 35.9 万人。2022 年以来，依托全国志愿服务信息系统、社会工作管理系统和全市社会组织服务平台，围绕社会救助、养老服务、儿童福利等领域开展服务 1900 多场次，直接服务群众 10 余万人次。

二 当前陕西省基层社区治理存在的问题

鉴于陕西南北跨度大，关中、陕北、陕南三大区域人口数量与经济社会发展差距较大，地区发展不平衡不充分，区域经济社会发展水平差距明显等因素，社区治理难以实行从上到下、从南到北完全统一的工作模式。具体而言，陕西省基层社区治理主要存在以下问题。

（一）社区队伍配备不够均衡

社区工作者是社会治理的重要力量。习近平总书记强调，"建立一支素质优良的专业化社区工作者队伍，推动管理重心下移，推动服务和管理力量向基层倾斜"[①]、"社区工作者履行好职责，切实把群众大大小小的事办好，把社区建设成人民群众的幸福家园"[②]。对标"十四五"末"每万名城镇常住人口拥有社区工作者 18 名"的指标，2023 年 9 月，全省每万名城镇常住人口平均拥有社区工作者 15.1 人，已达到全国平均水平。其中，配备比例

[①] 资料来源：2015 年 3 月 5 日习近平总书记在上海代表团参加审议政府工作报告时的讲话。

[②] 资料来源：2018 年 4 月 26 日习近平总书记在湖北省武汉市考察基层社区时的讲话。

最高的是铜川市，为 20.7 人，其次是韩城市，为 18.5 人。但同时也要看到，还有一些地方配备比例相对较低，比如宝鸡市、榆林市为 13.1 人，咸阳市为 11.5 人，杨凌示范区为 10.8 人。另外，据统计，在全省 107 个县（市、区）中，有 49 个县（区）社区工作者配备低于 15.1 的全省平均数值，县域之间的配备还不平衡。此外，性别比例也不平衡，男性社区工作者只占总数的 10% 左右。

（二）持证社区工作者作用尚未充分发挥

近年来，随着全省各地市对社会工作者职业水平考试的考前宣传、公益培训、报考组织等方面工作的不断重视，全省社区工作者中社会工作师持证人数持续增加。但调研也发现，持有社会工作师证的社区工作者大多从事社区综合性日常事务，社区工作中的专业社会工作基本依靠专业社会组织或者专业社工开展。据不完全统计，仅有西安市、宝鸡市和榆林市的部分县区，持证的社区工作者在运用专业知识技能从事社区服务工作，持证社工专业作用并未得到充分发挥，社会工作的专业优势和角色功能尚未成为推进"五社联动"的有效支撑和重要力量。

（三）社区服务能力区域差距较为明显

从社区工作队伍情况看，陕西省各市辖区社区队伍整体工作水平明显好于各县镇社区，主要体现在服务理念、服务意识、队伍综合素质、社会工作水平等方面；从社区服务能力方面看，各市辖区在社区公共服务、社区居民自治、社区社会服务、社区志愿服务、社区便民服务等方面优于县级镇街社区；特别是社区服务项目化运行能力、社区社会工作专业手法和技巧明显高于县级镇街社区。

三 提升基层社区治理效能的路径

当前，社区居民服务需求呈现多样化、专业化和社会化趋势，社区不但要为居民提供普惠化公共服务、便民服务、商业服务等，同时更要满足居民社会服务需求，社区工作队伍建设以及社区服务能力面临更高要求。

（一）加快推进社区工作队伍专业化、职业化建设

社区工作队伍是基层组织建设的骨干力量，是党和政府与群众沟通联系的桥梁和纽带。为适应当前加强基层治理的需要，推动陕西省社会建设高质量发展，建设职业化、专业化社区工作者队伍势在必行。一是加大社区专职工作人员招聘力度。对标"十四五"末每万名城镇常住人口拥有社区工作者18人的目标任务，科学拟订本地区社区专职工作人员年度招聘计划，确保如期实现社区工作者配置标准。二是加快推进社区工作者职业化薪酬体系建设。针对全省社区工作者职业体系建设要求和"三岗十八级"薪酬体系的2个市（区）21个县（市、区），强化督导指导，加大工作协调力度，制定工作方案和具体实施路线图，争取落实到位。三是加强持证社区工作者专业化力建设。加强社区工作者中持社会工作师证书人员社会工作专业培训训练，提升社区服务项目化运行能力和专业技巧。完善社区持证社会工作师管理考核制度。县区级层面探索按照助理社会工作师、社会工作师和高级社会工作师三个类别，制定社会工作师登记、管理、考核评价等制度，建立健全以社区服务项目化运行为评价指标的考核体系，鼓励激励社区持证人员从事专业化、项目化的社区社会服务，充分发挥专业人才优势。

（二）大力提高社区治理服务效能

夯实基层治理根基，提高社区治理效能，既是社会治理创新的重要目标，也是不断增强人民群众获得感、幸福感、安全感的必然要求。一是丰富规范社区服务内容。完善社区公共服务体系，以县（市、区）为单位编制社区基本公共服务指导目录，提升社区综合服务设施服务能力，落实首问负责、一窗受理、全程代办、服务承诺等制度，为居民提供卫生健康、劳动就业、社会保障等公共服务事项，丰富居民商业、生活、文体、娱乐等便民服务和各类公益服务内容。二是提升社区社会工作水平。以街道（乡镇）社

会工作站为总牵引，以健全社区"五社联动"机制为主抓手，健全服务需求征集、项目设计、项目实施、项目评估等工作机制，推动"五社"资源共享、优势互补、联动服务，提升社区治理服务社会化、专业化水平。三是增强社区工作者服务能力。落实各级社区工作者培训制度，重点加强基层党建引领能力、综合能力、社会工作专业理念和技能等教育培训，不断提升社区工作者综合素养和为民服务能力。

（三）不断强化基层治理保障

以与群众利益紧密关联的急难愁盼事项和制约社区发展的困难和问题为出发点，强化社会治理基础保障，打牢社区治理基础。一是加强工作督导指导。结合学习贯彻习近平新时代中国特色社会主义思想，加大对社区治理工作的指导力度，加大对政策措施落实的督导力度。强化部门之间沟通衔接、形成齐抓共管的工作合力，积极协调解决工作中出现的问题难题，加快补齐工作中存在的短板弱项，推动全省社区治理水平持续提升。二是强化经费设施保障。加大工作协调力度，争取当地党委政府对社区工作的支持力度，足额保障社区综合服务设施、工作经费、"两委"成员津补贴和社区专职工作人员报酬待遇资金。所需资金可以县乡财政投入为主，列入每年财政预算。按照"费随事转"的原则设立网格化工作专项经费，通过财政转移支付镇（街道）。三是推进社区共驻共建，增强社区工作整体合力。加大社区治理共同体理念宣传，提高辖区企事业单位、慈善组织、爱心人士等社会力量对社区治理工作的关注度和支持力度，形成政府、市场、社会齐抓共管、共同支持社区建设的良好发展局面。四是强化信息技术保障。依托现代信息技术手段，推进"智慧社区"大数据平台建设，畅通社情民意表达渠道，精准回应居民群众需求，实现互联网与社区治理和服务体系深度融合。如运用社区论坛、微博、微信等新媒体，引导社区居民扩大日常交往、参与公共事务、开展协商活动、组织邻里互助；通过开发"智慧社区"移动客户端，为社区居民提供社区电子商务、"微心愿"发布认领、网络扶贫行动等智能化服务。

B.10
陕西基层应急能力建设现状与对策研究

陈波 胡映雪*

摘 要： 加强基层应急能力建设是推进国家应急治理现代化的重要基础。当前，陕西省大力推进基层应急管理体系和能力建设，极大提升了全省基层应急管理水平。但基层应急能力建设的某些环节仍存在明显短板，如部分乡镇（街道）和社区（村）应急救援力量薄弱、应急救援物资装备及信息化设施落后等，导致基层应急部门在第一时间应对和处置突发自然灾害及突发事故的作用难以有效发挥。为此，建议在明确基层应急事权和重点任务的基础上，从完善应急资源共享机制、推进基层应急数字化建设、提升基层应急执法效能、加强社会力量管理等方面进一步提升基层应急能力。

关键词： 基层应急能力建设 高质量发展 陕西省

当前，我国防灾减灾和应急管理面临新挑战，特别是在构建新的国家安全格局背景下，基层应急能力的强化尤为重要。强化基层应急能力不仅是应对风险和挑战的必然要求，也是国家公共安全治理的重要支撑。基层社区是社会治理的最基本单元，也是防范灾害和事故的重要战场。因此，基层是应急管理的最后一道防线，在维护公共安全和国家治理中扮演着关键角色。要建立"大安全大应急"的公共安全治理体系，必须有效提升基层应急管理能力，以适应新发展形势对应急管理提出的新要求，从而更好地保障人民群众的生命财产安全。

---

* 陈波，陕西省社会科学院政治与法律研究所副所长、研究员，研究方向为法治建设、社会治理；胡映雪，陕西省社会科学院政治与法律研究所助理研究员，研究方向为政府治理、社会治理。

一 陕西省强化基层应急能力的主要做法和成效

（一）基层应急管理体系基本健全

陕西省内各街道（镇）、社区（村）实现"六有""三有"。"六有"即有机构、有队伍、有预案、有物资、有场所、有平台。社区（村）实现"三有"，即有网格员队伍、有装备物资、有工作制度，打通应急管理"最后一公里"。截至2023年1月，"陕西省1338个乡镇（街道）、园区、综合服务中心应急管理工作机构完成组建挂牌，挂牌率达100%，4020名专兼职人员全部配备到位"①，实现了全省基层应急管理领导小组及办公室全部到位。基层应急管理机构分别制作了领导小组、应急处置、应急指挥组织机构图，划分了工作职责，制定了工作制度，为确保各镇街（园区）应急管理办公室实体化顺畅运转奠定制度基础。

（二）基层应急力量不断增强

乡镇（街道）、村（社区）应急力量基本到位。坚持专长兼备，乡镇（街道）按照有关消防、安全生产综合执法等领域改革部署和要求，以辖区内可调动的应急队伍力量为基础，统筹组织警务、医务、森林消防、消防站、物业管理、企事业单位及志愿者等，"组建一支30~50人的应急救援队伍，村（社区）要组织村民小组长、青壮劳力、卫生所（室）人员等，组建一支不少于10人的应急救援力量，负责灾害事故先期处置工作"②。

基层应急能力不断提升。吴起县探索创新提出乡镇（街道）"十有"、村（社区）"五有"、村组"三有"，"10个乡镇（街道）、99个村（社区）、

---

① 《省应急管理厅召开全省加强基层应急管理体系和能力建设阶段工作视频会》，http：//yjt. shaanxi. gov. cn/c/2022-11-04/822743. shtml。

② 《建立应急救援队伍》，http：//yjt. shaanxi. gov. cn/H5/c/2022-09-05/814595. shtml。

688 个村组已基本形成'统一指挥、上下联动'的应急管理体制"，[①] 为全县推进应急管理体系和能力现代化打下坚实基础；旬阳市在镇、村（社区）全面建立"一联三包一自救"的防灾救灾网格化精细化责任体系，实行科级领导联村，镇属单位包村，镇干部包组、包户，把应急管理工作监管触角延伸到了最基层。

社会应急力量不断壮大。自 2021 年 9 月以来，"西安市先后 2 次命名市级应急救援队伍 72 支，其中 21 支社会组织力量，覆盖 20 个区县（开发区）"，[②] 涵盖特种设备、危险化学品、车辆道路、电力故障、山地水域、防汛排涝、森林灭火、医疗救助、通信保障等重点救援领域，同时制定《西安市应急救援队伍管理暂行办法》《西安市应急救援队伍调用补偿及补助暂行办法》。市内各区县（开发区）参照西安市的做法，也在区县层面命名或建立了各领域方向的应急救援队伍，在市、区县两级直接调度指挥的应急救援队伍已经形成规模和体系，成为应对重大事故灾难救援的一支重要辅助力量。

（三）基层应急物资保障进一步完善

一是着力健全应急物资保障体系。陕西省粮食和物资储备局会同省应急管理厅、省财政厅印发《陕西省省级救灾物资储备管理暂行办法》，提出将应急救援救灾物资生产能力纳入应急救援救灾物资储备体系建设，实施重要应急救援救灾物资摸底和提前储备，推进区域应急救援救灾物资储备库建设，构建政府、生产企业、销售经营、家庭多元化的应急救援救灾物资储备体系。"陕西省应急系统通过划转、新建、租赁和借用等方式共设立省级救灾物资储备库 3 个、市级储备库 14 个、县级储备库 110 个，在偏远乡（镇、

---

① 《试点先行　健全机制　我省各地积极推动基层应急管理体系和能力建设》，http：//yjt. shaanxi. gov. cn/c/2022-10-11/819319. shtml。

② 资料来源：西安市应急管理厅。

街道）设立前置物资储备点 1215 个，全省应急救灾储备物资形成了网格化布局。"①

二是加快建设应急物资信息平台。西安市开发了全市统一的应急物资管理调度信息系统，初步实现了应急物资管理智能化、数字化，增强了应急救灾应对能力。通过构建西安市应急物资管理系统，打造了"平时监管"和"战时指挥"一体的应急物资管理平台，实现了应急物资基本信息管理、库存管理和规范两类物资调拨运输管理等主要功能，显著提升了应急物资验收、入库、出库、盘点、轮换、调拨使用等环节的管理水平，实现应急救灾物资储备信息共享、业务协同和互联互通，促进了西安市应急物资保障和管理水平的整体提升。截至 2023 年 3 月，"调度信息平台已录入了 15 个单位、33 个储备点、64.81 万件应急物资"②。

三是着力提升救灾物资保障能力。陕西省推进乡镇、村组资源整合，利用现有条件设立、改建一批基层备灾物资储备点，对于容易受灾的地区，尤其是交通不便的边远山区、村庄和社区，加强其救灾物资储备，确保物资直接下沉到基层，形成分布合理、功能完备、运转高效、辐射全面的应急救灾物资保障网，确保了应急状态下应急物资"备得足、调得快、用得上"。

（四）应急数字化平台建设稳步推进

应急指挥系统建设不断完善。陕西省应急管理厅印发《陕西省应急管理信息化发展规划（2019-2022 年）》，指出围绕感知网络、通信网络、指挥中心、综合应用平台、安全保障以及重点建设项目，"2021 年底完成 17 个重点系统建设，基本构建纵向互通和横向互联，且以应急指挥为骨干架的应急管理信息系统。目前已建成省、市、县三级共计 62 个移动小站，实现

---

① 《陕西省应急管理厅对省十三届人大六次会议第 495 号建议的答复函》，http：//search. siluclouds. com/c/2022-08-16/811806. shtml。
② 资料来源：西安市应急管理厅。

全省应急移动通信的互联互通"，① 完成了从应急管理部到省市县的四级互通。

省级应急管理综合应用平台功能不断强化。陕西省于 2021 年启用应急管理综合应用平台，该平台包括监测预警、监管执法、辅助决策、救援实战和社会动员等五个主要功能模块。平台监测预警范围涵盖了多个关键领域，包括煤矿、非煤矿山、危险化学品等企业，还包括尾矿库和烟花爆竹企业的安全生产。平台实现了不同级别的应急管理部门，包括国家、省、市、县以及重点企业之间的信息共享和互通，还能接入陕西省水利、自然资源、气象、地震、地质等省级部门的信息系统和视频资源，从而更全面地了解和应对各种潜在的灾害和应急事件。

（五）基层应急管理综合行政执法效能更高

1. 广泛开展异地交叉执法，执法方式不断创新

应急管理部门共组织执法组对全省 12 个市（区）的部分企业开展执法检查，通过异地交叉执法，集中打击、整治了一批企业主体责任落实不到位、安全管理制度不健全、硬件设施不完善、应急救援措施不落实等行为，有效助推了安全生产专项整治三年行动的深入开展。

2. 大力开展精准执法，执法重点更加突出

按照《陕西省应急管理厅关于推进安全生产分级分类执法的指导意见（试行）》要求，分级分类开展执法。围绕"钢 8 条""粉 6 条""铝 7 条""空 4 条"，从根本上消除《意见》提出的 25 项重点事项涉及的违法行为。严格依法依规进行处罚，不以责令限期整改等措施代替行政处罚，对同一违法行为反复出现的，要从严从重处罚，触犯刑法的，依法移送公安机关，增强执法检查的震慑力度；全面推广使用"互联网+执法"系统，逐步实现执法信息化。

---

① 《陕西省应急管理厅对省十三届人大五次会议第 24 号建议的答复函》，http：//yjt. shaanxi. gov. cn/c/2021-06-03/734927. shtml。

3. 强化基层执法能力

在乡镇（街道）层面，不单独设立应急管理综合行政执法队伍，由乡镇（街道）综合行政执法办公室统一承担相关执法职能，主要负责日常巡查、接受投诉举报、协助调查取证等工作，依法或受委托承担应急管理行政执法职责，对外实行"一支队伍管执法"。莲湖区建立了基层检查员队伍，探索建立"区应急管理综合执法大队+街道+社区"三级联动的应急管理新格局，实现全区应急管理监管工作"属地管理、关口前移、重心下移"，提高应急管理综合执法属地化管理能力。

二 陕西省基层应急能力建设中存在的主要问题

（一）基层应急管理体系建设质量有待提高

基层应急管理工作力量不足。由于基层应急管理办公室多与社会治理和平安建设办公室合署，街道、乡镇虽然有应急管理机构和牌子，但由于基层编制紧张，各镇街应急管理办公室工作人员基本采取兼职的形式，工作人员身兼数职、业务繁忙，且基层人员流动性较大，难以有效应对基层应急管理工作。

基层应急管理业务融合不到位。基层应急管理存在职责职能和业务开展两张皮等现象，很难做到应急业务与日常工作相融合，也难以做到上下对应，易造成应急管理工作表面化、形式化，各镇街应急管理机构及其工作人员的作用发挥还有待进一步加强。

区县和镇街应急事权划分不明。在基层应急体系和能力建设过程中，"六有""三有"等显性指标较为容易实现，但其职责不容易落实。应急管理职责相对宽泛，且镇街没有明确的职权范围，导致应急管理相关任务无限下沉，基层在承接下派任务方面困难较大。

应急部门与其他部门职能交叉、协调不到位。如防灾减灾中，关于处置、安置的规范、制度不健全，无法确定各部门分工；应急部门与水利部门防汛职能交叉，与林业部门森林防火职能交叉，存在重复工作；各指挥部内部各部门协调困难，林业、水利、住建、国土都有相应灾害的指挥部，未形成顺畅的协调机制。

社区各类应急信息员大多空转闲置，人员浪费较大。社区负责各类地质灾害、地震、气象灾情报送，且各相关部门认为都设置了自己的信息员，主要有灾情信息员、农业群防员、残疾人专员。由于部门众多，报送口径和标准不一，存在互相打架现象。如关于旱灾灾情报送，农业部门认为只要农作物受灾比例达两成就达到了旱灾标准，应急部门标准是达到三成，而水利部门则是达到四成，造成报送信息错乱不清。

（二）基层应急能力建设存在薄弱环节

基层应急管理人员专业素质有待提高。基层应急工作的主要内容是辨风险、查风险、报送信息、先期处置，承担这些工作必须经过系统培训。街镇一级应急管理干部基本为兼职，人员不稳定，业务素质不高，未经系统培训，大多数难以满足基层应急工作需要。

基层应急救援队伍应急处置能力还有待进一步提升。目前，还有部分镇街（园区）和社区（村）应急救援队伍尚未按照要求组建到位，基层应急救援队伍事故灾害先期处置技能训练做得还不够，人员整体能力素养距离实战要求尚有一定差距。一方面是大多数街道（镇）和社区（村）都配备了应急力量（队伍），但应急意识和业务素养亟待提高，必要的物资装备比较匮乏，主要是岗位编制较少、工作（福利）待遇偏低以及职业荣誉感不强等问题，导致基层末端应急人员或网格员变动较快，人才难以长时间固定或保留。另一方面，部分社会力量参与街镇、社区应急力量的组织培训工作成效不明显，主要是区县或街镇政府的引导、支持力度不够，以及有的社会救援力量志愿做培训宣传工作，而业务技能较弱或经验不足。

基层应急管理物资保障不足。目前，由于市、区应急管理业务工作经费紧张，在落实基层应急管理体系和能力建设等有关队伍建设、预案建设、物资储备、平台建设和应急避难场所建设等任务方面还存在支撑保障力度不足的问题。一是社区（行政村）应急物资储备严重不足。在一些较偏远地区，基层应急物资储备点数量少、距离较远，物资供应难度大，不能满足基层应急处置需要。二是基层应急物资储备点布局不合理。部分地区的基层应急物资储备点布局存在重点缺失和重复建设的情况，没有覆盖到重要的交通要道或人口密集区域，同时也造成了资源浪费。三是关于应急物资配置条件，如救援、通信、生活物资等，目前均缺少制度性安排。

基层应急管理资金保障还存在缺口。基层应急体系建设、救援队伍培训、网格员待遇等方面所需资金缺口依然较大。当前，按照"六有"的要求，镇街一级应急管理机构和人员基本到位，但由于只有机构，没有工作经费，应急工作很难开展。应急队伍建设专项经费不足，目前有防汛、防火经费，但没有队伍建设专项经费，上级下拨的应急管理经费大多是用于某些事项的专项经费，无法用于应急队伍建设。

（三）对基层社会应急救援队伍的培育和发展缺乏有效引导

对社会应急救援队伍进行支持的政策依据不明确。目前从国家到省上都没有队伍建设的资金补助等方面实质性举措或便于基层可操作的政策依据，针对社会救援力量的"鼓励支持"亟待进一步具体化。

基层社会应急救援队伍经费短缺严重。社会救援力量的经费维系，主要由社会各界捐助和救援队伍发起人以及主要队伍骨干自愿捐赠，"资金链"相对比较脆弱，难以为其配备先进高效的装备。

应急救援补偿机制不完善。在基层，第一时间发现、报告、处置事故都要依靠村镇力量，社会救援力量参与部分应急救援却并无相应补偿。如有具体责任方，由责任方负担救援费用；若无具体责任方，则由应急管理部门负担，但实际上应急管理部门也没有这方面经费和具体依据，这导致社会力量参与应急救援无法形成良性循环。此外，网格员、信息员虽承担山火排查任务，但没有相应补贴、保障，存在权责利不匹配问题。

社会应急力量常态化管理制度不健全。现行的应急管理机制停留于政策制定以及对政府力量的运用，对志愿者以及社会应急力量缺乏有效的引导。乡镇、村社的应急救援队伍中，对于人员招录、培训、退出均没有规范。由于经费不足，社会应急队伍缺少常态化培训，尤其是缺少特殊行业救援的技能培训。社会应急队伍与应急管理部门无常态化联系机制，即使有参与救援行动的热情，也难以发挥更大的作用。

（四）消防救援保障有待加强

人员力量相对紧张。消防救援队主要负责火灾、水域事故、危化品运输事故、偶发安全生产事故的救援，任务范围广泛。以石泉县为例，目前石泉县消防大队有编制 15 名，除去外出交流学习人员，一般在岗 10 人，另外聘用专职消防员 8 名，① 但因工作要求与待遇不匹配，人员流动性较大，无法满足全县范围内的救援需要，救援力量有待强化。

消防救援物资装备不强。基层消防救援队一般性装备较为齐全，但缺少特种装备，如与危化品处理相关的洗消车辆数量不足，一旦发生危化品事故，救援装备就显得捉襟见肘。消防救援装备器材未随着城市发展而与时俱进，当前高层建筑高度一般为 80~100 米，而举高车辆仅能达到 25 米，无法满足高层火灾救援需求。

乡镇消防救援能力弱。乡镇路途遥远，县级消防力量无法迅速到达，救援主要依靠当地力量，镇级消防站应满足 8 平方公里救援需求，当前部分镇级消防站仅能覆盖 4 公里，救援能力亟须强化。

（五）基层应急管理数字化资金和人才短板突出

一是应急管理系统信息化建设工作缺少专项资金支撑。基层应急管理信息化建设投入大、维护成本高，县级财政普遍感觉压力较大。通信、救援装备，尤其是移动指挥车配备不足，救援难以高效进行；通信网络单一，过度

---

① 资料来源：石泉县消防大队。

依赖地面通信网络，通信卫星网络未充分利用成为救援瓶颈。

二是专业人才比较欠缺，基层部门尤为突出。信息化建设和科技成果应用工作专业性强，具备项目管理经验和技术背景的人员不足，区县应急管理部门没有相应科室或专人负责，应急管理部、省应急厅和市应急局有关工作落实困难。

三是乡镇、村级信息化建设存在空白。五级联动实际只到区县一级，到镇和社区的系统仍需完善，镇和社区仍然停留在微信、电话联系阶段。当前信息平台虽已建好，但作用发挥受限。由于受经费和专业人才限制，乡镇、村级信息化建设难以推进。

四是监测预警信息化程度不高。森林草原防灭火工作短板明显，基层在监测预警中缺乏全覆盖红外遥感、视频感知等先进手段，目前主要借助中省智慧林火系统和人工巡查发现火情，火情监测预警信息化精准化有待强化。行业部门信息融合共享还存在壁垒，比如治安、交通卡口、城市管网、电力电量监测、手机信号监测等监测监控数据无法接入指挥中心，不能很好地进行数据共享，综治平台融合程度还比较低。

（六）基层应急管理综合执法能力有待提高

一是基层执法力量薄弱。按照机构改革要求，应急管理综合执法监管范围越来越大，工作职责在逐步增加，但工作人员尚未增加，人员编制仍显不足。部分区县编制不够科学合理，例如，雁塔区、鄠邑区等经济体量和人口规模与全省部分地级市相当，但编制数并无倾斜。个别区县的执法人员均被充实到机关各股室从事安全监管和防灾减灾业务工作，使得基层执法力量更加不足。

二是基础建设仍然滞后。部分地区市区两级整体办公条件比较紧张，功能性用房不足，执法询问、信访接待等工作专用场所不足，缺乏安全性和严肃性，与其他领域执法队伍相比存在明显短板。

三是执法专业人员较为缺失。新增综合执法人员绝大多数为军转干部，或从其他部门调剂划转，难以补充专业领域新鲜血液。执法人员在执法过程中发现隐患难、指出问题难的情况十分突出。

三 提升陕西省基层应急能力的对策建议

（一）明确基层应急体系中"基层"的定位

明确"基层"应当指区县以下层级。镇街与区县的情况差别较大，很多工作到镇街一级缺乏依据，如物资保障在镇街层面的规范仍然空缺，如果在研究基层应急问题时将区县和镇街笼统而谈，则会将问题泛化，难以抓住基层问题的核心。

明确区县、镇街应急事权。推进基层应急体系和能力建设，要基于基层必要的机构、编制等完成工作的条件，但不是责任的转移。在明确各级应急部门职权范围的前提下，各自承担好自己的工作任务，防止上级将任务无限下沉，加重基层负担。

明确基层应急管理的重点任务。基层是应急管理工作的前哨，其主要作用是早预防、早处置，应根据早预防、早处置部署基层应急管理工作。在早预防方面应注重隐患排查、整改，在早处置方面应有相应的人员队伍、装备设施、基本技能。

（二）加强镇街、村社应急物资保障，完善应急资源共享机制

立足"未雨绸缪、防早救小、托底保障"，落实街镇、村社应急物资和应急装备储备，加强基层应急资源共享，提升使用效能。

一是明确基层应急物资储备标准。及时开展应急物资储备现状与需求调研、应急物资储备标准调研与对比分析，编制基层应急物资储备标准，明确应急物资分类目录与储备的关键指标，明确应急物资储备标准、目录及数量要求，镇（街）、社区（村）完善应急物资储备标准，切实提升基层防灾减灾救灾能力和应急物资保障水平。

二是建设共享化装备物资库。推进各乡镇应急机构建立应急资源共享机制，形成多部门、多层级的应急资源共享体系。强化现代救援装备

配备，以满足城市火灾、城市内涝、森林火灾、地质灾害、流域洪水、危化品爆炸等不同灾害类型的紧急救援需求。保障充足的物资配备，以满足在平时训练、应急预案演练，以及紧急救援中能够进行共享和共用。提高救援效率和响应速度，实现资源的优化配置和高效利用，提升基层应急管理水平。

三是完善基层综合应急协调机制。加强各级应急机构的联动和协作，强化跨部门、跨地区、跨行业协同作战能力，提高应急管理的整体性和系统性。积极发挥镇（街）、社区（村）、社会组织、志愿者和群众在安全隐患排查与消除、突发事件先期处置、信息报告、抢险救援、自救互救和应急处置中的协同作用，以实现快速响应、高效处置。

（三）推进基层应急数字化

一是加快应急信息平台向镇（街）、社区（村）延伸。加速推进镇（街）、社区（村）综合应急管理指挥系统与平台建设，构建应急指挥"一张网"。强化基层工作人员信息化平台日常操作培训，使信息平台切实发挥作用。

二是加强行业部门信息融合共享。推动治安、交通卡口、城市管网、电力电量监测、手机信号监测等监测监控数据接入指挥中心，提升与综治平台的融合程度，加强信息的采集、共享和发布，确保应急响应决策的准确性和及时性。

三是强化信息化设备和通信网络建设。加强信息化设备建设，包括通信设备、红外遥感、视频感知等硬件设备，加强信息采集、处理、存储、展示等软件系统，提高应急管理信息的覆盖范围和精度。加强通信网络建设，增加信息化建设专项资金投入，推进发展地面卫星站、移动卫星站建设，形成地面网络、卫星网络相互补充的应急救援通信网络。

四是加快推进监测预警平台建设。加快推进监测预警平台试点建设和提升工作。借鉴南宁市建设模式，深化跨区域、跨行业、跨空间数据共享应用。以大数据为核心平台，以城市信息模型（CIM）为底座，构建全息城市地理信息数据，覆盖地下管线数据、各类重点工程 BIM 模型、轨道交通和综合管廊等。

（四）进一步提升基层应急执法效能

充实基层应急执法队伍力量，推进应急执法队伍建设专业化。一是逐步统一应急执法队伍人员身份。积极推进行政执法类公务员改革试点，借鉴江苏、湖北等地的行政执法类公务员改革经验，密切联系陕西省委组织部、省委编办，探索符合陕西实际的改革方案。二是实施标准化专业培训。依托西安市高校筹建应急管理综合执法人员及企业主要负责人实训基地，研发一批具备陕西省特色的教育培训课程。加大综合执法队伍人员培训力度，明确全省执法人员培训计划。组织执法队伍负责人赴先进地市和相关高校学习，提升综合执法人员整体专业素质水平。

明确基层应急管理综合执法权责范围，推进基层应急执法规范化。一是加快出台应急管理综合执法事项清单，明确除安全生产领域外其余新增领域执法事项。研究制订陕西省安全生产行政处罚自由裁量实施细则，明确执法自由裁量的标准规范，规范监管执法行为，确保基层合法合规履职。二是持续推进委托镇街执法实施细则，出台镇街、社区（村组）职责清单，探索差异化应急管理执法目录。加快推进向乡镇（街道）下放行政执法权工作，充分考虑乡镇（街道）的实际需求和承接能力，采用菜单式赋权方式，实现在放权目录范围内的动态赋权和调整，重视各地区的不同需求，以"一镇一单"方式进行权力分配的个性化调整，确保下放的权力能够被有效地承接和落实。

加快补齐短板，强化基础建设。加大应急管理综合执法基础建设政策和资金支持，在执法车辆方面积极协调省级有关部门出台关于应急管理综合执法制式车辆配置办法，从政策上解决基层车辆不足的问题。在执法装备方面，加大对区县级移动执法装备的专项资金支持，用三年时间解决执法装备配备不均衡的问题，力争达到配备标准统一、装备标识统一、使用效能统一。

（五）全面规范社会力量管理

1.加强管理和服务，引导社会应急救援队伍规范发展

一是建立统一身份认证系统。完善登记注册制度，全面掌握社会救援力量的人员、主要装备、救援能力等基本情况，摸清底数，确保社会救援队伍关键时刻拉得出、用得上、能应急。

二是加强标准化建设。按照风险领域、专业特长等制定社会应急救援队伍建设标准，根据不同地区的灾害风险和应急救援的不同阶段，实施应急救援队伍现场救援"通行码"制度，有针对性地规划和组建社会应急救援队伍，确保紧急情况发生时能够进行有效的救援。建立动态管理制度，设立社会应急救援组织"五星评价"制度，开展分级评定和考核，配套适当的奖惩机制。

三是将社会应急救援力量纳入应急管理部门统一培训体系，统一协调培训资源和标准。探索与专业队伍共同培训和实践的机制，加强不同类型的救援力量之间建立更紧密的合作关系，定期举办省市县镇各级社会应急力量技能竞赛，提高他们的协同作战和危机处理能力，推动形成综合性消防救援队伍、专业应急救援队伍和社会应急力量良性互动、共同发展的格局。

四是完善社会应急救援力量自治能力。在省市区县镇街村（社区）建立专门的应急救援协会，以支持和孵化社会应急救援力量。协会为社会应急救援力量提供便利和服务，以协助其更好地融入救援体系。引导和推动社会应急救援力量完善其法人治理结构，按照章程规定展开工作，并建立健全的管理制度，加强社会应急救援力量的行业自律，提高社会力量的组织协调和执行能力。

2.完善保障机制，确保社会应急救援队伍持续稳定发展

一是加强社会应急救援队伍建设的法治保障。加快制定促进社会应急救援力量发展的地方性法规，明确社会应急救援力量的性质、宗旨、定位、组织形式、管理体制、经费来源、人员保障、权利义务以及救援的合法性、免责机制等各个方面的规定。为社会应急救援力量的良性发展提供明确的法治依据，促进其有序运行并更好地融入陕西应急管理框架。

二是落实经费物资保障。首先，支持社会应急救援力量可持续发展。鼓励其参与公共服务项目，积极参与公益创业和创投，接受政府的资金支持以及社会捐赠，从而克服生存危机，为队伍的长期发展提供有效保障。其次，探索建立专门的社会应急救援专项基金。采用专库管理方式，将其整合到社会保障系统中。政府可以采用购买公益服务的方式来弥补救援队伍在活动过程中可能出现的经费缺口，以确保其顺利开展救援工作。再次，与公办医疗单位签订合作协议，每年为志愿者和抗震救灾队员开展送医、送药、送健康义诊服务活动，送出人文关怀。最后，运用税收政策的杠杆作用，积极鼓励单位和个人参与慈善捐赠活动，为其提供相应的税收减免和优惠，鼓励更多的社会成员积极参与应急公益事业。

三是不断探索社会应急救援队伍的人身保障举措，建议政府购买社会救援成员人身意外保险，彻底解决社会救援力量参与抢险救援发生意外无风险保障的难题。

参考文献

薛澜、沈华：《五大转变：新时期应急管理体系建设的理念更新》，《行政管理改革》2021 年第 7 期。

闪淳昌、周玲、秦绪坤、沈华、宿洁：《我国应急管理体系的现状、问题及解决路径》，《公共管理评论》2020 年第 2 期。

钟开斌：《螺旋式上升"国家应急管理体系"概念的演变与发展》，《中国行政管理》2021 年第 5 期。

方铭勇、袁维海：《后新公共管理理论对应急管理体系建设的启示》，《湖北经济学院学报》（人文社会科学版）2018 年第 9 期。

刘铁民：《构建新时代国家应急管理体系》，《中国党政干部论坛》2019 年第 7 期。

B.11
陕西省数字政府治理研究

武永超*

摘　要：　作为数字中国、网络强国建设的基础性和先导性工程，数字政府治理对打造法治政府、廉洁政府、服务型政府，加快转变政府职能，增强管理效能，助力区域高质量发展意义重大。近年来，陕西省在健全数字政府法制建设、强化数字基础支撑、提升数字政务服务能力等方面持续发力，数字政府治理取得初步成效。尽管如此，当前数字政府治理依然面临主体数字素养不高、治理体制机制不全、基础支撑能力不强、核心资源保障不足等诸多挑战。为提升陕西数字治理效能，推动"数字陕西"战略迈向新台阶，应当聚焦重点，突破难点，夯实主体数字素养，提升领导干部数字治理本领；深化体制机制改革，推进数字政府治理共建共治共享；优化数字支撑环境，筑牢数字政府治理底座；增强核心资源保障能力，推进数字政府治理行稳致远。

关键词：　数字政府　数字治理　协同共治　陕西省

一　陕西省数字政府治理的成效分析

党的二十大报告指出，要加快建设网络强国、数字中国，这为当前数字政府治理工作提供了根本指引。2023 年 2 月，中共中央、国务院印发《数字中国建设整体布局规划》，从党和国家事业发展的战略高度，指出要大力

---

* 武永超，西北农林科技大学人文社会发展学院副教授，研究方向为数字政府、应急管理。

发展高效协同的数字政务，加快制度规则创新，提升政务数字化智能化水平，使其成为当前数字政府建设的重要依循。陕西省深入贯彻落实习近平总书记关于网络强国、数字中国等重要论述，高起点、高标准推进数字政府建设，加快构建支撑高质量发展的政府治理体系，打造网络互联、数据共享、业务协同、运转高效的智慧化政府，并取得了丰硕成果。

（一）数字政府法制建设稳步推进

近年来，陕西省委省政府认真落实党中央、国务院决策部署，坚持法治先行，在法治轨道上推进数字政府建设，切实推进数字治理能力提升。

1. 总体框架方面

2021年10月，陕西省人民政府办公厅印发《陕西省数字政府建设"十四五"规划》。作为"十四五"时期指导陕西省数字政府建设的纲领性文件，《规划》明确推进陕西省数字政府建设的指导思想，提出三大基础支撑（基础设施、数据资源、公共支撑）、六大领域创新应用（经济调节、市场监管、公共服务、社会治理、生态保护、政府运行）、三大运行保障（标准规范、安全防护、运行保障）等关键工作和任务，为规范数字政府建设发展奠定了坚实基础。

2. 数字资源保障方面

2022年9月，陕西省第十三届人民代表大会常务委员会第三十六次会议审议通过《陕西省大数据条例》。《条例》包括总则、基础设施、数据资源、开发应用、产业发展、安全保障、法律责任、附则等八个章节，共81条，为加强数据资源管理、规范数据处理活动、保障数据安全、推动大数据在经济和社会领域中的应用以及加快数字陕西建设提供了规范指引。2022年6月，陕西省人民政府办公厅印发《陕西省省级政务信息化项目建设管理办法（暂行）》，从统筹与共享、项目申报、项目审批、项目建设、项目验收、资金保障、监督管理方面，提出推动陕西基础设施集约建设、政务信息系统跨部门跨层级互联互通、政务数据资源共享和业务协同以及提高政务信息系统应用绩效等统一的规范标准。

3. 数字政务服务方面

2023 年 1 月，陕西省人民政府办公厅印发《陕西省加快推进政务服务标准化规范化便利化大力提升"秦务员"政务服务能力实施方案》。《方案》提出，夯实政务服务标准化基础、推进政务服务规范化运行、建立智慧便捷多样服务体系、加快政务服务数字化进程、推动政务服务协同化等八大重点任务，为大力提升"秦务员"政务服务能力、建设人民满意的服务型政府提供了操作指南。

（二）数字基础支撑建设成效凸显

1. 数字基础设施建设方面

2021 年以来，陕西省深入实施"宽带中国"战略，统筹完成国家电子政务外网陕西节点与陕西电子政务外网融合工作，持续推进 5G、IPv6、物联网、数据中心等新基建。严格落实光纤到户国家标准，加大千兆光网升级和入户改造力度，为构建数字政府提供坚实底座。经过各方面共同努力，陕西省数字基础设施建设成效显著。截至 2022 年 8 月，陕西省共建成 5G 基站 50880 个，千兆宽带用户占比由 0.01% 提升到 10.3%。省会西安市国家级互联网骨干直联点网间带宽扩容到 1400G，互联网省际出口带宽由 10.2T 增长到 47.6T。固定和移动宽带双双迈入千兆时代，西安市获评全国首批"千兆城市"。[①] 而按照 2022 年 12 月陕西省发展和改革委员会印发的《陕西省加快新型基础设施建设三年行动计划（2022-2024 年）》，预计到 2024 年，陕西将会建成 5G 基站 10 万个，10G-PON（下行速率 10 千兆每秒的无源光纤网络）及以上端口规模达到 35 万个，建成 6 个"千兆城市"，IPv6 用户数达到 2500 万户。[②] 值得一提的是，数字基础设施建设步伐的加快客观上

[①] 《奋进新行程　建功新时代——信息通信业的非凡十年|陕西信息通信业紧抓机遇筑牢网络强国基》，中国工信新闻网（2022 年 8 月 8 日），https：//www.cnii.com.cn/gxxww/rmydb/202208/t20220808_ 402916.html，最后检索日期：2023 年 10 月 15 日。

[②] 《陕西省加快新型基础设施建设三年行动计划（2022-2024 年）》（陕发改高技〔2022〕2093号），陕西省发展和改革委员会网站（2022 年 11 月 30 日），http：//sndrc.shaanxi.gov.cn/fgwj/2022nwj/eEzima.htm，最后检索日期：2023 年 10 月 5 日。

推动了网络用户群体迅速扩张。陕西省国民经济和社会发展统计公报显示，到 2022 年 12 月底，陕西省 5G 移动电话用户数量和固定互联网宽带用户数量高达 1654.58 万户和 1760.44 万户，分别比 2019 年增长 5142.6% 和 33.1%（见图 1）。可观的用户规模，无疑为后续数字平台建设创造了良好的应用环境。

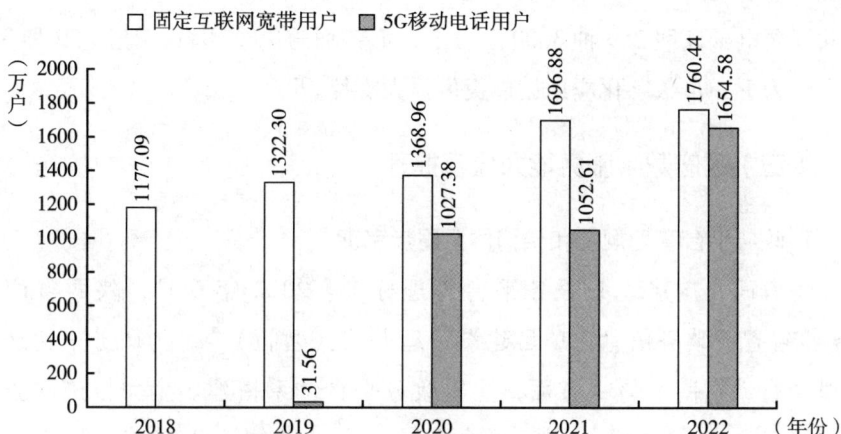

图 1　陕西省互联网宽带用户和 5G 移动电话用户数

资料来源：《陕西统计年鉴（2019）》和《陕西省国民经济和社会发展统计公报》（2019~2022）。

2. 数据资源统筹方面

其一，政府部门数据管理职责不断强化。2021 年 7 月，经省委机构编制委员会研究，并报中央编办批复，陕西正式挂牌成立省政务大数据局、陕西省政务大数据中心，全面推进陕西省政务信息化、政府数字化转型和政府系统政务数据资源管理工作。大数据局和大数据中心的组建是实现数字化转型、深化数字赋能的关键举措，标志着陕西省数字政府建设进入新征程，迈入规范化发展轨道，为陕西省数据资源管理提供了坚实的组织保障。[①] 其

---

① 《省政务大数据局和省政务大数据服务中心挂牌成立》，陕西省人民政府网（2021 年 7 月 14 日），http://www.shaanxi.gov.cn/xw/sxyw/202107/t20210714_2183050.html，最后检索日期：2023 年 10 月 15 日。

二，深化数据库建设。2021 年以来，陕西省上下齐心，全力建设全省统一的公共基础数据库、主题数据库以及专题数据库，明确数据库在公共服务、智慧城市、数字乡村、智慧文旅等领域的应用方向。同时，加快培育发展标准统一、布局合理、管理协同、安全可靠的一体化数据体系，统筹建设全省统一可信身份认证平台（公共侧）、全省统一通知消息平台（公共侧）、全省统一电子证照系统、全省统一电子印章系统。截至 2022 年 9 月，相关系统共汇聚电子证照 259 种 3800 多万个，汇聚加盖电子印章的证照 59 种 3.2 万个，为下一步数字化应用拓展提供强大支撑。①

（三）政府数字服务能力显著提升

1. 政务平台管理规范和架构体系逐步完善

一方面，构建政务服务平台管理标准。2022 年 6 月，陕西省印发《陕西省省级政务信息化项目建设管理办法（暂行）》，为政务平台建设提供了行动指南。另一方面，注重政务平台体系搭建。全力推进政务云体系设计，完成省级信创云平台、异地灾备数据中心搭建，初步建成"两地三中心"政务云主体架构，按照陕西省政务云"1+11+N"布局，统筹推进陕西各级政务云及行业云兼容纳管，推动实现全省政务"一朵云"。另外，《陕西省 2023 年深化"放管服"改革工作要点》指出，计划到 2023 年底，陕西省还将完成数字政府网络安全监测预警态势感知平台和运营协调指挥平台建设。经过不懈努力，截至 2022 年 9 月，陕西全省政务服务平台注册用户已超 2166 万人，保障政务服务 82 个事项实现跨省通办，52 个事项实现省内跨地区通办，300 个省级事项实现市级延伸办理。②

---

① 《陕西省人民政府办公厅关于省十三届人大六次会议第 488 号建议的答复函》，陕西省人民政府网站（2022 年 9 月 26 日），http://www.shaanxi.gov.cn/zfxxgk/fdzdgknr/zcwj/nszfbgtwj/szbh/202211/t20221116_ 2264908_ wap.html，最后检索日期：2023 年 10 月 7 日。

② 《陕西省人民政府办公厅关于省十三届人大六次会议第 488 号建议的答复函》，陕西省人民政府网站（2022 年 9 月 26 日），http://www.shaanxi.gov.cn/zfxxgk/fdzdgknr/zcwj/nszfbgtwj/szbh/202211/t20221116_ 2264908_ wap.html，最后检索日期：2023 年 10 月 7 日。

2."一件事一次办"集成改革持续深化

2022 年 8 月和 10 月，陕西省人民政府办公厅先后印发《关于"一件事一次办"集成改革的指导意见》和《关于成立省推进"一件事一次办"集成改革领导小组的通知》，指出借深化"放管服"改革契机，以企业群众办事更高效、更便利为导向，通过优化业务流程、打通业务系统、强化数据共享等方式，提升政务服务标准化、规范化、便利化水平，进一步提高企业和群众办事的体验感和获得感，推动政府公信力不断增强、营商环境不断优化。

3."秦务员"政务服务不断提升

2021 年以来，陕西牢固树立以人民为中心的发展理念，借鉴先进地区经验，着力打造以"秦务员"为依托的政务服务体系。2021 年 4 月，"秦务员"服务体系正式上线运营。运行至今，"秦务员"始终致力于为群众带来更丰富的服务和更好的体验，不断优化自身功能、提升服务温度、延展服务广度。截至 2023 年 4 月，"秦务员" PC 端省级可办事项达 2170 项，App 及其小程序省级和市级"掌上好办"事项达 5336 项，用户可借助该平台查询和办理社保缴纳、资质认证等多种民生事项。① 下一步，根据《陕西省加快推进政务服务标准化规范化便利化大力提升"秦务员"政务服务能力实施方案》规划，预计到 2024 年底，"秦务员"平台高频事项网办率将达到 90%以上。高频常用电子证照"秦务员"平台移动端展示查询率将达到 80%以上，政务服务标准化和数字化水平将实现进一步跃迁。

4."秦政通"开发应用步入正轨

2022 年 8 月，陕西省以搭建全省协同办公总平台为目标，开发运营"秦政通"协同办公平台。上线至今，省相关技术部门不断强化该平台运营管理和技术保障，优化平台功能，持续推动"秦政通"性能升级，实现其

---

① 《"秦务员"可掌上查询办理 5336 项政务服务》，陕西省人民政府网站（2023 年 4 月 29日），http://www.shaanxi.gov.cn/xw/sxyw/202304/t20230429_ 2284684.html，最后检索日期：2023 年 10 月 2 日。

从"能用"向"好用"转变。经过先期试点和示范推广，"秦政通"取得阶段性成效。截至 2023 年 7 月底，"秦政通"协同办公覆盖省级部门 22 个，对接应用系统 91 个（含统建）。在全省 11 个市（区）启动人员注册、系统对接等基础工作，注册人员达 17.5 万人，预计到 12 月，"秦政通"将基本实现与省级政府部门和市级平台联通全覆盖。①

二 陕西省数字政府治理面临的主要问题和挑战

经过各方不懈努力，目前陕西省数字政府治理已然取得了长足的进步和显著的成效，但从总体上看，陕西数字政府治理尚处在成长阶段，与国内其他先进省份还存在一定差距，在前进道路上仍不可避免地面临一些突出问题和现实挑战。

（一）干部数字素养有待提升

数字素养是各级领导干部运用互联网技术和信息化手段开展工作的重要前提，也是赋能政府数字化改革、推动经济社会高质量发展的内在要求。在陕西数字政府建设进入关键时期的当口，提升基层队伍数字素养更显得分外重要和紧迫。

首先，数字意识尚需强化。一些干部对数字化转型、数字化发展现状、数字赋能作用以及数字治理重要性缺少必要的认知，无法做到主动适应数字化改革趋势，同时缺乏将数字技术运用到日常管理服务当中的主动意识。其次，数字思维和技能比较缺乏。部分人员对数字政府建设缺乏系统思维和整体思维，难以处理好数字政府建设中基础设施层、数据资源层、业务应用层之间的关系。部分人员对"数据就是生产力"这一认识不清晰，不仅运用大数据进行挖掘、分析、预测的技能有所欠缺，将数据分析结果应用到数字化服务、数字化协作以及数字化决策的本领也需加强。最后，数字安全和伦

---

① 《"秦政通"平台建设取得阶段性成效》，新华网（2023 年 8 月 23 日），http：//sn. xinhuanet. com/20230823/33bb5a503da34ad9b84ccd0f9425a685/c. html，最后检索日期：2023 年 10 月 5 日。

理治理能力有待提升。有的干部偏重数据推广应用，而对大数据技术的两面性认知模糊，对其中潜藏的风险和危机估计不足。有的干部存在夸大数字技术优势的倾向，对"技术为人"基本准则的把握还不够精确。

（二）治理体制机制还待健全

健全顺畅的体制机制是确保数字政府治理整体协同推进的关键变量，在数字政府治理体系扮演着举足轻重的角色。当前，陕西数字政府治理体制机制建设还需进一步完善。

一是现有组织机构作用有待彰显。虽然近年来，陕西各级政府立足职责统一和功能整合目标，相继成立了大数据管理局等专门组织负责地区数字政府建设工作。但由于现行组织机构成立较晚，运行时间较短，其功能还有待于进一步发挥。各地大数据管理部门既需要贯彻执行上级信息化发展战略法律法规和政策措施，还需要统筹推进数字经济发展布局和大数据开发应用工作。

二是协同机制有待推进。在横向协同方面，处于同一级别的单位、部门数据资源共享。缺少统一明晰的协调整合机制。在纵向协同层面，缺乏上下沟通和联动机制设计，部分地区下级职能单位难以做到与上级就数字治理展开有效的双向互动。

（三）基础支撑能力仍需强化

从整体上看，一是现有数字基础总体建设水平与东部地区尚存一定差距。以江浙地区为参照，2022年，陕西光缆线路长度、5G基站、互联网宽带接入端口、互联网省际出口带宽、互联网宽带接入普及率分别为1914414公里、6.3万个、3007.9万个、62420000Mbps、44.5%，而同一阶段江苏分别高于前者2343407公里、11.7万个、4697.1万个、44213040Mbps、7.8个百分点；[①] 到2023年8月，陕西互联网宽带接入用户总数、FTTH/O（光

---

① 《2022年中国通信产业统计年鉴》，国家工业和信息化部网站（2023年9月），https://www.miit.gov.cn/txnj2022/tx_index.html，最后检索日期：2023年10月15日。

纤）用户数、100M 速率以上用户数、1000M 速率以上用户依次为 1885.0 万户、1795.2 万户、1764.4 万户、419.0 万户（见表1）。而同一时期，浙江省的各项指标则分别是陕西的 1.90 倍、1.82 倍、1.93 倍、1.83 倍。二是数字基础设施建设规划的政策红利还需释放。自 2021 年以来，陕西在省级层面出台了相关总体建设规划。但规划对陕西基层数字基建的推进作用尚未完全发挥出来，这在一定程度上制约了数字基建效能。① 三是数字基建城乡鸿沟依旧存在。以互联网宽带建设为例，从绝对指标看，截至 2021 年 12 月，陕西省城市互联网宽带接入用户为 1213.6 万户，农村互联网宽带接入用户为 353.8 万户，城乡比接近 3.5，相较 2018 年扩大了 0.7；从相对指标看，2022 年陕西城市互联网宽带接入普及率为 48.5%，同一时期，农村互联网宽带接入普及率为 37.5%，两者相差高达 11 个百分点。且随着城镇化的推进，该比重呈现进一步增大的态势。

表 1　2023 年 8 月互联网宽带接入用户分省份情况

单位：万户

地区	合计	FTTH/O 用户	100M 速率以上	1000M 速率以上
北京	915.8	882.4	874.4	200.7
天津	661.7	645.9	645.9	174.8
河北	3114.7	2928.3	2837.2	730.2
上海	1158.7	1108.4	1060.4	230.3
江苏	4680.8	4492.0	4364.8	1344.3
浙江	3588.6	3270.4	3403.8	764.7
福建	2219.2	2074.9	2092.3	412.8
山东	4470.4	4232.7	4359.9	1146.3
广东	4814.2	4575.8	4480.0	1201.9
海南	556.8	542.0	535.2	108.7
山西	1578.9	1546.4	1550.9	217.7

---

① 苏红键：《我国数字乡村建设基础、问题与推进思路》，《城市》2019 年第 12 期，第 13~22 页。

地区	合计	FTTH/O 用户	100M 速率以上	1000M 速率以上
安徽	2874.4	2701.1	2674.1	440.1
江西	2048.2	1995.7	1835.1	436.9
河南	4133.6	4103.9	4089.8	1100.8
湖北	2415.3	2331.0	2351.1	670.9
湖南	2624.3	2484.6	2374.3	512.5
内蒙古	922.8	886.1	884.2	166.4
广西	2199.0	2095.6	2119.2	568.8
重庆	1513.5	1443.5	1404.3	194.9
四川	3698.4	3574.8	3414.0	799.4
贵州	1495.2	1417.4	1437.5	461.3
云南	1724.8	1653.6	1655.6	306.5
西藏	143.0	135.0	137.6	22.0
陕西	1885.0	1795.2	1764.4	419.0
甘肃	1163.5	1139.9	1085.2	312.5
青海	281.0	260.6	276.5	65.9
宁夏	365.9	358.2	355.5	81.8
新疆	1274.0	1255.7	1177.0	283.2
辽宁	1650.4	1598.1	1543.3	186.9
吉林	827.4	784.6	762.2	128.1
黑龙江	1179.1	1094.4	1120.2	206.4

资料来源：国家工业和信息化部。

从局部看，由于资源禀赋等方面差异，陕西各地数字基建呈现较为明显的非均衡性。以每万人互联网宽带用户规模为例（见图2），截至2022年12月，在陕西主要城市中，每万人互联网宽带用户规模最高者为西安市，达到0.485户，高于同时期规模最低者商洛市54.5%，悬殊可见一斑。此外，从增速上看，2022年，陕西每万人互联网宽带用户数量增速最快的是咸阳市，增速（同比上一年度）达到15.9%，而增速最缓者铜川市仅为9.2%，前者是后者1.7倍，两极分化明显。

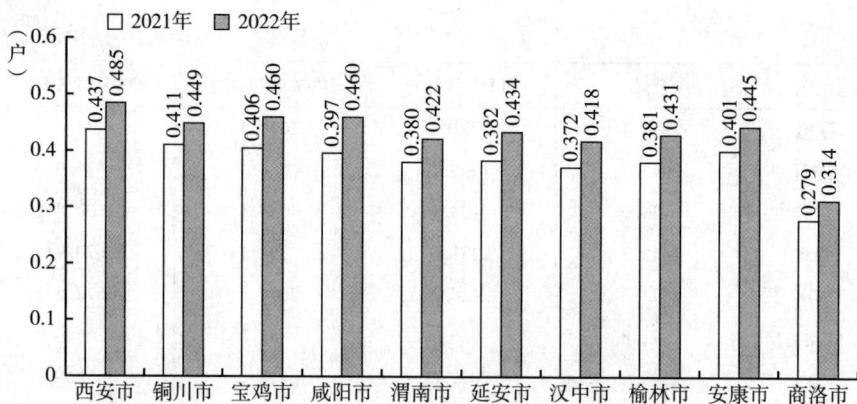

图2　2021~2022年陕西主要城市每万人互联网宽带用户数

资料来源：《陕西省统计年鉴（2022年）》和《陕西省统计年鉴（2023年）》。

（四）核心资源保障相对薄弱

数字政府治理是一项高投入的工程，需要依托人财等关键资源全方位、持续高质量的供给才能确保其目标的顺利达成。伴随数字陕西战略的深入实施，陕西省各级政府为了推进数字政府建设，都倾注了大量资源，但现有核心资源的保障能力仍需进一步提升。

一方面，队伍建设有待加强。其一，数字专业型人才紧缺。作为一项技术活动，数字政府治理迫切需要大量熟悉数字领域的技术型管理人才。[①] 但目前，陕西基层数字专业型人才资源却存在较大缺口。既具备专业技能又具有管理才能的复合型人才数量占比较少，年龄和知识结构也有不尽合理之处。同时，管理岗位晋升通道受限和待遇激励不足，使得既有人才队伍呈现低稳定性，大量优质人才流失，数字人才供需矛盾突出。其二，人才培育机制有待完善。体系化、标准化的人才培养机制和正式稳定的交流学习渠道缺乏，造成业务人员相关数字知识储备不足和更新迟滞，数字技术应用技能难以适应和满足急速变化的技术要求。

[①]　张嘉斐、仝如琼：《我国数字政府建设的经验、短板与改革启示》，《领导科学》2023年第1期，第137~140页。

另一方面，资金投入尚需加大。相比国内其他地区，陕西对数字政府建设的财政投入整体上处在中低段位。以固定资产投资为例，2022年陕西电信固定资产投资额为 1214367.8 万元，仅占同期江苏和浙江的 46.39% 和 52.15%。[①]

三　提升陕西数字政府治理效能的对策建议

发现问题的目的在于解决问题。应当坚持问题导向，紧密围绕陕西数字政府治理现代化的要求和目标，找准痛点、破解难点、打通堵点、补足短板，务求实效，以扎实行动推动陕西数字政府治理行稳致远。

（一）全面夯实干部数字素养

习近平总书记在十九届中共中央政治局第三十四次集体学习时强调，各级领导干部要提高数字经济思维能力和专业素质，增强发展数字经济本领，强化安全意识。[②] 陕西应当将干部数字素养提升视作一项基础性和先导性的战略任务，聚焦问题，下足功夫。

首先，调动干部主观能动性。对标陕西数字政府建设"十四五"规划要求，采取多样化激励手段和工具，充分激发干部主动学习意识，提升其对数字价值的科学认知，激活其数字技术学习的热情，并且有意识地引导其将所学成果灵活运用到实际治理活动中，进而为数字政府治理高质量发展提供源源不竭的动力。其次，健全干部数字培训和交流体系。一方面，立足数字政府建设要求，在深入调研、摸清基本情况基础上，以掌握到的数字素养培训要求为切口，设计科学化的培养体系，整合相关数字技术与开发应用主题

---

① 《2022年中国通信产业统计年鉴》，国家工业和信息化部网站（2023年9月），https://www.miit.gov.cn/txnj2022/tx_ index.html，最后检索日期：2023年10月15日。

② 《习近平主持中央政治局第三十四次集体学习：把握数字经济发展趋势和规律　推动我国数字经济健康发展》，中国政府网（2021年10月19日），https://www.gov.cn/xinwen/2021-10/19/content_ 5643653.htm，最后检索日期：2023年10月15日。

培训资源，制定出差异化、针对性强的培训课程方案。依托各级党校（行政学院）或干部网络教育平台，同时尝试借助联合办学等方式，线下线上结合，多元内外联动，打造立体化的培训体系，提高干部在数字思维、数据开发、数据安全与伦理等方面的技能和本领。另一方面，尝试实地走访、实训教学、干部轮岗等交流途径，引导干部深入陕西省政务大数据服务中心、"智慧城市大脑"综合应用服务平台、智慧示范社区这类数字政府建设实践一线，以真实治理场景感知和实际数字治理问题处置，助力其数字政府治理素养的快速养成，力争培育出具备较高数字素养的干部群体。最后，完善评价考核体系。结合数字人才能力要求，建立契合实际情况、具有操作意义的干部数字素养考评体系，发挥考核评价体系的指挥棒作用，通过定期考评和360度考评形式，以评促学，推动干部强化对自身数字素养的修炼。同时注重考评结果应用，可将其纳入干部政绩考核体系中，作为晋升奖惩的重要参考依据。

（二）不断深化体制机制改革

针对陕西数字政府治理组织建设疲软的问题，各级政府应当着力强化改革思维，继续推进数字管理机构改革。以整体性的政府组织结构为依托，进一步调整和整合管理机构的职能分工，明确职能配置、机构设置、人员配备及组合方式，理顺权责关系和内部管理体制，提高管理效率。同时，加强相关组织立法工作，适当放权和授权，赋予该机构必要适度的执法和管理权限，提升该组织的领导力和影响力，以此更好地提升其在"放管服"改革、数字资源管理、政务服务与政务公开、公共资源交易等方面的履职能力。此外，在涉及数字政府联合治理事务时，可成立由地方党政"一把手"作为牵头负责、数据管理部门主管领导作为核心主导组成的数字政府建设领导小组，并授予数据管理一定的考评监督权限，以此间接抬升大数据管理部门自身的行政地位。除了强化自身领导力和影响力，也能够通过"借势"策略解决组织力和执行力的问题。而要实现这一目标，最可行的手段即是发挥党的统领作用。为此，要把数字政府当作一项政治任务放在突出位置，坚持和加强党对数字政府治理工作的集中统一领导，将党的全面领导贯穿数字政府治理全周期全过程，充分发挥党的政治和组织优势，凭借党的统御力和凝聚力，形成强大合力助推陕西数字政府治理工作。

针对数字协同推进机制运转不顺的问题，应当树立系统理念和集成理念，以整体性治理为依托，着眼于对数字协同关系的疏通和重塑。其一，聚焦实现数据互联共通的目标，强化顶层设计，借助高位推动或建立联动机制等方式，打破横亘在同一层级部门和政府之间的数字壁垒，设计出台标准的数据采集开发应用一体化方案，建设统一的数据共享平台，对各方数据系统进行标准界定和有效整合，强化组织内部与组织之间的数据联系，实现数据的跨部门、跨区域流动，推动数据共建共享。其二，优化纵向协同工作流程，开通双向反馈渠道，加强上级与下级数据管理部门的沟通和联系，出台相关办法切实保障基层部门对数字政府建设的建议权。上级政府在推行相关数字政府建设举措前，广泛听取和征询下级单位意见，在确保决策民主的同时也提升政策认同，以便于政策落地落实。此外，尝试在上下层级之间建立数字政府建设专员，以此作为沟通中介，用于提升纵向沟通的速率和质量。其三，吸纳社会力量参与数字政府治理工作。相关部门应当出台专门办法，鼓励企业、社会团体、公民等相关利益方主动投入数字政府建设中，大力实施公民数字素养提升计划，积极推动数据开放工作，打破社会参与鸿沟。创新政社合作方式，深化政府和社会在数字化服务、数据安全、智慧监管、数据开发利用等领域的合作，通过优势互补，提升数字政府治理品质。

（三）持续优化数字支撑环境

对于数字基建存在的不充分问题，陕西应当继续强化数字基础设施（包括系统平台）建设，尤其是处于末梢位置的基层数字基础设施建设，更需常抓不放，扎实推进。在实际工作开展中，相关单位至少要完成两项重点任务：一方面，坚持全省数字基础设施建设"一盘棋""一张图"统筹调度，强调顶层总体规划，兼顾各地区发展基础和建设条件，以整体性思维合理配置有限的建设资源，科学有序推进基层地区的数字基础建设工作。建立健全相关监督问责和项目审计办法，强化对建设全过程的监管，督促各地区坚决服从全省统一规划和基础建设大局，保质保量完成上级下发的数字基建任务，不得各行其是，私自违规建设或者做表面工程。积极借鉴先进地区数字基础建设经验，通过交流访问的形式，组织专门力量深入上述地区进行实地走访，深度学习典型做法，并将学习成果运用到本地区的规划建设当中。也可邀请先进地区专业人士，亲临现场指导数字基础设施建设工作，以此确保建设的科学性。另一方面，增强自身"造血"功能。众所周知，数字基建是个高耗费的工程，需要雄厚财力作为支撑。近年来，基层财力状况普遍都不充裕。要想在财政吃紧的情况下确保数字基建效果，除了依靠外部"输血"，自身的"造血"功能也需强化，注重开源，在壮大自身数字经济产业并形成反哺效应的同时，尝试引入第三方资本作为重要财源补充，进而为区域建设工作奠定坚实物质基础，努力实现数字基建的充分发展。

对于数字基建存在的不平衡问题，陕西各级政府首要做的是正视不平衡的客观现实。在此前提下，想方设法缩小城乡和区域之间的数字基建差距。为此，可从以下几方面着手：首先，注重发挥政策的干预和分配功能。借助政策调节杠杆，因地因时施策，有意识地将资源引流到广大农村地区和数字基建薄弱地区，扩大数字技术设施在这些地区的覆盖广度和规模，并制定优惠政策，降低上述地区民众获得数字技术和服务的成本，借此缓解城乡和区域间的数字鸿沟问题。其次，聚焦推进农村和建设薄弱地区的数字基建工作。积极推动上述地区数字技术资源整合和共享，建立统一调配和使用机制，提升数字基建效能。同时，尝试建立对口帮扶计划，借助城市和发展底子好的地区的人才、组织、技术等资源优势，通过定向"输血"，在短期内助力后者快速提升数字基础设施建设能力。

（四）着力增强核心资源保障能力

一方面，牢固树立"人才是第一资源"理念，把数字队伍建设摆在突出位置，将补才稳才育才作为数字队伍建设主线任务，努力营造近悦远来的人才生态。首先，做好补才工作。遵循适时补充的原则，依据服务地区人口规模以及数字政府建设任务复杂和难易程度，建立动态化的数字人才补充计划，并将岗位指标有意识地向一线数字政府建设薄弱地区倾斜。其次，做实稳才工作。鼓励在地区可承受的范围内，适当优化数字专业领域人才待遇结构，完善收入比对和增长机制，同时，强化对该类人才的职业生涯规划，注重对该群体的职业规划，促进人才成长发展。探索出台数字人才专项照顾计划，为优秀数字技术和管理人才在待遇和晋升方面提供绿色通道。切实保障一线数字人才职业环境，提升其组织归属感，降低人员流动性。最后，做强育才工作。以务求实效为核心，在充分考虑数字人才综合素质基础上，制定和推出一系列不同的有针对性的人才能力提升计划。定期对基层数字技术和管理人员进行定制化和专题化的培训教育。运用好轮岗交流、挂职锻炼等机制，强化数字人才的业务综合能力。

另一方面，继续加大专项财政投入力度，切实增强资金的使用效率和质量。一是推动构建多元化的数字政府治理资金投入格局。把握国家深入实施数字战略的历史契机，认真做好数字建设项目工程的申报，积极争取上级专项经费支持。借助各类资金统筹和预算安排提高数字政府建设在本地区财政支出的比例，并推动本级政府建立健全针对数字政府专项治理资金制度，提升对数字政府重点工程的倾斜。畅通社会资本参与和获益渠道，吸引和鼓励社会资本积极投身到地方数字政府治理全过程中，缓解政府财政资源支出压力。二是优化数字政府治理资金投入配置。谨守"资金跟着项目走"的使用原则，对擅自变更资金用途等违规行为保持零容忍态度，杜绝专项资金出现挤占、截留等现象发生。督促地方财政部门建立高效运转、有效监督的透明财政拨付体系，保障资金拨付高效安全。出台科学合理的资金配置使用计划方案，提升资金配置效率。结合数字政府建设工程项目差异化实际，合理调整治理资金分配结构，科学安排工程项目内部之间的资金配比。

参考文献

宁琪、谭家超:《数字政府建设的地方实践与完善策略》,《改革》2023 年第 1 期。

王承哲、陈东辉主编《河南社会发展报告(2023):创造高品质生活》,社会科学文献出版社,2023。

李季主编《中国数字政府建设报告(2021)》,社会科学文献出版社,2021。

史盼:《陕西省智慧政府建设的现状及对策研究》,《中国管理信息化》2020 年第 4 期。

B.12
陕西社会组织高质量发展研究报告

杨红娟*

摘　要：　党的十八大以来，我国社会组织领域发生历史性变革，社会组织已成为我国现代化建设的重要力量和社会基础。报告分析陕西社会组织基本状况后认为，陕西不断加强社会组织治理，社会组织党建能力不断增强，社会组织结构不断优化，社区社会组织成为基层社会治理的重要主体，社会组织成为助力解决社会现实问题生力军，成为促进行业自律的主体以及助推"一带一路"倡议落地的重要力量。社会组织从高速度发展阶段向高质量发展阶段转型，目前面临党建工作、治理以及自我发展等领域的诸多问题。基于社会组织质量、结构、规模、作用发挥等相统一的视角，报告从完善党建工作机制、健全现代社会组织管理机制、推动完善社会组织内部治理机制等方面，提出促进社会组织健康高质量发展的对策建议。

关键词：　社会组织党建　高质量发展　陕西省

社会组织是我国社会主义现代化建设的重要力量。党的十八大以来，为适应我国经济社会发展的形势，在开启全面建设社会主义现代化国家新征程中，陕西社会组织政策不断完善，发展环境更加优化，服务大局意识增强，服务效能不断提高，成为基层治理的重要力量、民生服务的主体。

＊　杨红娟，陕西省社会科学院社会学研究所副研究员，研究方向为社会政策。

一 陕西社会组织发展现状分析

改革开放以来，陕西社会组织发展经历了一个恢复发展、成长壮大的历史过程。数据显示，陕西社会组织从 2010 年的 1.3 万个①增加到 2022 年的 3.1 万个，11 年增加了 1.4 倍，从业人数不断增加，社会效益和影响持续扩大。近年来，陕西加强社会组织党建，强化社会组织问题治理，提升社会组织发展和服务社会能力，有效推动了社会组织高质量发展。

（一）社会组织党建工作不断深入，党建能力不断增强

在社会组织健康有序发展过程中，党高度重视社会组织党建，不断加强党对社会组织的领导。陕西在全国率先研究出台社会组织党建相关意见和社会组织党建指引，促进党建和各项工作共融发展，为社会组织党建规范化发展提供依据。陕西在社会组织登记注册过程中，与党组织设立同步审批，社会组织年检中，同步评价社会组织党建工作，党组织变更与社会组织换届同步开展，保障了社会组织的党建引领，社会组织根据各自的党员情况通过单独、联合、挂靠依托等形式，创建"协会+党支部""商会+党建""基金会+党建"等党建模式，努力实现党组织在社会组织的全覆盖。"陕西发布"显示，截至 2021 年底，陕西有社会组织党组织 5540 个，党员 27672 名，② 基本实现社会组织党组织全覆盖，从根本上保证了社会组织健康有序发展。在此基础上，积极开展"评星晋级、争创双强"活动，加强社会组织党务工作者、党建工作人员（书记和指导员）能力建设，开展基层党组织书记述职评议考核，设立陕西省社会组织业余党校和党建教育基地，组建"乡村振兴""扶危济困""康复善行""教育培训"等党建主题，进行专题培训，全面提升社会组织党建工作专业化

① 陕西省地方志编纂委员会编《陕西省志（1990~2010 年）第九卷民政志·政治》，陕西人民出版社，2020。
② 陕西发布：《陕西省有党员 297 万余名党的基层组织 13 万余个》，陕西省司法厅网站（shaanxi.gov.cn），最后检索日期：2023 年 11 月 27 日。

能力，为社会组织党的工作提供职业化保障。大多数社会组织党组织发挥了政治引领、保障监督作用，多数党员发挥了先锋模范作用，一大批优秀社会组织成员积极向党组织靠拢，有力推进了社会组织健康有序发展。

（二）社会组织发展环境不断优化，社会组织健康有效发展

近年来，陕西采取多元措施，优化社会组织发展环境。一方面，加强社会组织诚信建设，建立社会组织失信被执行人信用监督警示和惩戒机制，限制失信被执行人发起设立社会组织和担任社会组织负责人。建立联席会议制度及机制，加强社会组织管理综合执法，着力社会组织执法监管、非法社会组织查处和执法约谈。健全完善社会组织资金监管机制，进一步规范社会组织资金行为；严格规范社会组织收费行为，制定公布持续强化行业协会商会乱收费治理，公布全省性行业协会商会涉企收费目录清单。另一方面，加强非法社会组织整治，2018 年开展"打击整治非法社会组织专项行动"，陕西省委宣传部与省委文明办关于"全省非法社会组织和慈善捐助失信问题专项治理"通报显示，到年底排查出非法社会组织 809 家，并通过解散、劝散、取缔以及引导登记等方式进行处置。至此形成对非法社会组织打击整治的长效机制，每年分批分次公示涉嫌非法社会组织，2019~2022 年累计曝光七批 108 家涉嫌非法社会组织，促进了社会公众对"以社会组织名义"开展的活动进行有效监督。加强社会组织年检，对年检中发现问题的相关社会组织进行行政处罚、限期整改。建立社会组织活动异常名录，公布 10 起非法社会组织典型案例，处置涉嫌非法社会组织案件 179 件。以"分类整治、惩防并举"的原则，开展"僵尸型"社会组织专项整治行动，重点对两年及以上"不合格"、"不年检"及"失联""失实"等"僵尸型"的社会组织进行专项清理，共排查社会组织 2482 个，依法注销或处罚社会组织 1547 家，① 有效净化社会组织发展环境，防范化解社会组织风险，维护社会组织权益，促进社会组织健康有序运行。

① 杨小玲：《陕西：深化社会组织管理制度改革服务群众需求》，《陕西日报》2022 年 11 月 7 日，第 9 版。

（三）社会组织平台建设成效显著，社会组织结构持续优化

加大社会组织政策扶持，大力促进社会组织发展，激发社会组织活力。枢纽型社会组织得到较大发展。党的十八大以来，陕西积极发展枢纽型社会组织，建成省级"社会组织孵化基地"，推动省市县三级建立社会组织服务平台，全省市级社会组织服务中心全部成立。各级枢纽型社会组织整合政府部门、社会以及市场公益资源和智库等优势资源，实施支点计划，构建全省枢纽型社会组织支持网络，开展能力建设，建立联建共创机制，枢纽型社会组织桥梁纽带作用充分发挥。各级枢纽型社会组织促进社会组织规范运行，在稳定社会组织服务大局和激发基层治理活力中发挥组织力量。2023 年一季度民政统计数据显示，陕西社会组织共有 3.1 万个，其中社团 1.7 万个，民办非企业单位 1.4 万个，基金会 187 个。社会组织有效满足了行业和社会领域的组织化需求，特别是社会服务机构得到了较大进展，初步形成了满足经济社会发展需求和结构合理的社会组织体系。

（四）社区社会组织发展迅速，成为基层社会治理重要主体

社区社会组织是社区居民自我组织和自我服务的主要形式，可以有效促进社区团结、整合社区资源，并搭建政社互动桥梁，解决社区问题，是我国社区"五社联动"机制的重要主体，是激发基层治理的主要力量，在推动基层"实现政府治理和社会调节、居民自治良性互动"，建立共建共享的社会治理格局方面发挥基础作用。2020 年以来，陕西出台一系列政策措施，大力推动社区社会组织发展。2021 年，印发《陕西省培育发展社区社会组织专项行动实施方案（2021—2023 年）》，提出发展社区社会组织及其品牌项目、社区社会组织平台建设等具体目标，并对社区社会组织积极发挥作用、新型社区社会组织建立培育机制和管理体制提出具体要求，通过政策引导促进社区社会组织发展；印发《陕西省社区社会组织工作指南》，对社区社会组织及其相关概念进行具体界定，对社区社会组织的中央、省级政策及其注册、备案流程和相关事项进行梳理，对相关社区社会组织培育扶持政策

进行指导，明确社区社会组织监督管理的职责，为实现社区社会组织发展目标提供可操作的指导和指引，经过两年多的努力，全省已登记备案社区社会组织 2.3 万家，① 能力不断增强，在"一老一小"服务、特殊人群关爱、社区事务协商、社区文化创建等方面发挥积极作用，全省社区社会组织迅速发展壮大，为基层社会治理创新提供有力支撑。文艺休闲类社区社会组织引导广大群众开展各种健康向上的文化娱乐活动，社会服务类和志愿类社区社会组织积极参与社区治理、社会救助、养老服务、儿童关爱服务、应急服务等，在扩大居民参与、培育社区文化、化解基层矛盾、促进社区和谐等方面发挥了积极作用。

（五）积极服务国家重大战略部署，助力解决社会现实问题

社会组织在发展中服务大局意识增强，在脱贫攻坚、乡村振兴等方面积极行动。在脱贫攻坚过程中，陕西省高度重视社会组织在扶贫攻坚中的积极作用，印发《关于进一步动员社会力量参与扶贫开发的实施意见》，支持社会团体、基金会、民办非企业单位等各类社会组织参与扶贫开发，扶贫部门要主动提供信息服务和业务指导，积极引导社会组织扶贫。陕西省民政厅制定了社会组织决战决胜脱贫攻坚年度专项行动方案，在全省范围发出"百家社会组织扶百村"倡议，征集发布社会组织参与脱贫攻坚优秀项目，促进优秀社会组织扶贫项目的示范引领作用。社会组织积极响应政府号召，承担社会责任，联合同一领域社会组织，成立 12 个"省级社会组织扶贫合力团"，发挥社会组织整合社会资源以及专业技术服务优势，为深度贫困县筹集资金，设计解困发展项目，以多对一方式对深度贫困县在产业、教育、就业等重点领域进行精准帮扶，筹措资金 1.74 亿元，实施帮扶项目 247 个，有 7.74 万贫困群众受到有效帮扶，积极开展苏陕社会工作服务机构"牵手计划"，协同苏陕社会组织机构的优势资源，依托社会工作专业力量激发贫

---

① （记者）冯家顺：《用心用情提供专业服务——陕西各社会组织服务基层社区见闻》，https：//baijiahao.baidu.com/s？id=1764329963798279798&wfr=spider&for=pc，最后检索时间：2024 年 3 月 20 日。

困群众内生动力，提升自我脱贫、自我发展能力。市级社会组织开展"百社百村"行动，为脱贫攻坚贡献社会组织力量。

2021年以来，在全面推进乡村振兴的进程中，"合力团"整合升级，积聚不同类型和层级的社会组织，创建包括省级12个、市县两级178个乡村振兴的190个"合力团"，建立省、市、县三级社会组织乡村振兴合力运行机制，为130个重点①帮扶乡镇村提供技术支持、产品研发以及各类人才培训培养，在创建农产品区域公用品牌、打造种养殖产业链、助力当地社区集体经济发展等方面成效显著，社会组织成为陕西乡村振兴的重要力量。

教育和医疗机构是陕西民办非企业单位的最主要组成部分，民办教育机构为建设"西部教育强省"提供了重要支撑，民办医疗机构推动了全省医疗卫生服务工作的进一步发展。聚焦当前特殊群体新需求，一大批提供婴幼儿照护服务、养老服务、健康服务、助残服务的社会公益组织成立，社会组织成为新增公共服务的主力军。

（六）社会组织成为促进行业自律的主体，化解社会矛盾作用凸显

在陕西社会组织中，2023年一季度民政统计数据显示，社团占比55%，很多行业协会、学会承接了政府委托，通过编制行业规划、制订行业标准、组织专题调研、撰写工作建议等方式，服务政府决策。一些协会、商会积极开展行业自律活动，杜绝恶性竞争、规范企业行为、维护市场秩序、倡导企业履行社会责任。还出现一些吸纳行业协会和企业成立联合会如陕西省工业经济联合会，慈善事业的社会组织、企事业单位和个人的陕西慈善联合会等，积聚社会资源，服务行业和社会，发挥社会组织的桥梁纽带作用。

陕西现有社团组织1.7万多家，覆盖了广大经济、社会各个领域。其中陕西各级律师协会、人民调解委员会，引导群众理性表达诉求、调解民间纠纷、反映社情民意、开展民间纠纷排查、预防民间纠纷激化，促进了社会和谐稳定。陕西省保险行业协会建立的保险合同纠纷调解委员会，增加了保险

---

① 赵宇新：《陕西社会组织"合力团"助力乡村振兴显身手》，《中国社会报》2023年5月19日。

纠纷的解决途径，维护了保险消费者合法权益。一些民办非企业单位积极参与解决职工社会保险、处理劳资纠纷，关注弱势群体的合法诉求，促进了社会的和谐发展。

（七）社会组织成为助推"一带一路"倡议落地的重要力量

近年来，陕西社会组织通过举办论坛、联合行动等加强与沿线国家和地区民间组织的联系和沟通，积极探索社会组织参与"一带一路"建设的途径和方法，助力"一带一路"倡议实践。引导更多的社会力量参与到"一带一路"建设中来。陕西慈善协会举办了2017年"'一带一路'国际慈善高峰论坛"，推动丝路沿线国家和地区民间组织在教育医疗、减贫开发、生态保护等领域的交流与合作，分享慈善事业进步成果，共商共建丝绸之路国际慈善公益组织交流平台。有4家社会组织加入"中国社会组织推动'一带一路'民心相通行动计划"，为"一带一路"建设共同贡献社会力量和民间智慧。

另外，社会组织也成为吸纳就业的重要载体。为助力高校毕业生就业，陕西社会组织发挥会员企业优势，创新就业形式，通过网络招聘会和直播带岗的形式，组织召开社会组织助力稳岗就业座谈会，发布社会组织助力高校毕业生等群体就业倡议书等，为高校毕业生拓展就业空间、拓宽就业岗位，动员和促进社会组织及其会员单位为大学生提供全职、见习、实习等岗位，助力大学生就业。省委宣传部、省政府新闻办关于"我省高质量党建助推两新组织高质量发展情况"发布会公布的信息显示，截至2020年底，陕西社会组织从业人员达40万人，为缓解就业压力和社会稳定提供了支持。

二　陕西社会组织高质量发展中存在的主要问题

社会组织已经成为社会主义现代化建设不可替代的重要力量。在从高速度发展阶段向高质量发展阶段的转型期，社会组织也面临诸多问题和困难。

（一）社会组织发展不平衡问题较为突出

这一问题首先体现在地域差异上。民政社会组织数据显示，西安社会组织得到较为长足的发展，大量社会组织集中在陕西的省会城市西安市，其占地市级社会组织总量的 66.83%，其中社会服务的民非机构占到78.32%，基金会方面西安有 77 家，而其他地市总和只有 18 家。西安市及其他各市级社会组织当地经济社会参与度较高，而县级社会组织参与度较低，作用发挥十分有限。其次是与东部发达省份民非企业数量远大于社团数量的现状相比，陕西民非企业少于社会团体，社会组织提供的社会服务较少。进一步分析也会发现，从社会组织服务领域看，主要集中在旅游文化、教育、医疗等社会服务领域，其他服务领域很少，而亟须社会组织参与的如环保类社会组织更少。最后是社区社会组织发展还不能满足基层治理和广大人民群众的服务需求。实施社区社会组织专项行动以来，陕西社区社会组织迅速发展，登记备案社区社会组织 2.3 万个，2022 年第四季度民政统计数据显示，陕西共有城乡社区 2 万个，可见，每个社区平均仅有不到 2 个登记注册的社区社会组织，与 2023 年应达到的社区社会组织目标存在较大差距。

（二）社会组织党建引领作用有待进一步发挥

近年来，陕西社会组织数量迅速增长，自身人员结构复杂、素质参差不齐、流动性大，服务领域广，门类繁多，同时社会组织中专职党员数量偏少。虽然陕西社会组织党建工作基本实现全覆盖，但个别社会组织党建引领作用发挥不够充分，党建工作与社会组织自身发展互促互融水平仍然有待提高。有些社会组织党员虽然占比较高，但会员的党组织关系多在人事关系所在单位，社会组织党员流动性大，给党建工作带来了不确定性。党员的日常教育管理和行业特性没有有机结合，党建活动难以有效和社会组织主要业务融合。

（三）社会组织内部治理不够规范

近年来，陕西加强社会组织规范管理，以评促建，取得了一定成效。但有的社会组织按照章程开展活动的主动性、自觉性不足，有的社会组织缺乏远景规划，对党和政府对社会组织的要求和政策不够了解和理解，对自身发展的社会责任感和使命感不强，有的社会组织财务、活动、项目管理、风险防范等制度不够健全，有的社会组织存在制度与日常管理"两张皮"的现象。

三 社会组织高质量发展的对策建议

在全面建设社会主义现代化国家新征程中，我国社会组织进入从注重"数量增长"转向能力提升、作用发挥"质量提升"的高质量发展新阶段。为此，必须促进社会组织能力提升、作用发挥，推动社科类社会组织的质量、结构、规模、速度、效益、安全统一发展，在推进全面建设社会主义现代化国家新征程中发挥积极作用。

（一）完善党建工作机制，积极发挥党建引领优势

进一步加强社会组织党建，促进社会组织党建从有形到有效转化。以解决社会组织党建的现实问题为抓手，建立适应社科类社会组织本身发展特征的党建工作模式和机制。一是准确把握社科类社会组织党建的基本遵循和要求，以"有效实现党的领导的坚强战斗堡垒，激励党员发挥先锋模范作用，保持党员队伍先进性和纯洁性"为党建基本遵循，以健全社会组织党建工作管理体制和工作机制、推进社会组织党的组织和党的工作有效覆盖作为社会组织党建的行动指南。二是加强制度建设，将党建工作有机融入组织管理全过程。将党建工作纳入社会组织的宗旨目标、运行管理、监督管理的法律制度框架范围内，将党建引领贯穿组织发展全过程。三是坚持分类指导，提高党组织覆盖率，根据不同类型不同规模社会组织情况建立党组织。对于正

式党员 3 人以上的社会组织，单独组建党支部；对于正式党员不足 3 人的社会组织，建立完善的党建指导联络机制，加快实现社会组织党组织应建尽建。四是发挥党建的政治核心和思想引领作用，旗帜鲜明树立政治要求和政治标准，始终确保社会组织正确的政治方向，贯彻落实党中央重大决策部署和省委工作安排。五是丰富党建活动内容，激发党建内生动力。促进社会组织在依法自治中，自觉地将党建嵌入业务工作中，积极组织开展符合社会组织价值取向、文化理念的活动，创建"党员示范岗"，有效地将党建与社会组织的文化建设、诚信建设等进行融合；打造党建活动品牌，激励社会组织科学设计契合社会组织特点和业务发展，并满足群众需要的特色党建品牌活动，激发社会组织创建党建品牌的积极性和创造力。

（二）健全现代社会组织管理机制，提升社会组织发展质量

健全的现代社会组织管理机制可以有效地促进社会组织结构优化，提升社会组织发展质量。为此，一是完善社会组织管理机制。健全社会组织进入机制，优先发展与陕西经济社会需求紧密相关的行业协会商会，发展如新型业态等社会团体，乡村振兴、生态环保领域的社会服务组织，优化社会组织结构。全面支持各发展领域的枢纽型、支持型社会组织发展，通过整合各发展领域资源，促进专业能力建设，带动整个行业发展。健全第三方评估社会组织等级制度，建立科学的分类评估指标体系和公平公正的评估程序，强化评估结果运用，通过评估促进社会组织规范发展。二是健全社会组织诚信管理。将社会组织信用纳入陕西社会信用体系中，对信用良好的社会组织在承接政府授权和购买服务方面实行优先政策；推动实现社会组织获得政府有关部门表彰奖励。建立社会组织"异常活动名录""慈善捐赠信用黑名单""严重违法失信名单"，对相关人员在评估等级、公益性税前资格扣除、政府购买服务、发起设立社会组织、担任社会组织负责人等方面进行限制。三是完善社会组织清退机制。健全社会组织清算注销制度，持续开展"僵尸型"社会组织治理，全面清退低效、无效社会组织，提高社会组织效能。持续加强对非法社会组织打击力度，以数字技术赋能社会组织管理，与社会

组织信息库数字进行常态化比对，早发现、早排查，加强对非法社会组织的公示和处置，优化社会组织发展环境。

（三）推动完善社会组织内部治理机制，提升社会组织自我发展能力

内部治理是社会组织运转和开展活动的基础，适切的章程、合理的组织结构、规范的管理制度、适配的人力资源是社会组织专业化运营和自律，更好地服务国家、社会的基本条件和要素，也是社会组织防范化解风险的重要保障。为此，首先，社会组织构建以章程为核心的内部治理机制。完善社会组织章程示范文本，推动社会组织健全管理制度、人力资源配置、财务活动以及业务活动。其次，根据社会组织愿景和使命，以服务国家、人民和行业的责任感制定中长期的发展规划，实现自我和社会融合发展目标，为社会提供多种类、高质量、高水平的社会产品和社会服务。再次，健全内部决策和监督机制。充分发挥会员大会、理事会特别是监事会的作用，不断健全优化分权制衡、权责明确、高效协调的法人治理结构，促进社会组织内部机构相互制约又高效配合，提高自律能力；对经济社会发展形势和国家政策、自我发展优势、业务活动、存在困难与问题进行科学分析，进一步完善章程以及在章程基础上的管理制度，并真正落实在日常工作和社会服务中，形成制度之间、制度与活动之间的逻辑自洽。又次，以人民为中心，聚焦国家发展和人民需求，遵守社会承诺和信用，深耕专业领域，提供专业化、精细化的社会服务，注重服务的独特性和创新性，强化品牌意识，创建社会组织优质服务品牌，提升行业和服务影响力。并以自我实践为基础，进行政策倡导，积极参与制定法律法规政策及建言献策，促进行业进步和社会发展。最后，提升自我发展能力，积极参加政府和行业组织的教育培训活动，不断提高组织的改革创新、项目设计和执行以及科学发展能力。

参考文献

姜宏：《以高质量党建推动社会组织高质量发展》，《中国社会报》2023 年 6 月 5 日，第 1 版。

李利利、刘庆顺：《社会组织发展的转向：从依附到内生》，《学术交流》2023 年第 7 期。

蔡潇彬：《中国社会组织高质量发展：困境与路径》，《新视野》2020 年第 3 期。

钱坤：《从"管理"走向"服务"：枢纽型社会组织的实践困境、功能转型与路径选择》，《兰州学刊》2019 年第 11 期。

关爽、李春生：《走向综合监管：国家治理现代化背景下社会组织治理模式转型研究》，《学习与实践》2021 年第 7 期。

案例篇 ⟩⟩

B.13

西安市儿童友好社区建设调研报告

张 勇 马惠宇 王国琪*

摘 要： 儿童友好社区建设是中国政府响应联合国儿基会、人居署的倡议，启动儿童友好城市建设以促进儿童发展的国别行动。西安是全省唯一进入国家儿童友好城市试点名单的城市。为了全面贯彻落实国家、陕西省发改委等部门关于推进儿童友好城市建设的文件精神，课题组通过外地考察和本地调研发现了西安市儿童友好社区建设的优势条件和掣肘因素，从研究和实践两个维度明晰了西安市儿童友好社区建设的工作思路，提出深化儿童友好社区建设重要性的认识，夯实儿童友好社区建设的责任分工，制定切实可行的儿童友好社区实施方案，做好儿童友好社区建设中的社区干部培训、试点带动、资源配置整合，设立精准儿童友好社区建设项目，加大农村地区儿童友好社区建设支持力度，重视儿童友好社区建设中的儿童参与，加强对儿童

---

* 该选题为西安市人民政府妇女儿童工作委员会办公室确定的调研课题。课题承担者和执笔人为：张勇，西安市社会科学院社会学研究所副研究员，研究方向为未成年人教育、家庭教育、儿童权益保护等；马惠宇，陕西省子洲中学中教二级教师，研究方向为儿童发展与教育；王国琪，西安市社会科学院研究员，研究方向为妇女儿童权益保护、社区建设等。

友好社区建设的研究工作等一系列工作建议，为西安市高质量建设儿童友好城市提供决策参考，为全省推开儿童友好城市建设提供借鉴。

关键词： 儿童友好社区　儿童友好城市　儿童权利　西安市

一　儿童友好社区的提出

"儿童友好"的概念基于1989年联合国大会通过的《儿童权利公约》，儿童友好的最基本内涵就是尊重儿童的生命权、受保护权、发展权与参与权。1996年，联合国儿童基金会（UNICEF）和联合国人类住区规划署（UN-Habitat）联合发起儿童友好城市倡议（Child Friendly City Initiative，简称CFCI）。儿童友好型城市（Child Friendly City，简称CFC）是指一个明智政府在城市所有方面全面履行儿童权利公约，让国家、城市、社区适合儿童成长，更好地保护儿童权利。1996年以来，全球已有近50个国家积极响应，3000多个城市和社区积极参与。2021年9月30日，国家发展和改革委员会、国务院妇女儿童工作委员会办公室等23部门为落实国务院决策部署，推进儿童友好城市建设，联合印发《关于推进儿童友好城市建设的指导意见》。《意见》提出，到2025年，通过在全国范围内开展100个儿童友好城市建设试点，推动儿童友好理念深入人心，儿童友好要求在社会政策、公共服务、权利保障、成长空间、发展环境等方面充分体现。展望到2035年，预计全国百万以上人口城市开展儿童友好城市建设的超过50%，100个左右城市被命名为国家儿童友好城市，儿童友好成为城市高质量发展的重要标识，儿童友好理念成为全社会共识和全民自觉，广大儿童享有更加美好的生活。2022年1月，陕西省发改委、省政府妇儿工委办联合印发《关于申报第一批国家儿童友好城市建设试点的通知》。西安市委市政府高度重视儿童友好城市建设，西安市第十四次党代会报告提出，倾力创造更高品质生活，打造共同富裕的西安示范，建设儿童友好型城市。2022 年 9 月印发的《西安市儿童发展规划（2021—2030 年）》，将儿童友好城市建设纳入儿童发展主要目标，并积极申报全国建设试点。2023 年 5 月，西安市被纳入全国第二批儿童友好城市建设试点城市。

（一）儿童友好社区建设的含义

儿童友好社区指能够满足儿童身心发展需要、良好保障儿童权利的社区。联合国对"儿童友好型城市"的构想和具体内涵包括：儿童受到政策制定者和城市规划者的尊重与重视，有权表达自己的意见，与儿童有关的政策将考虑儿童的意见；儿童能获得优质的基本社会服务；儿童能够生活在安全、可靠、清洁的环境；儿童有机会和家人一起享受游戏和娱乐。儿童友好社区是儿童友好城市建设的逻辑起点和工作基础，和儿童友好学校、儿童友好医院、儿童友好街区等"儿童友好+"一样，都是儿童友好城市建设的基本抓手。儿童和成年人一样，都是城市社区中的居民与公共生活中的公民。因此，好的社区基础设施应当综合考虑成年人和未成年人的生活发展需求。儿童友好社区主要涵盖制度友好、空间友好、服务友好三个方面：制度友好是强调从制度层面，转变成人视角下以物质空间规划为主的社区规划模式，探索公共政策导向下城市规划在儿童友好社区供给、建设和管理方面的创新，保障儿童的利益和诉求，引起城乡规划对儿童利益的关注，从而在社会中营造儿童友好氛围；空间友好是指在儿童友好社区建设中将空间视为基础和前提，社区为儿童创造一个安全、舒适、包容、宜居的空间，例如为儿童安全提供最严密的保护屏障，如儿童适宜的社区道路、活动场所等，以便儿童健康快乐成长，方便、安全地娱乐和学习；服务友好是指社区以儿童需求为出发点，面向儿童开展各类公共服务，为儿童提供优质服务产品，满足不同儿童群体、不同年龄阶段儿童的需求。

（二）儿童友好社区建设的重要意义

第七次全国人口普查数据显示，2020 年西安市常住人口 1295.29 万，其中，2020 年 0~17 岁人口为 234.76 万，占比 18.12%（儿童是指 18 周岁以下的任何人，第七次全国人口普查未显示 17~18 周岁人口）。西安市 2021 年统计公报数据显示：西安市 2021 年底全市常住人口（含西咸共管区）已达 1316.30 万人。儿童在西安市总人口中占比约 1/5，建设儿童友好城市和儿童友好社区、提升全市数百万儿童生活品质和幸福指数、保障儿童健康全面发展意义重大、任重道远。

1. 儿童友好社区建设是落实党的二十大精神、全面准确完整贯彻新发展理念的要求

党的二十大报告指出，持续推进中国特色社会主义现代化建设，不断丰富和发展人类文明新形态，持续推动构建人类文明共同体。儿童友好社区建设是全面准确完整贯彻新发展理念的必然要求，是儿童发展的新理念、儿童发展的新目标、儿童发展的新提升。儿童友好社区建设是当前西安市儿童事业发展的重要契机，是西安在高质量发展中缩小和儿童事业发展先进城市差距的难得机遇。

2. 儿童友好社区建设是贯彻儿童优先原则、保障儿童健康和全面发展的要求

儿童是国家发展的不竭动力，是城市可持续发展的基础，更是城市发展的未来和希望。儿童是生命个体成长的初始阶段和早期阶段，也是个体最脆弱最需要保护的阶段。社区是儿童生活的基本单元，儿童保护是社区重要工作，儿童的生存、发展、受保护和参与的权利及其实现需要得到社区的支持，儿童友好应成为城乡社区社会治理的工作自觉和居民行动自觉。我们要通过儿童友好社区建设，把儿童优先原则在社区层面落地落实，提升西安市儿童生活品质。

3. 儿童友好社区建设是西安提升城市管理和服务水平、实现城市治理能力现代化的必然要求

儿童友好社区建设是一个系统工程。它涉及儿童政策的制定、儿童生活成长环境的改善、儿童服务的提供等。党和国家把社区建设作为城乡基层社会治理的长期性战略，儿童友好社区建设能够助推或倒逼城市治理水平和治理能力向现代化转型。从现代城市建设管理经验看，全国一些城市在推进儿童友好城市创建的工作实践中，宏观布局，微观着手，从社区做起，通过一系列看起来微小的实事为儿童谋福祉、谋发展，儿童友好社区建设带来了儿童幸福、家庭和睦、社区和谐，夯实了社会治理的根基。

二　调研重点和方法

（一）调研重点

本次调研重点任务是：梳理研究国内部分儿童友好城市建设的体制机制；研究分析有效推进儿童友好社区建设的制度安排以及儿童友好社区的组织领导和责任分工；了解儿童友好社区建设主要做法、创新性经验；寻找儿童友好社区建设存在的矛盾和问题；征询社区干部、工作人员、居民、儿童对儿童友好社区建设的工作建议和期盼等，为市政府推进儿童友好社区建设提供决策参考。

（二）调研方法

1. 文献资料分析

查阅儿童友好社区建设政策文件，梳理已经被纳入我国一、二批儿童友好城市建设名单的 54 个试点城市的儿童友好城市建设典型做法，寻找和发现这些城市在儿童友好社区创建中遇到的深层次矛盾问题和化解方法，供西安儿童友好社区建设参考和借鉴。

2. 实地调研法

根据西安市妇儿工委办和市妇联相关部门安排，课题调研组于 2023 年 6~7 月赴 13 个区县（开发区）的 39 个社区，现场了解儿童友好理念贯彻、儿童友好社区建设意愿、儿童友好社区启动状况，察看儿童服务设施空间布局、儿童服务活动种类，询问社区儿童服务类社会组织引入和购买服务、社区儿童发展诉求，查阅儿童服务活动资料档案等。课题组成员还和部分街镇妇联干部、社区居委会干部、社区儿童主任、社会组织负责人等进行了专题交流。此外，课题组还选取入选第一批建设国家儿童友好城市名单的长沙市和温州市进行了实地考察调研。

三 调研结果

本次调研发现了西安市儿童友好社区建设的优势条件和掣肘因素，从研究和实践两个维度明晰了西安市儿童友好社区建设的工作思路。

（一）西安市具备儿童友好社区建设的较好硬件设施条件

西安市共有城市社区1481个，行政村1904个。2020年9月，西安市委市政府推出社区建设三年提升行动，计划3年安排不少于3.6亿元资金，着力改善和提升社区办公环境，加快社区服务设施建设，重点解决社区办公用房面积不达标和改造提升问题，按照"办公面积最小化、居民活动空间最大化"的原则，推行"一室多用"，科学设置功能布局，为社区居民服务提供所需要的基础设施。截至2023年5月，全市社区办公活动用房面积已基本实现300平方米以上全覆盖，达到600平方米以上的社区有787个，占比53.1%；达到1000平方米以上的社区提高到179个，占比达到12.1%；室外活动场所1000平方米以上709个，占比47.9%。70%的农村社区综合服务设施面积达到250平方米以上。社区基础设施的建设和改造提升，为儿童友好社区建设奠定了良好的物质条件。

（二）西安市社区儿童工作为儿童友好城市建设积累了较丰富的经验

党的十八大以来，西安市委市政府高度重视儿童事业发展，不断创新和完善儿童社会政策，扎实实施儿童发展规划，全市形成了党委领导、政府主导、成员单位履职、社会公众参与、法治保障的儿童工作格局和完整的儿童发展工作体制机制。全市不断强化以卫健委牵头负责的儿童健康服务体系，以教育局牵头的儿童公共教育服务体系，以民政局牵头的儿童福利保障体系和未成年人保护工作体系，以文旅局牵头的儿童公共文化服务体系，以妇联牵头的儿童家庭教育公共服务体系，以公检法司共同推进的儿童法律保护和法治教育工作体系等，儿童优先的理念正在成为全市广大市民的共识。强有力的国家支持和社会参与，为西安建设儿童友好社区提供了政策支持和服务保障。

1. 社区落实了儿童工作的分管领导和工作人员

西安市城乡社区积极履行社区工作职能，建立和完善社区儿童工作的组织保障和工作机制。社区居委会成员中有专门负责儿童工作的分管领导和工作人员。社区妇联主席、儿童主任能够认真履职，谋划和组织辖区的儿童工作。调研发现，有一批社区书记、主任对儿童工作高度重视，自觉贯彻儿童优先原则，建立社区儿童工作台账，把"一老一小"问题统筹谋划，共同推进。实践证明，儿童工作做得好的社区往往是社区领导重视并熟悉儿童工作，儿童工作推进具体、扎实、有力度。

2. 建立和巩固社区儿童工作的阵地和平台

在西安市民政、人社、妇联等部门的推动下，未成年人儿童社会服务体系不断完善，未成年人保护阵地不断拓展拓宽，新城区、碑林区、莲湖区、阎良区、临潼区、长安区、鄠邑区建成了未成年人救助保护中心，未成年人保护的触角一直延伸到社区。西安市社区建立了一批儿童公共服务平台（阵地）。截至 2023 年 6 月，儿童之家覆盖率为 70%。不少社区还建立了未成年人保护工作站、新时代文明实践站、儿童社区图书室、儿童活动室、心理咨询室、儿童维权工作站（室）、儿童职业体验室、儿童校外活动实践基地、家教家风广场、社区儿童主题公园、社区儿童游乐场等，这些儿童公共服务平台（阵地）承载着多方面儿童服务功能。

3. 常态化开展社区儿童公益服务和关爱工作

西安市城乡社区持之以恒地开展社区儿童公共服务，积极构建家校社协同育人工作网络。首先，在社区专项活动经费中保障和安排面向儿童的专项活动经费。其次，社区在重大节假节庆日安排丰富多彩的社区儿童活动。最后，社区根据自己的社区类型、社区地缘居民业缘特征、儿童需求等为儿设计专门的主题活动。比如，碑林区建立困境儿童家庭定期探访机制，委托儿童类专业社会组织重点对孤儿和事实无人抚养儿童、低保低收入家庭子女开展分类分时探访，月探访率达到90%以上。临潼区儿童督导员和儿童主任按照要求定期对本村留守儿童、困境儿童（事实无人抚养儿童）、散居孤儿、监护缺失儿童等特殊儿童定期开展巡访探访并提供服务。莲湖区北关街道公园壹号社区与西安市巾帼康养服务示范中心合作举办"萌趣端午粽情依"活动，并在暑期开设舞蹈、武术、书法、绘画等课程。临潼区秦陵街道秦陵社区建立区图书馆分馆，组织亲子阅读、少儿经典阅读，开设家风家训体验课，打造"秦邻学堂"，组织儿童参与"秦小宝讲临潼"志愿宣传活动，向游客和社会公众介绍临潼的悠久历史和灿烂文化。未央区张家堡街道EE康城社区积极打造"微家文化"平台，依托"必有邻社区岛"，组织社区儿童娱乐学习，社区充满了儿童服务友好的浓郁氛围。鄠邑区甘亭街道人民路社区开展"书香故事润家庭"系列活动、"不忘初心　牢记使命"书画展、端午诵读活动、"青春堡垒·关爱青少年青春期安全教育"等。蓝田县三里镇街道新城社区建立"馨诚妈妈"幼托服务站，开展延点服务，辟出场地创建"心向阳"儿童服务品牌，解决了双职工家庭幼儿放学早、家长下班晚、孩子无人接送的难题。

4. 主动探索儿童友好社区建设

在《陕西省儿童友好城市建设实施方案》等文件指导下，西安市一些社区抓住机遇，积极主动探索儿童友好社区创建。阎良区新华路街道前进东路社区制定了《前进东路社区儿童友好社区创建方案》，提出创建工作目标，将儿童友好理念融入社区整体发展规划，创建工作与社区党建工作相结合、与共建共治共享现代化社区治理相结合、与社区优势资源相结合，从建设、保障、服务、宣传等方面积极开展儿童友好社区建设，推动实现"政策友好""空间友好""服务友好"的儿童友好社区建设目标。社区成立了儿童友好型社区建设工作专项小组，由社区党总支书记、居委会主任赵东来担任组长，确定了儿童友好型社区建设的三大友好任务。社区积极搭建儿童友好"共建链"，依托社区党群服务中心，采取改建共建方式，设立儿童绘本室、手工室、国学馆，构建儿童多种活动阵地。社区还搭建儿童友好生态圈，保证儿童环境安全、交通安全，从户外空间、室内空间、辖区道路3个环节，为儿童创建安全的游戏环境和出行环境。社区成立儿童议事会，开展"童创家园"系列活动。社区引入了"阎小团青少年服务中心"等3家社会组织为辖区儿童服务。儿童友好社区建设在街道和区妇联指导下，正在向纵深发展。

5. 积极培育和引进儿童服务类社会组织

西安市加强社会组织孵化培育，大力培育发展社区社会组织，印发《西安市高质量发展社区社会组织专项行动实施方案》，召开全市社区社会组织培育发展工作会议，部署社区社会组织培育工作。截至2023年6月，全市建成和在建社会组织孵化基地77个，其中市级1个、区县级10个、街道级18个、社区级48个；建成和在建社会组织服务中心55个，其中区级5个、街道级39个、社区级11个。全市登记备案城乡社区社会组织4184个，其中城市社区社会组织3207个（登记314个、备案2893个）；农村社区社会组织977个（登记2个、备案975个）。西安市城乡社区已初步形成发展有序、门类齐全、层次丰富、覆盖广泛、作用明显的社会组织服务体系。在众多社区社会组织中，儿童服务类社会组织数量相对较多，在儿童健康、校外教育、休闲娱乐、体育健身、社会实践、家庭教育、心理健康、亲子阅读、权益维护等方面为儿童提供常态化服务，涌现出一批儿童服务类社会组织品牌，儿童服务类社会组织、儿童社会工作者、儿童服务志愿者成为政府在社区推动儿童工作不可或缺的重要力量。

（三）西安市儿童友好社区建设存在的矛盾和问题

1. 社区活动场所资源有限

《西安市"十四五"民政事业发展规划》中期监测评估显示，在全市1453个社区（包括119个村转居未回迁社区）中，仍有684个社区办公用房不达标（小于600平方米），占比47.1%；社区办公活动用房面积不达标在中心城区老旧社区中较为普遍。有746个社区室外活动场所面积不达标（小于1000平方米），占比51.3%；在全市1905个村子中有867个村还没有建立农村片区化中心社区，占比 45.5%。城乡社区阵地建设覆盖率普遍不高，和儿童友好社区建设需求形成了尖锐的矛盾。社区阵地建设达标率不高，直接影响着社区儿童友好服务空间布局落地落实和儿童友好服务工作的开展。

2. 社区儿童工作者数量相对偏少

西安市社区工作者队伍近年来不断壮大，建立社区工作者"三岗十八级"绩效薪酬制度和工资自然增长机制以来，社区工作岗位吸引力增强，社区工作者流失减少。2020~2022 年，全市社区工作者达到 16251 人，每万名城镇常住人口拥有社区工作者 15.8 人，但距离《西安市"十四五"民政事业发展规划》提出的"每万名城镇常住人口拥有社区工作者 18 人"目标仍有缺口。在社区工作者队伍中，儿童工作者数量明显偏少，工作能力偏低。调研发现，在儿童服务项目的立项上，社区自主设计创投偏少，实施儿童项目的能力也有待提升。社区干部迫切希望加强对儿童工作人员的培训，为儿童友好社区的建设奠定人力资源基础。

3. 社区儿童工作专项经费不够充足

调研发现，社区儿童活动经费偏少直接制约着社区儿童活动开展。社区很多儿童活动基本上是"搭顺风车"，实施带经费的上级项目多，自己设计的自有资金项目少。

4. 政府购买儿童服务相对偏少

从本次调研看，政府购买儿童服务数量总体还是偏少，资金量也不够大。另外，政府购买儿童服务呈现发展不均衡态势，区县级政府购买儿童服务弱于市级层面。从项目城乡分布看，农村社区要弱于城镇社区，有些农村社区几乎没有引入社会组织承接政府购买儿童服务，儿童工作依然停留在依赖妇联干部、儿童主任"单兵作战"的局面。缺乏社会组织的介入，儿童服务工作不够专业化、精细化、深度化。从对一些社区社会组织的调查还发现，社区儿童服务类社会组织购买的社会服务资金总量小、资金支付周期长，项目中社会组织的管理成本补偿过低，不利于社会组织积极性的发挥，更不利于社会组织的培育壮大。

5. 儿童友好社区理念普及不够深入

调研发现，西安市儿童友好社区建设刚刚起步，与东南沿海经济发达地区相比，儿童友好理念在全社会宣传倡导不够，社区干部和社区工作人员中，存在对央、省、市儿童友好城市建设的政策文件知晓度低以及对国内儿童友好城市（社区）建设的做法和经验缺乏了解、捕捉与儿童工作相关的信息不够敏锐、与儿童发展和服务的国内外前沿性动态掌握不够、儿童友好城市建设的思想准备不足、儿童友好社区建设的专业知识匮乏等问题。西安推进建设儿童友好社区，亟须提升社区干部和工作人员的儿童友好理念、加强儿童友好社区建设的政策文件学习和相关专业培训。

四　推进西安市儿童友好社区建设的建议

（一）深化儿童友好社区建设重要性的认识

习近平总书记指出，当代中国少年儿童既是实现第一个百年奋斗目标的经历者、见证者，更是实现第二个百年奋斗目标、建设社会主义现代化强国的生力军。[①] 建设儿童友好城市事关广大儿童成长发展和美好未来。必须在全市营造儿童友好城市建设的强大舆论氛围，让儿童友好成为全市的共同理念、行动、责任和事业。各级党政领导干部和广大社区干部要高度重视儿童友好城市（社区）建设，让儿童友好成为西安市高质量发展的重要标识。要切实提升全市社区干部对儿童友好社区建设的思想认识，把儿童权利保障和儿童服务作为社区发展的核心要素，为儿童友好社区建设奠定坚实的思想基础。

（二）编制好儿童友好社区建设指引

儿童友好社区建设是儿童友好城市建设的重要支撑，要扎实编制好

---

① 《让祖国的花朵茁壮成长》，《人民日报》2020年6月1日，第1版。

《西安市儿童友好社区建设指引》，在编制建设指引时，明确建设目标，要把儿童友好社区建设和实施新一周期西安市儿童发展规划紧密结合起来，和城乡社区服务设施标准化建设结合起来。编制建设指引既要贯彻国家、省儿童友好社区建设的文件要求，同时又能充分体现西安市城市发展特点，打造具有西安特色的儿童友好社区品牌。编制建设指引要坚持儿童需求导向、儿童安全保障、儿童公共空间完善、儿童服务多样，突出制度友好、空间友好和服务友好。编制建设指引要充分体现儿童视角，推动儿童全面参与。同时，通过儿童友好社区建设推进城市建设适儿化改造，补齐城市规划建设的短板，补齐社区儿童工作的短板。

（三）夯实儿童友好社区建设的责任和社会协同

儿童友好社区建设要做到科学谋划、系统打造，就必须加强组织领导，夯实儿童友好社区建设的责任分工。儿童友好社区建设绝不是某一个部门或某几个部门的工作，全市应建立起政府主导、部门协作、社会共建、人人参与的工作格局，市区县级人民政府、妇儿工委、各成员单位均明确各自在儿童友好社区建设中的职责，尽心履职，共同参与儿童友好社区建设。要出台相关政策、整合全社会资源，引导社会力量积极参与，为儿童友好社区建设提供资金、人力、物力、场地等方面的支持。各个社区在实施方案中，要有谋略性和创造性。儿童0~18岁，跨越了婴儿、幼儿、义务教育阶段和高中阶段，每个阶段儿童对社区环境和社区提供给他们的服务要求差异很大，社区很难在一个有限空间满足他们的所有需求，这就需要社区在落实实施方案时充分考虑社区的具体情况，通过科学设计和谋划提升有限空间的利用率。对儿童的服务要做好儿童需求分析，依据社区能力解决社区儿童服务的突出问题，如困境家庭儿童的服务、双职工家庭儿童的校外托管、儿童孤独等。另外，西安市是特大型城市，社区地少人多，要建立儿童专属活动空间十分困难，实施儿童友好建设实施方案时，还要充分考虑其他社区居民尤其是老人的需求，通过共享环境或错时使用解决环境资源不足的问题。

（四）做好儿童友好社区建设中的社区干部培训

必须对社区干部进行儿童友好城市和儿童友好社区建设的专项培训，通过系统培训提升社区干部对儿童友好社区建设的思想认识、工作能力，积极为他们赋能，改变目前社区干部对儿童友好社区建设思想准备不足、专项工作经验缺乏的状况。除了培训社区两委会干部以外，还要把社区妇联主任、儿童主任、社区社会工作者、社区志愿者、儿童服务类社会组织负责人等纳入培训对象。依托专家力量，精心制作适应社区干部和儿童友好社区建设使用的培训教材、课件等。另外，建议成立西安市儿童友好社区建设联盟，打破区域界限，跨区交流、分享儿童友好社区建设的经验，破解儿童友好社区建设难题。

（五）做好儿童友好社区建设的试点示范

儿童友好城市建设一般从儿童友好社区建设起步。西安市儿童友好社区建设可采取全面宣传倡导、试点示范先行的工作策略。首先是在全市城乡社区广泛开展儿童友好城市和儿童友好社区建设的宣传倡导，让社会公众、社区干部和社区居民熟悉和了解儿童友好社区建设的政策文件，培育和激发建设意愿。同时，在有建设意愿、基础设施和儿童工作较好的社区率先开展儿童友好社区建设试点，每个区县确定一定数量的试点单元，通过试点先行取得经验，分批分期滚动实施儿童友好社区建设。儿童友好社区建设试点要防止不具备条件的一哄而上，质量不高的滥竽充数。

（六）做好儿童友好社区建设中的资源配置和整合

要学习借鉴其他城市同心聚力，多方汇聚资源，共同打造儿童友好社区建设的宝贵经验，结合中省开展的完整社区、绿色社区创建活动一体规划，统筹推进儿童友好社区建设。要全市联动各尽职责，为儿童友好社区建设提供系统性的支持，将儿童发展资源向社区倾斜配置，改变目前儿童友好社区建设资源匮乏的现状。要对社区现有的存量资源（社区儿童活动和服务的设施、场地，社区社会组织、社区社工人员、社区志愿者等）进行分析，找出找准儿童友好社区建设可资利用的已有资源。同时，负责儿童友好社区建设的政府相关部门要结合本部门儿童工作职责和在儿童发展规划以及儿童友好社区建设中的责任分工，积极为社区配置人力、财力和项目等资源，为儿童友好社区建设注入强大推动力。镇街人民政府儿童督导员、妇联主任等要做好为社区配置儿童服务资源的调研、盘活和引入。

（七）以项目化运作高效能推进儿童友好社区建设

坚持项目运作，让专业机构、专业人才做专业的事已成为儿童友好社区建设的成功经验。在儿童友好社区建设中，要积极实施项目推动战略，与政府和社区儿童工作相关的职能部门，要多设计专项项目，以政府购买第三方服务的方式，推进儿童友好社区建设，切实改变社区儿童服务类项目数量偏少、项目资金总量偏小、项目经费结算周期过长的现状。在项目设计中，要充分考虑社会组织培育壮大的需要，为社会组织储备高质量人才创造条件。社区干部要学会以项目化运作来推进儿童友好社区建设，在专家的指导下学习探索适合本社区的儿童项目设计、检查督导和项目验收。

（八）设立儿童友好社区建设项目要满足儿童需求

儿童友好社区建设要加强对儿童项目的设计和评估，确保项目的效能。调研发现，社区类型不同，社区儿童发展的诉求也不相同。由于父母职业不同，家庭收入水平不同，儿童实际生活水平和发展水平也存在明显差异，这些处于不同水平或台阶的儿童的需求存在差异。儿童友好社区建设项目一定要做好立项前的调查论证，要摸清社区儿童的数量、年龄学段分布以及他们希望社区提供的服务种类和内容。儿童服务项目还要明确项目的性质，清楚地知道是支持性、保护性、补充性、替代性还是发展性服务项目。在满足儿童需求时，要按照儿童需要的层级首先做好儿童的生命权和健康权的维护，保证儿童安全健康，如社区居民家庭儿童意外伤害防范指导，家庭儿童健康和卫生保健的科普，社区儿童出行、活动空间以及活动器材的安全保障等。在儿童发展权利、参与权利保障和实现中，设计儿童在社区的多种校外活动，如职业体验活动、道德实践教育活动等。要避免项目设计的盲目性，切忌生搬硬套其他城市（社区）的某些做法，防止供需脱节造成的资源浪费。

（九）顺应儿童天性和儿童发展特点做好友好社区建设

儿童友好社区建设一定要坚持儿童视角，要依据儿童心理发展阶段和年龄特征，多设计符合儿童认知特点、兴趣特征，为儿童喜闻乐见且易于参加的活动。儿童活动既要遵守儿童保护相关法律法规和"双减"政策等要求，不加重儿童学业负担，社区儿童服务尽量做到细、小、活、实，如在社区（小区）配置适合儿童的步行路径，增设阻车花坛、设置单行线、增划人行横道等，切合社区工作实际，还要考虑到社区儿童家长的合理诉求，解决社区居民的急难愁盼的问题，为家庭生育养育减轻负担提供支持，如开展社区托管服务，为上班族家长提供学龄段儿童的延点服务、为社区家庭提供0~3岁儿童的托管服务、为有需求的家长开办社区家长学校等。

（十）加大农村地区儿童友好社区建设的支持力度

随着城镇化的加速，农民进城务工和买房租房定居移居，在农村生活的儿童数量急剧减少。农村地区尤其是边远地区、经济相对落后地区儿童生存和发展存在不少问题，留守儿童、父母离异后单亲照料的儿童、爷爷奶奶照料的儿童、上寄宿制学校的儿童等儿童群体，需要政府和社会给予更多的关爱。在农村建设儿童友好社区面临的困难很多，建议组织力量开展专项调查，确定试点单元，探索农村建设儿童友好社区的有效路径和成功做法。农村儿童友好社区建设，要突出解决儿童发展的急迫问题，要把儿童发展和新农村建设及乡村振兴行动通盘考虑，要鼓励社会组织、社会工作者、志愿者到农村去，找到自己的切入点，改变农村儿童工作资源过少的现状。

（十一）重视儿童友好社区建设中的儿童参与

参与权是儿童诸权利中最高层次的权利，儿童不是被动的儿童友好社区建设的受益者，而是主动的儿童友好社区建设的参与者。儿童友好社区建设要始终坚持"1米高度看城市"的儿童视角，要畅通儿童表达渠道，搜集儿童意见，倾听儿童声音，保证儿童参与途径，如成立"儿童议事会""儿童观察团"等儿童组织来实现儿童的真正参与。通过儿童参与，让儿童感受到自己的力量和价值，从小时候和小事情逐步培育儿童的责任意识和公民意识。

（十二）加强对儿童友好社区建设的研究工作

从对国内一些城市儿童友好社区建设的实践看，他们非常重视对儿童友好社区（城市）的研究，可建立专家智库，为这项工作提供智力支持和实际服务。西安市可组建儿童友好社区（城市）建设研究基地，组建研究队伍，确定研究课题，协助政府和社区破解儿童友好社区建设的难题。采取举办专题研讨、举办研究论坛、开展专题调研、印发《西安市儿童友好社区优秀案例》等手段，做好研究成果的转化。研究工作一项重点任务是参与政府和参与儿童实际服务，另一项任务是做好西安市儿童友好社区的宣传推介，扩大西安的城市美誉度和影响力。

儿童的健康成长，不仅要有一个好家庭，也要有一个好城市、好社区。西安市做好了儿童友好社区和儿童友好城市建设的准备，西安市将紧紧抓住儿童友好城市建设的历史机遇，学习借鉴兄弟城市的宝贵经验，发挥儿童工作的本土优势，咬定目标，乘势而上，久久为功，让西安成为全市儿童的快乐之城、宜居之城、幸福之城，并为全省推进儿童友好城市建设起到示范引领的排头兵作用。

B.14
加强和创新社会治理的高陵探索
与深化策略[*]

何得桂　陈露露　蒋颖秀[**]

摘　要：　基层治理是国家治理的基石。加强和创新社会治理，要把党建引领贯穿基层治理全过程，夯实社会治理根基。西安市高陵区积极探索党建引领基层社会治理的实现方式，注重以基层党建为核心，实现纵向到底、横向到边；以经济发展为基础，提高民众的获得感和幸福感；以"三化"管理为路径，推动基层治理集成化；以"三治融合"为支撑，筑牢基层治理基础。党建引领基层社会治理的高陵实践在增强基层党建力量、释放经济发展潜能、转变基层治理方式、推动治理重心下移等方面产生重要影响，但仍面临引领效能有待提升、治理主体协同不足、条块关系有待完善和治理机制有待健全等挑战。为提升党建引领基层治理效能，应当以系统治理和积极治理为导向，深化政治引领、组织引领、能力引领、宗旨引领和机制引领，为推进基层治理现代化提供重要保障。

关键词：　党建引领　基层治理　治理现代化　西安市高陵区

　＊　本文是国家社会科学基金重点项目"乡村振兴背景下农村发展型治理的结构优化与效能提升研究"（项目编号：22AZZ006）的阶段性成果。
＊＊　何得桂，西北农林科技大学公共政策与地方治理研究创新团队首席专家、教授、博士生导师，研究方向为公共政策；陈露露，西北农林科技大学人文社会发展学院硕士研究生，研究方向为基层与地方治理；蒋颖秀，西北农林科技大学人文社会发展学院硕士研究生，研究方向为社会治理。

一 高陵区社会治理的现状分析

西安市高陵区地处泾河、渭河两岸，南接西安市中心城区及国际港务区，西临西咸新区，北连富阎新区①，东接临潼区，是西安市向北辐射的重要门户。2015 年 8 月 4 日，高陵"撤县设区"正式挂牌。至 2022 年，全区辖 7 个街道、86 个行政村、32 个社区。2022 年末，全区常住人口 46.52 万人，城镇化率 65.69%。根据中央和省市关于加强城市基层党建引领基层治理工作要求，高陵以习近平总书记来陕考察重要讲话重要指示精神为引领，锚定西安建设国家中心城市北跨主城区的目标，创建"泾渭红·陵聚力"② 党建引领基层治理品牌，初步构建起"1133"党建引领基层治理体系③。

高陵区始终把党的领导作为贯穿基层社会治理的主线。一是发挥党委统筹作用，加强对经济发展的统一领导和战略谋划。高陵地域优势明显，具有快速融入西安、咸阳及陕北周边区域的区位优势。自 2003 年起，高陵联合西安经济技术开发区打造"泾渭新城"，联动西安经济技术开发区与临潼共建"渭北新城"，联合富阎板块统筹实现城乡联动、产教联动，打造"西安高陵产教园区"，与 11 所院校签订框架协议。2017 年，高陵区工业产值便突破千亿元大关，成为陕西省首个工业总产值超过千亿的县域工业集中区，也成为西安唯一工业总产值超过千亿的区（县）。2022 年，高陵持续健全区级领导包抓、"四个一批"项目动态管理等 10 余项工作推进机制，强化区委推动经济发展的政治势能。2022 年，率先设立营商环境服务中心，并在

---

① 富阎新区是西安市阎良区、渭南市富平县合作共建的产业园区。

② "泾渭红·陵聚力"指西安市高陵区实施聚力先锋、聚力队伍、聚力阵地、聚力综治、聚力保障五大行动，为民众提供服务和帮助。

③ "1133"党建引领基层治理体系由西安市高陵区提出，其中"1"是坚持一个引领，即坚持党建引领，"1"是建强一个中心，即建强基层综治中心，"3"是实施"三化管理"，即实施基层治理网格化、服务管理信息化、协调联动扁平化，"3"是推进"三治融合"，即推进自治、法治、德治融合。

全省首推"勘验即发证"审批改革，简化行政审批环节，实现企业开办全流程3小时办结，入选西安市审批服务"十佳"创新案例。截至2023年上半年，高陵已建成65平方公里的工业核心区，入驻吉利汽车、陕汽集团、长庆油田等624家企业，形成汽车制造、装备制造、新材料、新能源和国防科技五大产业集群，工业发展基础牢固。

二是秉持群众路线，提供优质公共服务。高陵深入推行网格化治理，将党的工作触角延伸到"最后一米"，为民众提供便捷服务。2022年，持续实施"双报到双评议双报告"联系服务群众制度①。通过"高陵党建"微信公众号发布报到动员令，75个区级机关党组织到32个社区报到，组织10771名党员及志愿者、17个社会组织到社区"结对报到"。建立社区"双报到"工作台账，并将"双报到"与主题党日有机结合。2022年，开展"万千行动"②，组建"1+1+N"干部人才下乡村帮扶团③，58名长期驻村干部和215名各类人才下沉基层助推乡村振兴，在全市首批实现驻村干部全覆盖。构建"三高、三化、三+"养老助餐服务体系，解决老年人"吃饭难"问题，并探索"高校助餐""社区助餐""老年助餐+采摘农家乐+企业配餐+教育培训助餐"等新模式，打造独具高陵特色的"高·幸食堂"老年人助餐服务品牌。到2023年上半年，共建成9个老年人助餐送餐点，累计服务老年人近10万人次，上门送餐5万人次。稳步推进教育共同体建设，推动"名校+"改革，截至2023年12月，共创建2个教育集团，创建11个市级"名校+"教育共同体、3个城乡学校共同体。全市首推健康高陵"1+8"

---

① "双报到"指的是单位党组织到驻地社区报到，在职党员到常住地社区报到。"双评议"是指党内评议党员和群众评议党员。"双报告"是指单位党组织向上级党组织报告服务情况，在职党员向所在支部报告服务情况。

② "万千行动"指西安市于2022年6月开展的抓党建促乡村振兴"万名干部人才下乡村"和"千企联千村"行动。预计用5年时间选派1万名干部人才服务乡村，引导1000家企业投资乡村，推动人才、要素、资源向乡村汇集。

③ "1+1+N"干部人才乡村振兴帮扶团由长期驻村干部、街道包村干部和各类短期服务人才共同组成。

政策体系①。2023 年，高陵区与西安交大一附院、市第三医院、市人民医院、市精卫中心分别签订了医联体合作框架协议，持续完善医疗共同体。

三是建立各具特色的党建治理品牌。张卜街道四个村庄②开展全域土地综合整治，并因地制宜开展农村人居环境治理，均得到省委、市委主要领导肯定。2020 年，西北人民革命大学旧址博物馆所在的通远村，被确定为推动组织振兴建设红色美丽村庄的试点村。2021 年，高陵创建陕西省级现代农业产业园，进一步提升"高陵·西安菜园子"区域公共品牌影响力，创建"国家设施蔬菜优势特色产业集群"。持续开展河流生态环境整治，2023 年，高陵区的渭河张卜段入选全市首批"幸福河湖"。设立社区专项经费，建设办公用地。截至 2022 年，高陵全区 32 个社区办公用房面积均达 600 平方米以上，为社区工作者提供良好工作环境。按照社区工作者"三岗十八级"薪酬制度落实社区工作者待遇。实施"一社一品"创建活动，推出"小蚂蚁""乐居六零""关哥说事"等 10 余个基层治理品牌。鹿苑街道城区社区"红色驿站"被评为全省新业态新就业群体党建品牌"红色驿站"。

二　守正创新：党建引领基层社会治理的高陵探索

高陵区坚持做好民心政治，以党建引领为经济高质量发展掌舵领航、谋篇布局，并推进基层治理网格化、服务管理信息化、协调联动扁平化，促进三治融合，着力构建党建引领为核心、多元共治的协同治理格局。

（一）以基层党建为引领，实现纵向到底、横向到边

以基层党建为引领，将党的领导贯穿于基层社会治理全过程各方面。一

---

① 健康高陵"1+8"政策体系是《高陵区卫生健康事业高质量发展实施方案（2023－2025年）》提出的 1 个总方案和围绕"党的建设、医药卫生体制改革、医疗质量提升、信息化建设、人才引进与培养、公共卫生体系建设、特殊人群清单化管理、干部作风能力提升"等 8 项重点任务的子方案。

② 张卜街道四个村庄包括韩家村、南郭村、张家村和贾蔡村。

是加强政治建设。依托党校培训、挂职交流、实践锻炼等平台，抓好党员干部的党性教育和工作能力培训，严明政治纪律和政治规矩。完善政治监督和纪律作风督查巡查制度，持续推进全面从严治党。二是强化领导班子建设。在区级层面，成立高陵区委基层党建引领基层治理领导小组，由区委、区政府的主要领导担任双组长，实现党组织对社会治理的高位推动。在社区层面，成立社区小区党组织建设工作专班，由区委常委、区委组织部部长担任班长，街道主要负责人担任成员。实施"社区工作者双向结对挂职"和"轮值书记"制度，选派能干实干的干部到社区担任第一书记，建强基层工作队伍。三是推进党的组织建设。完善五级党组织设置①及其衔接，实现党组织体系不同层级间的上下有机联动。以党建引领医院、学校等驻地单位高质量发展，整体推进党的组织和党的工作在基层社会的横向全覆盖。印发《"泾渭红·陵聚力"五大行动工作方案》，指出从行动先锋、干部队伍、治理阵地等方面打造高陵党建治理品牌。四是深化与群众的联系。秉持以人民为中心的发展思想，落实"双报到双评议双报告"联系服务群众制度，让群众成为党建工作成效的感受者和评价人，推动党建活动更贴近群众生活、服务更精确满足群众需求，密切党群联系。实施"陵（聆）听陵（灵）动430"为民服务机制②，积极开展政策宣传、困难帮扶、矛盾化解等服务为民解忧。

（二）以经济发展为基础，提高民众的获得感和幸福感

西安市推进"北跨"进程加快，全面带动高陵经济、交通、民生等方面发展。一是工业产业转型升级。通过营造良好营商环境，高陵深化与西安经济建设区共建渭北万亿级工业大走廊的合作，保障重要项目落地，促进两

---

① 西安市高陵区的五级党组织设置指街道党工委—社区党委—小区（网格）党支部—楼栋党小组—党员中心户。

② "陵听"即用心聆听群众诉求。"陵动"即灵活解决群众问题。"430"工作模式即建设"红色领航"（包括"红色家园""红色港湾""红色管家""红色物业"）四大联动体系，构建"三方协同治理"机制，开展"党建引领、服务有+"服务群众零距离系列活动。

区经济深度融合；与国际港务区共同打造"一带一路"滨河企业总部和国际产能合作区。高陵吸引中国兵器、吉利汽车、陕汽集团等重量级企业和更多类型企业入驻高陵，强化招大引强、延链补链，带动本地居民就近就业。高陵锚定打造千亿级汽车产业集群的目标，聚焦高端装备制造、新材料、新能源等支柱产业和人工智能、数字经济等新兴产业的发展前景，依托泾河工业园融入秦创原"一总两带"建设总格局①和"双中心"② 科创走廊，产业链和创新链共融互促。二是集体经济发展壮大。成立由区委书记和区长牵头的双组长工作专班，建立区级部门"一对一"包抓村集体经济机制，从政策、资金等方面提供有力支持。实施农村"领头雁"培育工程。推行村党支部书记"一肩三挑"③ 和"村三委"④ 成员到集体经济组织交叉任职，确保党组织、村庄内部和集体经济组织同轴共转、形成发展合力。以资源共享、产业联布、抱团发展为基本原则，引导村情相近、资源相连、产业相同的 7 个村集体建立 2 个联村党委，推动差异化资源在村庄间流动。实施乡村人才振兴工程，建立人才信息库⑤，并组建乡贤理事会，充分发挥乡贤资源多、感召力强等优势，撬动集体经济发展。探索集体经济"1+X"运行机制⑥，促使集体经济在有限程度上参与市场竞争、拓展集体经济发展渠道，同时有效防范和规避经营风险，在一定程度上增加集体经济"造血"能力，提高群众收入。

---

① 秦创原"一总两带"建设总格局即以西咸新区为总窗口，向东南是横跨高新区、长安大学城、航天基地的"秦创原科技创新示范带"，向东北是横跨经开区、渭北新城、阎良区的"秦创原先进制造业示范带"。

② "双中心"即综合性国家科学中心和科技创新中心。西安高新区丝路科学城是"双中心"的核心区域。

③ "一肩三挑"即村党支部书记一人承担村党支部书记、村委会主任和农村经济合作社社长的职务，将农村基层组织的领导职务集中于一人。

④ "村三委"指村党支部委员会、村民委员会、村务监督委员会。

⑤ 人才信息库包括乡贤、土专家、田秀才、非遗传承人等。

⑥ 集体经济"1+X"运行机制指坚持村集体经济组织这"1"实施主体基础上，通过独资公司经营、合资合作经营等方式，成立"X"种市场主体。

（三）以"三化"管理为路径，推动基层治理集成化

党建工作下沉到网格、治理服务聚焦到网格，以党建引领赋能网格，提升治理水平。一是强化基层治理网格化。以社区为治理主阵地，将社区建设专项经费纳入财政预算，用于完善公共基础设施、开展文娱活动、购买社会组织服务和发展社区集体经济等项目。建立五级网格体系①和三级网格管理服务机制②，并配备相应的党员队伍和网格员队伍，形成"网格定人、网格定责"的党建工作网格化模式。基于区级"统"、街道"管"、社区（村）"办"的要求，打造区级、街道、社区（村）三级联动综治网格中心。统筹党的建设、信访维稳、应急管理、安全生产、城乡环境治理等20余个部门治理职能，梳理24类104项网格事项清单，推动跨部门的"一网统筹、一网落实"的全科网络建设。二是推动服务管理信息化。依托"长安E格"App、综治视联网等信息系统打造综合调度指挥中枢，实现三级综治指挥平台的上下联动与科学运行。运用"巡、听、办、访"相结合的工作方法，网格员迅速收集网格内基础信息并将其上传到综治平台，借助"网格呼叫—部门联动"快速联动机制及时解决问题，提升基层网格事项处置能力和办事效率。健全社区服务网络，依托党群服务中心站点，推广"一站式"服务和错时延时、坐班值班、预约上门等服务。推进"智慧小区"建设，拓展数字智能设施在全区的推广应用，提升小区"智能安防"水平和精细化服务水平。编制并印发区域数字乡村领域专项规划（《高陵区数字乡村发展规划》），提出"158+N"发展行动③，以规划引领和指导完成数字乡村

---

① 五级网格体系指街道党工委—社区党委—小区（网格）党支部—楼栋党小组—党员中心户。

② 2023年底，全区32个社区被划分为188个基础网格（以小区为主）、1082个二级网格（其中741个村民小组）、3413个三级网格（包括楼栋、党员中心户）。

③ "158+N"发展行动即以建设高陵国家级数字乡村试点示范区为总目标，重点围绕乡村新型基础设施、产业发展、乡村治理、公共服务、网络文化阵地五大领域的建设与完善，实施乡村数字基础设施建设、乡村产业现代化推进、智慧农业创新发展、数字治理体系优化、公共服务效能提升、乡村网络文化振兴、数字乡村人才振兴、网络帮扶深化八大重点工程，全面推动智慧农业、智慧乡村、智慧党建、智慧治理、智慧民生、智慧医疗、智慧教育、智慧金融、智慧文旅等多个重点项目建设。

试点任务。三是促进协调联动扁平化。打造"15分钟政务服务圈"的社区服务模式，满足群众就近就快办理公共事务的基本需求。健全工作例会、议事决策、联席会商等制度建设，定期协商辖区内涉及共同利益和群众反映的实事，确保组织共建落地。在街道和社区层面分别设立"三方协同治理办公室"，加强对居委会、业委会和物业的组织协调，推动社会资源在街道和社区层面整合化和多元主体议事协商化，在协商共议中解决治理过程中的矛盾问题，基本达到"街道一级解决、不上交矛盾问题"。

（四）以"三治融合"为支撑，筑牢基层治理基础

自治是基本制度安排，法治、德治是自治的原则和方式[①]，三者相互贯穿、相互联系，共同支撑起基层治理体系。"三治融合"的关键是树立自治的核心地位，将民众作为基层治理的主体，同时以法治和德治为辅，帮助自治主体增强法治意识和道德文化修养，促使自治有力、德治有效和法治有序，共同筑牢治理基础[②]。

1. 深化自治建设，发挥自治强基作用

一是加强村（居）委会规范化建设。坚持以民主选举、民主决策、民主管理、民主监督原则制定符合村庄（社区）实际的《村规民约》（《社区居民公约》），夯实基层群众自治制度基础。围绕"村务公开、议事协商创新实践、小微权力清单落实、村规民约修订"等工作，规范村干部权力运行，推进村民委员会规范化建设。二是完善基层民主协商机制。各村（社区）健全村民（居民）代表会议和议事会等议事协商载体，开展群众说事、民情恳谈、百姓议事、院落会等民主协商活动，通过平等、公正、公开、理性议事，凝聚共识、推动解决民生问题，架起民声民意"连心桥"。

2. 推进法治建设，发挥法治保障作用

一是开展法治宣传。人民法院、公安高陵分局等单位积极开展法律宣传

---

① 张文显、徐勇、何显明等：《推进自治法治德治融合建设，创新基层社会治理》，《治理研究》2018年第6期，第5~16页。

② 侯宏伟、马培衢：《"自治、法治、德治"三治融合体系下治理主体嵌入型共治机制的构建》，《华南师范大学学报》（社会科学版）2018年第6期，第141~146页。

活动,为人民群众讲法、普法,营造遇事找法、办事依法的社会氛围。引入社区民警、法律顾问等法律人才,为群众提供近距离的、方便的法律服务。推动创建民主法治示范村(社区)和依法行政单位,发挥先进法治典型的示范引领作用。二是维持社会安定和谐。完善基层法律服务机构和矛盾调解组织,为群众表达诉求、维护权益提供渠道,及时排查和化解社会矛盾纠纷。深入开展涉诈百日攻坚、黄赌毒"断链"、扫黑除恶等专项行动,抵御社会安全风险,维护社会稳定。

3.强化德治建设,发挥德治教化作用

一是弘扬社会主义核心价值观。建设新时代文明实践站、乡村讲习所、道德讲堂等载体,依托各类活动宣传并推动践行核心价值观,提升群众对核心价值观的道德认同和行为认同。二是弘扬社会公德和家庭美德。持续开展"身边好人"和道德模范等推荐评选活动,形成互帮互助的良好社会风尚。开展高陵区家风家训馆现场参观活动,使家风教育融入党员干部工作和生活当中。

三 党建引领基层社会治理的成效

当前,党建引领基层治理的高陵实践取得一定成效,在增强基层党建力量、释放经济发展潜能、转变基层治理方式、推动治理重心下移等方面产生了重要影响。

(一)增强基层党建力量

高陵区加大推进基层党建的力度和强度,进一步完善和优化了党的领导体制机制。一是组织体系更加完备。把党的治理末梢下沉到小区的家户一级,建立"街道党工委—社区党委—小区(网格)党支部—楼栋党小组—党员中心户"的五级党建格局,保证每个网格都有党的组织,每名党员都在网格内。抓住各类组织之间的相互依赖性,构建链接不同组织的党建网络,充分发挥党的政治优势和组织优势,促进多元治理主体达成治理共识,优化治理资源配置。二是服务管理更加精细。通过"双报到双评议双报告"制度和"万千行动"等，党员干部在与民众的密切接触中了解其诉求，从而统筹调动各方资源满足民众需求。党员干部积极参加主题党日和认领群众"微心愿"等活动，实现服务精准化。三是党建活动更具规范性。引入并充分借鉴企业品牌概念的先进方法和管理方式，打造"泾渭红·陵聚力"党建引领基层治理品牌。应明确基层党建抓手，即先锋、队伍、阵地、综治和保障，推动党建科学化和规范化，将党的组织优势和政治优势转化为推动基层治理创新的发展动能。

（二）释放经济发展潜能

高陵区积极融入西安"北跨"建设，持续释放区位、政策等优势，加快重点项目布局并落地高陵。一是发挥区位优势。高陵区是西安向北辐射的重要支点。撤县设区以来，高陵"三区三线"划定的城镇开发建设用地规模达126平方公里，发展空间潜力大。经过多年招商引资，高陵建立起汽车制造、数字经济、新材料、新能源等实体工业体系，产业基础设施较为完备。通过推进"双铁三路"重大项目建设①，高陵将加快融入西安跨市交通网络，初步构建起渭北交通重要枢纽。高陵积极承接西安国家中心城市北跨主城区发展，吸引更多投资和项目落地。二是优化营商环境。印发《高陵区支持企业发展优惠政策》《高陵区支持企业挂牌上市奖励办法》等，吸引龙头企业落地高陵。开展"政银担企"洽谈，出台一系列强化金融支持企业发展专项政策，帮助企业解决融资难、融资贵等问题。简化项目行政审批环节，提升项目投资和建设便利度，有助于激发投资主体积极性和市场活力，加快项目落地，以项目带动当地就业和经济发展。

（三）转变基层治理方式

高陵区通过强化基层党建和组织动员社会力量，推动治理方式由行政主

---

① "双铁三路"重大项目建设指西延高铁、地铁10号线，西禹高速改扩建，西阎快速路、北辰大道北延。

导型管理向多元协同式治理、分散治理向敏捷治理转变。一是促进协同治理。培育发展红白理事会、道德评议会等社区社会组织，使民众在组织管理和活动中提高参与能力，提高基层社会的组织化程度。通过各类议事制度和协商活动，将民众和社会组织纳入治理过程，共同参与公共事务的决策、执行和反馈，激发治理主体的积极性。构建联结不同类型组织的党建网络和"三方协同治理微机制"等协同机制，以党的统领功能促使各治理主体协同联动，提高基层整体治理能力。二是提升治理敏捷性。借助三级网格综治平台，各部门及时获取网格员上传的基层信息，按照平台分流处置使相应层级的部门快速响应，信息处理效率和问题解决能力得到提高。通过"双报到双评议双报告"制度和选派社区第一书记等活动，构建区域化和开放式党建体系，助推资源要素跨体制和跨部门有效流转，有效突破条块分割限度，拓宽基层治理空间，凝聚便民服务工作合力。

（四）推动治理重心下移

高陵区促进人员、资源在社区这一主阵地汇聚，推动治理结构的调适和优化。一是党建下沉。构建"纵向到底、横向到边"的党组织体系，整合联动多元主体。党员干部在治理实践中积极承担自我治理与服务居民的双重职责，发挥引领基层治理的重要功能[1]。党员和志愿者主动为民服务，推动形成"党委带动党员，党员带动积极分子，积极分子带动居民"的链式效应，织密织牢以党员下沉为中心的社会关系网络，切实发挥党员干部的聚合作用[2]。二是网格下沉。结合社区地域实际和人口情况科学划分网格，将全区 32 个社区划分为 188 个基础网格、1082 个二级网格，做到"规模适度、体量相当、界定清晰、无缝衔接"[3]。为每个网格配备相应网格员队伍，做

---

① 罗强强、陈涛：《党建引领共同生产：城市社区应急治理共同体构建的驱动机制——以武汉市 F 社区"共同缔造"实践为例》，《地方治理研究》2023 年第 4 期，第 42~54 页。

② 陈荣卓、胡皓玥：《党建引领社会治理重心下移的逻辑与进路》，《江汉论坛》2023 年第 3 期，第 61~68 页。

③ 钟海、任姝瑜：《治理重心下移背景下城市社区有效治理的困境与出路》，《石河子大学学报》（哲学社会科学版）2023 年第 4 期，第 25~32 页。

好政策宣传、信息收集、矛盾调解等服务，畅通党和政府与民众的沟通渠道。三是资源下沉。围绕群众所急所需的难题，基于党领共治治理格局，撬动多部门治理资源向社区输送和投入。基于"红色领航"联动体系和"15分钟政务服务圈"服务模式等治理载体，推动党群服务、政务服务、物业等多种便民服务集成化，让群众就近就地解决公共事务。

四 高陵区基层社会治理面临的挑战

（一）引领效能有待提升

高陵区虽然在党建引领基层治理方面取得一定成效，但其党建工作的联动性、智慧性和标准化程度较为薄弱，党的政治优势、组织优势转变为基层社会治理效能不够明显。基层面临行政事务多、专业化不强、薪资待遇较低、队伍不稳定等现实困境，影响为民服务效能。加之基层治理队伍人员运用网格化机制防范处置突发事件、解决重大问题的能力还不够强，因此工作开展难、服务水平不高。在组织开展活动中，培育、孵化和引入专业社会组织力度不够，因此为民服务精准化程度和精细化水平不高。

（二）治理主体协同不足

党建引领基层社会治理强调构建协同治理格局，但高陵区还面临基层组织权责不对等、多元主体协同治理不足、社会组织培育发展较为薄弱、社会力量参与积极性不高等问题，共建共治共享的治理格局尚未完全形成。在现实工作中，尽管乡镇、街道、社区等基层组织负责的工作越来越多，但其并未获得与之相匹配的权利和能力。多元主体参与渠道、平台数量较少，参与基层社会治理的规范和制度保障并不健全，在一定程度上阻碍多元主体治理合力的形成。

（三）条块关系有待完善

基层社会治理责任与治理资源不匹配、条块协同不足的问题较为突出。

街道将行政工作下沉到基层，但尚未按照"权随责走，费随事转"的原则下沉治理资源。在基层事务处理上，对政权建设、社会综治、公安民警、物业管理等工作的统筹整合不够，"多网合一"的力度需进一步强化。基层党组织和其他社会组织在基层治理中的责任划分和角色定位不明晰、考核评价制度不健全，导致基层党组织吸纳其他社会组织的能力不强、内生动力不足。

（四）治理机制有待健全

随着城乡融合发展不断深入，居民的需求呈现多样化，这也对基层服务能力提出新挑战。面对社会结构和利益格局的急剧变化，高陵区面临化解基层矛盾冲突压力较大、群众利益诉求表达不畅、基层治理配套机制偏少、运行机制创新不足等治理难题。高陵区虽然打造了"泾渭红·陵聚力"党建引领基层治理品牌，初步形成"1+5"治理体系，但其基层保障机制仍不够健全、联系沟通和协调运转机制也不够通畅，因此基层社会治理活力和动力相对不足。

五　系统治理与积极治理：党建引领基层
社会治理的深化策略

（一）突出政治引领，增强基层治理定力

党的二十大报告指出，坚持大抓基层的鲜明导向，抓党建促乡村振兴，加强城市社区党建工作，推进以党建引领基层治理，持续整顿软弱涣散基层党组织，把基层党组织建设成为有效实现党的领导的坚强战斗堡垒。这为党建引领基层社会治理奠定了总基调、明确了新方向。一方面，加强基层党组织标准化、规范化建设。要建成坚强战斗堡垒，有力有效引领基层治理，必须切实加强基层党组织的标准化规范化建设，着力强化基层党组织的政治功能。进一步完善党的工作制度，加强对党员干部的培训教育，压实党员工作

责任，严肃党内政治生活。常态化长效化开展党史学习教育和知识技能教育，提升党员的政治素养和工作能力。推行党支部"星级化"动态管理和工作台账管理，提高领导班子队伍建设的标准化、规范化水平。另一方面，推动"五治融合"，坚持政治引领、法治保障、德治教化、自治强基和智治支撑融合发展。发挥政治引领的导向作用，凝聚政治共识。要在服务高质量发展中突出思想政治引领，增强高质量发展的动能、势能。发挥法治保障作用，培养群众按照法治思维和法治方式解决问题。坚持德治教化作用，丰富精神文明的内涵。充分挖掘历史文化资源，开展道德评议和道德模范、好人好事评选活动，实现以德促法、以法立德良性互动。坚持自治为本，激发基层治理内生动力。注重发挥村（居）委会的基础作用，健全实施村（居）规民约、自治章程，推动其自我管理、自我教育、自我服务。加强智治支撑作用，推动基层治理体系、运行机制和工作流程智能化再造。通过扩充基础数据库和大数据分析模块，为科学治理决策提供有效依据。通过"五治融合"，让基层治理形成法安天下、德润人心，向上向善、和睦和谐、秩序良好、充满活力的生动局面。

（二）坚持组织引领，凝聚基层治理合力

习近平总书记指出，党的全面领导、党的全部工作要靠党的坚强组织体系去实现。[①] 加强党建引领基层治理的组织引领，有助于把组织力量和组织优势有效转化为发展动力和发展优势。其一，以组织体系和组织能力建设为抓手，确保党的领导贯穿基层治理各领域各环节。以产业为依托，基于产业联盟设置产业党支部；以"属地"为基础，设置"联合型"党组织，推行楼宇商圈党建，推动区域内资源整合、社会治理和党员管理；以"地缘、业缘、趣缘"为纽带，组建"功能型"党支部，有效解决组织生活难落实、活动难开展、作用难发挥的问题。其二，深化"党建引领+协同治理"基层

---

① 人民日报评论员：《深入学习贯彻习近平总书记关于党的建设的重要思想：论贯彻落实全国组织工作会议精神》，《人民日报》2023年7月1日，第2版。

社会治理模式。作为多元治理主体的领导核心，党建引领通过更好地引导群众、企业、其他组织等协同参与，凝聚起构建基层社会治理共同体的强大合力。① 要以"大党委"形式，健全"党委领导+多方联动"机制，发挥政治和资源整合、价值和行动倡导、利益和组织协调作用，引导基层社会多主体遵从集体行动准则，形成共同参与、利益互嵌合作的协同治理网络②。依托基层党建"链接"治理资源，完善党建联建联席会议制度和"双报到"制度，充分发挥多元主体的各自优势，推动各类组织团结凝聚在党组织周围，为党建引领基层治理赋权、扩能、增效。其三，强化共同缔造，促进互联互动。引导和支持政府、社会和民众"共同缔造"，将各主体之间与各主体内部"你"和"我"的关系转变为"我们"，使原本界限清晰的社会主体通过共同行动，实现广泛的交流与深层次融合，塑造共同性的社会关系和公共利益关系，培养全社会的公共精神。积极创建协商与交互联动的平台，加强党领共治下政府治理、社会调节与居民自治的良性互动。结合高陵区实际，丰富"美好生活与共同缔造"活动的内容和形式，不断增强各方参与的积极性、主动性和创造性，进而构建共建共治共享的基层社会治理共同体。

（三）加强能力引领，提升基层治理效能

一是推进基层治理理念转型升级。一方面，把全程治理、源头治理和协同治理理念植入对基层工作者的职权、职责、职能的重新定位中，推动基层治理的时间、空间和层级再造。将基层治理各环节视作完整链条，形成从源头到末梢的有机治理闭环，并健全风险防控机制，把控社会矛盾源头、转化等关键环节，努力把矛盾纠纷化解在萌芽状态。打通各主体、各部门信息共通、资源共享、工作联动的梗阻，实现全过程和全要素的动态化、扁平化治理，提高快速回应和精准落地能力。另一方面，强化大数据治理理念，提升

---

① 何得桂、武雪雁：《赋能型治理：基层社会治理共同体构建的有效实现方式——以陕西省石泉县社会治理创新实践为例》，《农业经济问题》2022 年第 6 期，第 134~144 页。

② 岳奎、何纯真：《深入推进新时代基层党组织政治建设》，《甘肃社会科学》2023 年第 5 期，第 1~10 页。

基层治理的智慧决策水平和服务水平。加快健全综合治理数据中心建设，推动基层治理从"经验决策"向"大数据决策"转变。充分发挥线上平台的即时性、便捷性和交互性优势，为民众提供个性化、多样化服务。二是选优配强基层治理队伍。全面推进基层治理，需要发挥"关键少数"示范带头作用，使其贴近群众、服务群众，做基层治理建设的重要组织者和推动者。党员是基层治理的重要力量，鼓励党员干部向基层和末梢下沉，到乡镇（街道）、村（社区）、社会组织、社会服务机构，充分发挥其示范带头的作用，将党员干部的先锋模范带头作用转化为治理动能。高度重视基层治理队伍建设，依托"泾渭红·陵聚力"五大行动为民服务机制，选优配强基层党组织书记，注重吸纳大学生村官、选调生、致富能手等多类型人才成为村（社区）"两委"班子成员。三是强化基层治理队伍能力培训。要着力提高基层治理队伍特别是基层骨干的整体素质，以适应新形势、新任务的需要，切实提升治理队伍的政治素养、业务水平、履职能力和工作效能。依托西安市社区学院高陵分院，建立学院"导师库"，实施"导师领航计划"，加强基层干部理论学习、履职能力及实地观摩等培训；邀请基层社会治理先进地方的党组织书记讲经验，提升基层干部科学决策、化解矛盾纠纷、做好群众工作、应急处置突发风险等能力。

（四）强化宗旨引领，激发基层治理动力

为中国人民谋幸福、为中华民族谋复兴始终是中国共产党的初心和使命。党建引领基层治理始终坚持党组织全心全意为人民服务的根本宗旨，贯彻党的群众路线，建立党与人民群众之间心连心、同呼吸、共命运的鱼水关系。其一，积极践行党的群众路线，回应群众诉求。推进基层治理的关键在于始终坚持以人民为中心，把群众的愿望作为治理的方向，构建与之匹配的治理路径，切实回应并满足群众的需求。要全方位、多层次动态认识和把握人民美好生活需要，抓住人民最关心最直接最现实的利益问题，持续提升基层党组织发现需求、化解矛盾、协商对话、弥合冲突等综合能力，不断促进社会公平正义，形成有效的社会治理和良好的社会秩序，使人民幸福感、安

全感、获得感更加充实、有保障、可持续。其二，激活基层治理"神经末梢"，打造为民服务平台。要精心打造群众家门口的"一站式"服务综合体，将政务服务大厅、社区党群服务中心、居家养老服务中心、新时代文明实践站、退役军人之家等载体优势充分融合，提供便捷高效的优质服务和精细管理。深化机关党组织和在职党员进社区"双报到"工作，带动居民全过程参与社区治理，实现自治与服务的有机融合，在服务百姓生活、解决实际问题中凝聚群众、引领群众，让服务群众"零距离"。积极建设志愿服务队伍，打造出"党建+"社区志愿服务品牌，通过开展党员志愿巡逻、邻里纠纷调解、帮扶困难群体等形式多样的志愿服务活动，深化拓展在职党员进社区的结对联系机制。其三，贯彻群众路线，提高群众工作能力。要用好"我为群众办实事"实践活动形成的良好机制，坚持问题导向，增强短板意识，下大力气解决人民最关切、最直接、最现实的民生问题。要善于发动群众、组织群众，既要发挥法治保障作用，也要加强思想道德建设，运用说服教育、示范引导和提供服务等多种方法凝聚和激励群众，切实提高有效开展群众工作的能力。

（五）健全机制引领，彰显基层治理活力

机制引领的关键在于党组织引领各类组织制度化、体系化，使制度与机制深度融合、有机衔接，实现基层党建与基层社会治理的良性互动。一方面，健全基层治理中的配套保障机制。第一，建立治理责任清单制。建立规范清晰的治理责任清单，能够较为清晰地界定治理中权力运作的边界问题、责任追究的归属问题，从而推动治理权力和治理责任的有效下沉，释放治理潜能。依托"泾渭红·陵聚力"五大行动工作方案，细化工作内容，探索实行"必选菜单"与"自选菜单"相结合，以清单制度明确各主体的治理责任。第二，完善基层监督问责机制。坚持在党的统一领导下，把监督问责机制嵌入基层治理各领域中，通过诸多监督机构合理规划、联动协作和有机配合隔断监督者与被监督者之间的关系利益网络，从而实现对公职人员或组织机构的有效监督，保障其严格履责。第三，健全激励机制。加强对社区工

作者履职情况的考核，并将考核结果作为晋升和奖惩的重要依据。健全专业化专职化工作机制，逐步推行职业资格认证制和持证上岗制，完善社区工作人员的薪酬制度和福利待遇。另一方面，创新基层治理运行机制。健全基层群众自治制度，深化"党建引领+村（居）民自治"。以搭建议事协商平台为载体，推行形式多样的民主协商机制、民意反馈机制、利益协调机制，完善听证会、协调会、评议会、居务公开等民主协商形式。深化"党建引领+网格化治理"，使民情民意在网格中发现、民生实事在网格中解决、矛盾纠纷在网格中化解，进而实现以基层"小网格"促进"大联动"、托起"大服务"、撬动"大治理"，推动基层社会安定有序且充满活力。

参考文献

何得桂：《新时代十年我国加强乡村治理的基本经验和重要启示》，《甘肃社会科学》2023 年第 5 期。

何得桂、夏美鑫：《回应性治理视野下创新基层社会治理的路径和机制》，《西北农林科技大学学报》（社会科学版）2023 年第 4 期。

何得桂、王盛罡：《习近平总书记关于社会治理重要论述的深刻内涵与理论价值》，《湖北行政学院学报》2023 年第 3 期。

何得桂、夏美鑫：《党建赋能与分离均衡：新时代基层治理创新激活的驱动机制》，《甘肃行政学院学报》2022 年第 6 期。

何得桂、韩雪：《党建化治理：乡村振兴进程中基层改革创新特征和逻辑》，《中共天津市委党校学报》2023 年第 2 期。

旬阳市村级议事协商创新实践案例研究

王建安　吴菲霞　尹小俊[*]

摘　要： 基层协商民主议事制度是我国社会主义协商民主制度的重要组成部分，对提高基层治理水平、推进国家治理体系和治理能力现代化、体现具有中国特色的社会主义制度的优越性具有重要作用。2021年12月，陕西省安康市旬阳县金寨镇寨河社区被确立为全国村级议事协商创新实验试点单位。经过近两年试点工作，该社区探索构建了说、议、干、评"四位一体"的议事协商机制，形成了"有事敞开说、民事共商议、事定共同干、好坏大家评"的基层治理新格局，走出了一条党建引领协商共治的基层治理新路径，为全省其他地区建立基层协商民主议事制度提供了可以借鉴的范本。

关键词： 协商民主　村级议事协商　创新实践　旬阳市

我国基层协商民主议事制度是在马克思主义理论指导下，中国共产党深刻认识和把握人类社会发展规律，基于我国国情探索、发展、建立起来的具有中国特色的社会主义制度，是进一步完善我国人民政治协商制度的重要尝试，是推进国家治理体系和治理能力现代化的关键环节，是马克思主义中国化的重要成果。党的十九大报告指出，有事好商量，众人的事情由众人商量，是人民民主的真谛。报告还指出，要推动协商民主广泛、多层、制度化发展。协商民主实现"广泛""多层"发展，即政党协商、人大协商等"大

---

* 王建安，陕西省旬阳市民政局局长；吴菲霞，陕西省社会科学院社会学研究所助理研究员，研究方向为社会保障、公益慈善；尹小俊，陕西省社会科学院社会学研究所副研究员，研究方向为社区治理。

民主"和人民团体协商、基层协商等"小民主"共同发展，是我国民主政治逐步走向成熟的表现。民主向基层落地，让居民触手可及，真正实现"有事好商量，众人的事众人商量"，才能真正实现人民民主。党的十八届三中全会提出了推进"国家治理体系和治理能力现代化"的全面深化改革总目标，提出"鼓励和支持社会各方面，实现政府治理和社会自我调节、居民自治良性互动"。2021年印发的《中共中央　国务院关于加强基层治理体系和治理能力现代化建设的意见》就加强基层政权治理能力建设提出了几方面要求，其中包括"增强乡镇（街道）议事协商能力"。基层协商民主议事制度是实现社会自我调节、居民自治的重要途径，对提高基层治理水平、推进国家治理体系和治理能力现代化、体现具有中国特色的社会主义制度的优越性具有重要作用。

2021年，根据《民政部办公厅关于开展村级议事协商创新实验的通知》（民办函〔2020〕111号）精神，民政部确立了497个单位为全国村级议事协商创新实验试点单位，陕西省安康市旬阳市金寨镇寨河社区是其中之一。经过两年试点工作，旬阳市金寨镇寨河社区探索建立了"说、议、干、评"闭环管理，即"四位一体"议事协商机制，形成了"有事敞开说、民事共商议、事定共同干、好坏大家评"的基层治理新格局，走出了一条党建引领协商共治的基层治理新路径。2023年，陕西省对被列入国家试点的18个县（区、市）进行了中期评估，旬阳市等6个县（区、市）综合评估结果为"优秀"。本报告以旬阳市村级议事协商创新实践为例，对其议事协商的主要做法、试点项目开展情况、运行机制和主要成效进行了细致调研，呈现了大量一手资料，并梳理和总结了试点工作及其经验启示，为全省其他地区建立基层协商民主议事制度提供了可以借鉴的范本。

一　注重民主协商：旬阳市及金寨镇寨河社区议事协商基础概况

旬阳市地处陕西省东南部，秦巴山区东段，汉江横贯其中，是南水北调中线工程的水源涵养区。市城区位于汉江、旬河交汇处，曲水环流，形似太极，被誉为"中华太极城"。全市总面积3541平方公里，辖21个镇、1个省级高新区、56个城镇社区、253个村，户籍人口44万人，是全国文明村镇建设示范县、法治宣传教育工作先进县、全省首批扩权试点县。2021年经国务院批准，旬阳撤县设市。旬阳于西汉置县，是座千年古城，具有深厚的历史文化底蕴，是汉水文化的发祥地，也是革命老区，蕴藏着众多红色遗迹，是红色旅游胜地。近年来，立足"八山一水一分田"的地理条件和资源禀赋，旬阳市提出了栽种"三棵树"和发展林下经济的"林下+X"产业发展理念，大力鼓励农户栽种拐枣、核桃、狮子柑，在林下种植中药材、野菜、菌类，并通过养鸡、养蜂带动农民致富。

寨河社区是旬阳市金寨镇下辖的社区，2021年12月，寨河社区被民政部确认为全国村级议事协商创新实验试点单位。寨河社区是金寨镇政府机关所在地，属新型城镇社区，辖7个居民小组、1个易地搬迁小区，常住人口2287人，外来人口占比40%。外来人口主要是移民搬迁工程形成的外来移民，这使得寨河社区人口结构比较复杂，利益主体多元化、利益诉求多样化。寨河社区有较好的社区治理基础。近年来，该社区大力开展乡村移风易俗工作，通过建立乡规民约、开展道德评议，在端正民风民俗、维护社会秩序方面取得了显著成效。乡规民约的制定、道德评议的开展，无不贯穿"民主""协商"原则，移风易俗工作的成果，展示了基层群众自治的优越性。在寨河社区，乡规民约的制定是村民根据村里的具体情况商议决定的，与自上而下的硬性规定相比，更接地气，更具执行力。道德评议以村（社区）为单位，由群众推举"乡贤"组成评议委员会，深入基层了解民情民意，确定评议主题，组织群众说问题、想办法、评议先进后进典型，通过表彰先进以引导居民崇德向善、曝光后进助人自立自强，对于推动社区和谐发展、实现农民脱贫致富起到了积极作用。自2015年9月开展第一期"道德评议会"以来，寨河社区社会经济面貌有了很大改善。可以说，寨河社区具备深厚的民主协商、群众自治基础。

二　强调高效灵活：旬阳市村级议事协商创新实验主要做法

自金寨镇寨河社区被确认为"全国村级议事协商创新实验试点单位"以来，旬阳市紧扣"加强党的领导、完善制度程序、拓展参与实践、提升协商质效"创新实验要求，结合社区发展实际和群众意愿，将创新实验与健全完善基层群众自治机制、助力乡村振兴有效衔接，着力在畅通群众利益协调渠道、丰富村民议事协商形式、建立协商为民服务体系和凝聚群众参与协商合力几方面开展创新实践，探索建立了开放说事、科学议事、合力干事、民主评事"四位一体"议事协商机制，取得了创新实验的阶段性成效，其主要做法体现在如下几个方面。

（一）建立"四位一体"议事协商机制

试点开展以来，旬阳市探索构建了说、议、干、评"四位一体"议事协商机制，保证了居民广泛参与、表达渠道通畅、协商结果落地（见图1）。

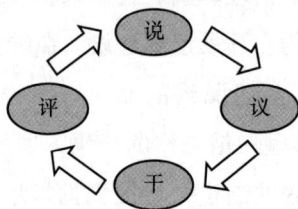

图1　"四位一体"议事协商机制示意

"说"，即"三大平台"开放说事。在社区党支部领导下，通过组织邀请、各方推荐、居民代表会议表决方式，组建成立由社区支部书记牵头构成的"5+7+X"议事协商理事会，采用线上和线下结合的方式，搭建"三大平台"公开说事。"三大平台"是指辖区群众说事接访平台、网上说事互动平台、现场说事协商平台。在辖区设立1个居民说事室、7个网格说事点，搭建群众说事接访平台，常态化倾听群众心声、收集群众诉求。开通"幸福寨河"微信公众号，建立网上说事互动平台，及时将社区发展、建设等有关事项在公众号发布并广泛开展讨论，扩大民情民意收集范围。灵活利用社区"正风亭""新时代文明实践站""群众庭院场"等为议事阵地，建立现场说事协商平台，定期邀请群众在轻松融洽的环境中拉家常、谈看法、提建议，实现群众烦事、愁事有地方诉说，居民急事、难事有专人处理，社区大事、要事有平台商议。

"议"即"三事分流"科学议事。为保障议事的科学性，旬阳市对不同类型事务的议事方式作了规定。按照个人诉求、矛盾纠纷事和公共利益事三种事务类型实行"三事分流"，建立急事快议、难事多议、大事必议长效机制。对涉及群众个体利益、个人诉求问题，采取"理事+"模式，由议事协商理事会理事协同社区干部，通过"面对面"交流、"串门式"谈心等形式，"靶向治疗"快议快办；对涉及局部矛盾纠纷或局部利益问题，采取"三会同商"模式，通过组织召开调解会、评议会、专题会，开展"辩理式""对话式"协商，消除分歧、化解矛盾；对涉及公共利益、普遍反映的重大事项问题，按照广泛收集列问题、分类审核定议题、调查研究拟方案、多方协商做表决、公示反馈有备案、监督执行促落实"六步议事"程序，采取"座谈式""论证式""会商式"协商，最大限度维护各方利益，寻求"最佳答案"。

"干"即"三线联动"合力干事。探索建立"社区党组织+社区自治组织+社区群众"三线联动推进议事协商成果落地落实机制。发挥社区党组织引领统揽作用，对需要社区组织落实的公益建设、公共事务等事项建立"问题清单"，制定推进方案，明确时间节点，合力组织实施；对涉及公共秩序、公共环境等需要共同遵守的议事协商结果，通过及时修订居民公约、完善相关制度，建立长效机制；对需要利益相关方执行落实的事项，由社区落实专人负责，跟踪督促落实，确保议事协商成果快速转化运用。提升村级自治组织动员和服务能力，健全社区居民委员会下属委员会，培育成立社区社会组织，协同参与社区治理服务。研发"幸福寨河直通车"便民服务系统，建立便民服务快速响应体系，采取"线上接单+线下服务"方式，为群众提供"只找一个人、办成所有事"的"一站式"服务，实现"网上秒办、网下快干"。激发社区群众主观能动性，实行党组织网和社区治理网"双网"融合，党小组长兼任网格长制度，党员和"两委"成员常态化联系服务群众，探索开展居民自治"积分管理"，引领带动群众主动、有序、理性参与社区公共事务，实现急事、琐事不出网格，大事、要事不出社区，矛盾、难事不推责任。

"评"即"三举并措"民主评事。以群众满意为最终目标，建立一事一测评、一季一点评、一年一考评，议事协商结果落实考核评价体系。采取一事一评、即办即评方式，对经议事协商确定的事项办理结果及时对外公开并进行群众满意度测评，对群众不满意的，由居务监督委员会跟踪督促、跟进办理，直至满意。结合每季度召开的"党性评议会""道德评议会"对社区干部执行落实议事协商、便民服务工作情况和群众参与议事协商情况进行专项点评，提醒社区干部主动谋事、专心理事，引导群众有序说事、理性议事。将组织开展议事协商活动情况作为社区"两委"干部年度述职考核重点内容，每年接受一次群众代表民主评议作为评先评优重要依据，激励干部自觉践行为民理念，改进工作方法，提升服务能力。

（二）制度化建设+灵活性相结合

党的十八届三中全会指出，要"加快推进社会主义民主政治制度化、规范化、程序化""推进协商民主广泛多层制度化发展"。党的二十大报告提出，"社会主义民主政治制度化、规范化、程序化全面推进""推进协商民主广泛多层制度化发展"。协商民主是实现全过程人民民主的重要实践形式，是我党领导全国人民有效治理国家、保障人民行使民主权利的重要制度。基层协商民主作为社会主义协商民主体系的一部分，其发展方向必然是实现"制度化、规范化、程序化"。基层协商民主的制度化、规范化、程序化能保障制度的落地、有效避免环境因素和人为因素干扰，保障民主过程的公平性、公正性。目前，我国基层协商民主还处于探索阶段，制度的设计没有统一的模板可遵循，且顶层设计和基层实践之间的张力难以避免，这就要求各地在推进基层协商民主制度时，要根据各自的实际情况制定相关制度规范，并在制度设计中留出一定的灵活空间以适应现实需要。旬阳市在推进基层协商民主制度化、规范化、程序化过程中，注重制度化和灵活性相结合的做法值得借鉴。

在推进村级议事协商制度化方面，旬阳市印发《社区议事协商制度》《社区议事协商理事会章程》，指出社区七大类 15 项议事协商事项目录和七大类不宜纳入协商目录，社区议事范围遵循"七议七不议"原则。凡涉及公共利益重大决策、公共事务、公益事业、重点项目和重点工作落实、群众"急难愁盼"问题和矛盾纠纷、法定居民自治事项及各类利益主体提出协商需求的七类事项必议，凡有法律规定、居民（代表）会议已经表决通过、超出权限未经委托、缺乏协商基础、明显不公平、可以通过其他方式优先解决、违反政策规定的七类事项不议。围绕提升议事效率，规范科学议事，坚持边探索、边总结、边改进，动态修订了《社区议事协商规则》，细化明确了议事协商议题的确定方式、事先请示报告原则、不同议题的参与协商主体、分类协商方式、协商会议准备、协商表决规则、协商结果落实等规则程序。

旬阳市村级议事协商制度设计体现出适度的灵活性。在参与主体的确定上，旬阳市采取了较为灵活的"5+7+X"模式，根据不同议题，灵活组织相关利益主体参与议事协商活动。"5"是指由社区党组织、居民委员会、居务监督委员会、社区集体经济组织和社区居民代表五个方面代表组成的常任理事；"7"是指由社区"两代一委"、有威望的老党员和老干部、残疾人等特殊群体、各类社会组织、非公经济组织、搬迁群众代表、片区民警七个方面代表组成的非常任理事；"X"是指不同协商议题涉及的若干利益主体代表，灵活组织开展说事、理事、议事。这种"常任+非常任+X"的方式体现了多元主体的参与，能够有效引导居民理性参与协商、提高居民参与协商能力。同时，根据不同议题确定协商的主体，能有效解决协商主体缺位问题，调和了基层协商民主中居民广泛参与决策效率的矛盾。

（三）强化支持保障，做好宣传学习

为了保证议事协商的常态化运作，提高居民、干部参与议事协商的积极性及参与议事协商的能力，旬阳市筹措专项资金 57 万元，协调整合其他资金 100 余万元，对创新试点社区党群服务中心进行全面改造提升，设立说事室、议事厅和网格说事点，为群众提供参与、展示、宣传议事协商的平台。编制并向试点单位镇村干部发放《村级议事协商组织实施明白卡》200 余册，围绕议事协商概念及议什么、谁来议、怎么议、议了怎么办等组织进行专题学习培训。

协调金寨镇下派一名科级领导为创新实验试点指导员，围绕群众说事平台搭建、议题审核确定、议事主体参与、议事规则修订、议事结果监督落实等全程跟踪指导，建立一月一督导、一季一会商、半年一总结的"三个一"工作推进机制。同时，适时邀请人大、政协及组织部门等领导深入试点单位调研指导，为创新实验出谋划策。

（四）做好总结推广，扩大示范效应

在深化创新实验基础上，旬阳市及时提炼总结"三大平台"开放说事、"三事分流"科学议事、"三线联动"合力干事、"三措并举"民主评事的实践做法和阶段成效，并通过电视新闻、微信公众号等在全市宣传。联合市委组织部修订《旬阳市村级重大事项民主决策"四议两公开"工作规范（试行）》，将议事协商作为重大事项"党员大会审议"和"村民会议决议"前的必备程序。同时，旬阳市正在结合创新实践修订完善《旬阳市村级议事协商工作规程》指导全市 309 个村（社区）全域推进实施。金寨镇根据创新实验总结形成开放说事、科学议事、合力干事、民主评事"四事工作法"，印发《村级重大民主议事决策事项请示报告制度》并在全镇推广运用。

三　重视解剖麻雀：寨河社区议事协商促成农业观光项目

金寨镇寨河社区"燕子湾"是一处远近闻名的农业旅游观光景点，这里交通便利，距离高速路收费站只有五分钟车程。每到夏日，百亩荷塘荷叶田田，荷花摇曳，与青山、村舍共同形成一幅绝美的山水田园画卷，吸引四面八方的人们前来观赏。但几年前，这里呈现的却是另一番景象，虽然自然条件较好，水源丰富，但缺乏统一规划，环境脏乱。本地缺乏谋生机会，青壮年多外出务工，导致大量土地撂荒，优越的资源禀赋没有得到很好利用。镇上为了帮助居民增收，彻底改变脏乱差环境，早在 2019 年就规划实施燕子湾农业观光园项目。项目实施涉及部分居民利益，需要协商解决，但缺乏公共事务的议事协商机制导致项目迟迟没有进展。2021 年寨河社区"四位一体"议事协商机制出台，给"燕子湾"农业观光园项目带来了希望。

为了解群众诉求，发现存在的问题，该镇组织"两委"干部、社区工作者、党员、网格员以及专业技术人员等工作力量，入户开展调研，了解居民想法。经过"说事"，梳理出了存在的问题，发现居民最关注的是拆迁和占地赔偿问题。接下来进入"议事"环节。相关议事主体坐在一起，就大家关心的问题，诸如项目的规划、要发展哪些产业、需要占哪些地、拆多少房、政府能给的支持是什么、建成后效益如何等共同商讨，经过思想的交流碰撞，居民们认识到农业观光园项目建设对社区发展、自身生活改善有很大促进作用，一致同意服从集体利益，无条件拆除乱搭乱建设施，无偿提供公共设施建设用地。2022 年 3 月"燕子湾"农业观光园项目正式动工，当年 7 月全面完工。整个项目建设过程非常顺利，拆迁过程中没有发生一起扯皮阻挠的事件。除此之外，群众还纷纷行动起来，主动参与杂物棚、垃圾堆等清理拆除工作。项目完工后，相关各方还就项目完成的质量、是否达到预期、需要完善的地方召开了点评会，并就今后如何管理项目听取了群众意见。"燕子湾"农业观光园项目由一筹莫展到最终顺利完成，充分显示了"有事好商量，众人的事众人商量"的优越性。

四　关注后续效应：寨河社区议事协商 创新实践的主要成效

（一）创新了党的领导方式，密切了干群关系

在社区党组织领导下，依托议事协商理事会凝聚多方利益主体，发挥人缘、地缘优势参与组织开展议事协商活动，既有效发挥了党组织在基层治理中的领导协调推动作用，又充分保障了群众的民主权利，找到了群众利益的"最大公约数"，让居民群众真正成为基层治理的受益者和"主人翁"，党组织的凝聚力、号召力进一步增强，群众对党组织的工作更加理解支持，党群关系更加密切。

（二）畅通了利益表达渠道，化解了社会矛盾

通过搭建便捷亲民的"说事"平台，鼓励引导群众有事主动说，确保了群众"急难愁盼"问题和矛盾隐患第一时间掌握、第一时间处置，避免问题扩大化，促进了社会和谐稳定。截至2023年2月，寨河社区累计收集群众"说事"110余件，协商推进实施社区农业产业观光园、集镇环境卫生整治、社区农贸市场建设等群众期盼已久的民生实事5件，化解矛盾纠纷32件，解答办理群众"身边小事"70余件，社区近三年来没有发生过一起越级上访和治安及刑事案件。

（三）激发了群众参与意识，凝聚了治理合力

分层分类、多元参与、灵活多样的议事协商方式，为居民群众平等参与社区公共事务提供了平台，变"替民做主"为"由民做主""协商共治"，调动了群众"自己事自己定、自己办、自己管"的积极性和主动性，从"张嘴发牢骚"转变为"有事好商量"，顺利推进实施了寨河社区工厂、休闲广场、十里荷花生态农业园、村庄环境"八清一改"整治等一批合民心、贴民意的民生实事项目。

（四）完善了基层自治机制，提升了治理效能

坚持以群众为主体，"说、议、干、评"协同发力，互促共进，构建了保障基层群众民主权利、维护群众切身利益的完整链条。议事协商过程成为宣传党的政策、凝聚思想共识、回应群众关切、化解矛盾纠纷、维护和谐稳定的过程，推动了政府治理同社会调节、居民自治良性互动，实现了社区经济新发展、村容村貌新变化、文明程度新提升，群众的获得感、安全感和幸福感不断增强。寨河社区先后荣获"安康市先进基层党组织""安康市民主法治示范社区""安康市文明社区""市级美丽家园示范村"等荣誉称号。

五　深挖运行机制：寨河社区议事协商
创新实践的经验启示

（一）坚持党组织的领导是核心

党的二十大报告指出，要健全基层党组织领导的基层群众自治机制。寨河社区在推进议事协商过程中，始终把发挥党组织把握方向、把控局面的作用贯穿于"说、议、干、评"全过程，保证议事协商说有平台、议有规则、干有引领、评有成效，始终与党的方针政策相一致、与公共利益相契合、与助力发展相衔接，依法有序进行，在改进工作方式方法中巩固了基层政权。

（二）保障群众民主权利是关键

习近平总书记强调，有事好商量、众人的事情由众人商量，找到全社会意愿和要求的最大公约数，是人民民主的真谛。[①] 寨河社区坚持把

[①]《"有事好商量，众人的事众人商量"（习近平小康故事）——习近平推动人民民主的故事》，人民网（2021年7月6日），http://cpc.people.com.cn/n1/2021/0706/c64387-32149685.html，最后检索日期：2023年10月18日。

各方面群众代表和利益相关方作为协商主体，把与群众切身利益紧密相关的"急难愁盼"事项作为协商重点，搭建参与平台、健全制度机制，充分保障社区居民在公共事务和公益事业中的知情权、决策权、监督权，构建了保障基层群众民主权利的完整链条，赢得了居民的信任和支持。

（三）维护群众切身利益是前提

相关研究表明，当前一些地区在推行基层议事协商过程中存在居民参与积极性不足的问题，归根结底是由于组织者没有深入群众展开调研，不太了解社情民意，导致议事协商的议题脱离了群众需求，与居民自身利益相关度不高，从而出现"事不关己高高挂起"的现象。寨河社区以群众利益诉求为导向，把议事协商与矛盾化解、政策落实、公共服务、乡村建设等工作开展紧密结合，以开放说事疏导民意、以科学议事汇集民智、以合力干事维护民利、以民主评事凝聚民心，使居民群众从潜在观望者变成积极参与者，通过各个环节有序参与到社区治理过程中，为乡村振兴、治理有效注入了源头活水。

（四）强化协商成果落实是保障

"说、议、干、评"是一个环环相扣的循环工作体系，哪一环节出了问题都会影响系统的良性运转。经过"说、议"阶段后，协商的结果能否落地，群众是否满意，决定了制度推行的可能性。当事情的发展方向符合人们的心理预期，他们才会对民主议事协商产生认同感，逐渐形成用这一方式解决问题的习惯。反之，则会产生不认同感、不信任感，甚至抗拒，从而导致今后的议事协商活动难以开展。寨河社区注重发挥党组织、自治组织、社会组织的工作合力，针对不同协商成果，建立分层分类跟踪落实机制，以实实在在的议事协商成效取信于民，引导群众在基层治理中自我管理、自我服务、自我教育、自我监督，议事协商获得强大的生命力。

六 探究多向路径：完善优化基层协商民主议事制度有效落地实践的思路建议

（一）立足"道德评议"的基层治理基础，培养协商文化，营造协商环境

旬阳市金寨镇寨河社区的村级议事协商创新实验工作取得的成果，离不开民政局等相关部门积极响应、系统谋划推进，也与旬阳市近年来大力推广"道德评议"、拥有良好的群众自治基础密切相关。协商民主理论源自西方，在 20 世纪 90 年代被引入中国，并运用到包括乡村在内的基层。由于历史文化等原因，我国乡村缺乏协商民主传统，这在一定程度上影响了协商民主在乡村的发展，需要在乡村大力培养协商民主文化。李德虎指出，"协商民主在乡村社会治理中的实现需要一定的文化支撑。而中国参与型政治文化传统相对匮乏，以及新时期乡村社会政治价值观现代转型的阵痛，使得协商民主文化培育变得尤为紧要。"[①] 制度是人与人交往的产物，体现着文化的传承。协商民主只有结合本土文化，才能扎根乡村，实现长足发展。旬阳市有"道德评议""乡规民约"的传统，应立足于原有基础，大力培养协商文化，营造协商环境，使"道德评议"与协商民主互为促进，协同发力，进一步探索有地方特色的议事协商模式，促进基层社区治理的发展。

（二）利用好议事协商制度这一法宝，助力乡村振兴

在乡村振兴的时代背景下，勤劳致富、共同富裕是广大农民群众共同的期盼和心声。基层议事协商制度只有切合人民的实际需求，才能有强大的吸引力、感召力。从目前的实践经验来看，一些地区议事协商的主题过于散、

---

① 李德虎：《协商民主在乡村治理中的实现路径——基于成都社会协商对话会的考察》，《河南社会科学》2018 年第 1 期，第 72 页。

宽，甚至出现人为因素的干扰，不能集中于人们普遍关心的问题，导致群众参与积极性不高，不利于培养人们的民主参与意识、提高民主参与能力。因此，村级议事协商应立足当地资源禀赋，积极争取乡贤、能人参与，进一步优化程序，科学、合理地确立议事主题，聚焦发展集体经济、共同致富、乡村振兴等大家广泛关注的主题，畅所欲言，群策群力。这样不但能激发群众参与议事协商的积极性，把议事协商的功能最大化，还能增强村民的共同体意识，为乡村治理创造良好的社会文化环境。

（三）加大宣传培育力度，增强居民参与民主协商的意识和能力

议事协商制度对于参与者的公民权利意识、文化素质、法律意识等方面提出了较高的要求。而陕西广大乡村地区，由于经济发展水平比较低，农村居民参与议事协商的积极性不够高，参与议事协商的能力不够强。因此，应注重增强包括农村居民在内的各议事协商主体的参与意识，提高议事协商能力。试点开展以来，旬阳市重视提高试点单位村镇干部组织能力，发放了学习资料，组织了专题培训，并为群众提供了参与、展示、宣传议事协商的平台，有力地推动了议事协商试点工作的开展。在此基础上，应进一步加大宣传力度、培训力度，提升议事协商参与主体的素质，提高协商能力、决策能力和执行能力，从而真正行使民主权利。

（四）完善议事协商流程，确保村民参与议事协商的可操作性和可持续性

在制度方面，进一步完善村民会议、村民代表会议等议事流程，鼓励村民将"难题"或"难事"纳入议事流程民主协商。建立定期召开村民代表会议和"两委"班子联席会议制度，真正做到村民"问题有处说，难题有处解"，确保村民参与议事协商的可操作性。在机制方面，形成重视基层村民意见、听取基层村民意见的可持续性议事协商机制，构建以人为本的问题反映平台和意见表达平台，构建干部联系群众的议事协商网络，参与议事协商的各个主体在议事协商过程中陈述观点、平等探讨、达成共识，以此提升

村民关注、讨论、解决社区事务的参与度，让基层社区治理通过议事协商制度的推广和实施变得更有温度和效度。

（五）重视议事协商结果的落实，确保村民需求得到及时回应

一是切实落实议事协商结果。建立议事协商—落实结果—反馈意见执行机制，推进议事协商结果落地，解决村或村民的急事难事。调动和发挥村社区组织，如村民小组等的动员力量，帮助落实议事协商的各项事项，形成村两委—村民小组—村民协同解决问题的机制。建立落实情况反馈机制，定期或在规定期限内向村民公开结果，做到有问题、有协商、有解决、有反馈。二是强化议事协商结果执行的监督机制。对通过议事协商达成的需解决事项，尤其是受到村民重点关注的事项，应该通过村务公开或村民代表会议等形式接受村民监督，对办理的过程、结果应做到详细说明，对村民提出的想法和建议给予充分的回应和答复。

B.16
长安区基层治理网格化探索实践研究

冯楠　张军成　张黎*

摘　要： 　网格是基层治理的最小单元，也是社会治理精细化、精准化的重要载体。长安区坚持和发展新时代"枫桥经验"，以党建引领网格化基层治理，整合秦岭保护、巡河、护林、社会治理等网格资源，积极探索"全科网格、多网合一"，推行"党建+网格+N"治理模式，充分发挥全科网格员年轻、专业、高素质等优势，变被动应对提升为主动发现解决问题，实现"大事全网联动、小事一格解决"，打通服务群众最后一米。依托西安市社会治理综合信息平台，深度构建起立体式信息化指挥体系，不断提高社会治理智能化、科学化、精准化水平，蹚出了一条党建引领"一网长安"的基层治理新路子，社会治理效能显著提升。2023 年，长安区电诈案件警情总数、道路交通事故、安全生产事故起数均大幅下降，平安指数位列全市第一。

关键词： 党建引领　网格化服务管理　多网合一　基层治理　西安市长安区

　　长安，取"长治久安"之意。西安市长安区行政区划总面积 1583 平方公里，辖街道 16 个，常住人口 111.1 万人，辖区有山有水、有城有乡、有田有塬，城乡二元结构鲜明，基层治理差异较大、情况复杂。近年来，长安区深入贯彻落实党的二十大精神和习近平总书记来陕考察重要讲话重要指示

---

* 冯楠，西北政法大学法律硕士，中共西安市长安区委常委、政法委书记；张军成，中共西安市长安区委社会治理和平安建设工作办公室常务副主任；张黎，中共西安市长安区委社会治理和平安建设工作办公室督导考核科科长。

精神，以推动全国市域社会治理现代化试点工作为契机，以创新"全科网格、多网合一"① 治理模式为突破口，整合网格资源、充实网格力量、拓展网格功能、优化网格服务、深化网格共治，建立起"全网整合、规范高效、联动共治、常态运行"网格化服务管理体系，实现"民情在网格掌握、矛盾在网格化解、问题在网格解决、服务在网格开展"。

一 主要做法

（一）党建引领、整合资源，推动"一张网"管全域

强力推进"多网合一"。针对基层治理存在的网格种类繁多、网格服务管理效能不高、监管有盲区等问题，长安区委加强顶层设计，由区委社会治理办牵头，编办、财政、秦保、水务等单位配合，一体推进"多网合一"。区委多次召开专题协调会督办落实、强力推进，目前已将秦保、环保、巡河、护林、社会治理等6类网格优化整合成"一张网"，实现"一网统管"。

精细划分基层网格。长安区网格按照综合网格和专属网格两大类划设。综合网格建立"大中小微"四级网格体系，其中，大网格按照村、社区行政建制共划分301个；中网格即基础网格，按照城中村、城市社区、一般乡村、山区四个类别，综合考虑人口数量、区域面积、地域特征、管理难度等因素共划分411个；小网格按照村组、小区楼栋共划分1367个；微网格按照楼栋单元、农村党员中心户共划分17031个。专属网格为相对独立、较大规模的党政机关、企事业单位、商圈市场、学校医院、公园景区、宗教场所等特定区域，共划分77个②。全区实现网格全覆盖、无死角。

---

① "全科网格、多网合一"指将基层各类网格资源优化整合成"一张网"，建立全科专职网格员队伍，推进各职能部门进网入格，实现部门业务工作与全科网格有机融合、延伸基层治理触角，打通服务群众最后一米。

② 数据来自中共西安市长安区委社会治理和平安建设工作办公室。如无特殊说明，以下数据均来自中共西安市长安区委社会治理和平安建设工作办公室。

健全网格工作体系。每个大网格配备 1 名网格长和若干网格指导员，网格长由村（社区）党支部书记担任，网格指导员由包联干部、社区民警、交警等担任，指导网格员开展工作。网格员分为专职、辅助、兼职三类，每个中网格至少有 1 名专职网格员负责，视情补充辅助网格员或兼职网格员协助开展工作，专职网格员为公开选聘的高素质全科网格员，辅助网格员为街道自聘人员，兼职网格员一般由村（社区）两委会成员兼任。小网格由村组组长、楼栋长、党员代表、志愿者等负责管理。微网格由城中村房东、小区楼栋单元长、农村党员中心户等负责管理。网格员在村（社区）与小微网格间发挥桥梁纽带作用，通过党建引领构建起纵向到底、横向到边的网格化服务管理体系。

（二）一员多能、科学管理，锻造高素质全科网格员队伍

优化人员力量配备。按照经费不增、人员精简、提薪鼓劲的原则打造高效全科网格员队伍。将原 922 名各类网格员精简为 607 名全科网格员，其中公开选聘大专以上学历、45 岁以下高素质专职网格员 312 名，各街道自聘辅助网格员 295 名。专职网格员人均工资由 1500 元提高到 4700 元，辅助网格员人均月补助 1000 元。

加强能力素质培养。建立周培训制度，由相关职能部门对全科网格员开展秦岭保护、巡河保洁、社会治安、检察业务、消防安全等业务培训，全方位提高履职能力。依托街道党校，对网格员开展党性教育、行政管理等方面培训，作为街道、社区后备力量培养。同时，街道党校还定期对优秀青年进行培训，从中择优选聘专职网格员。

健全完善管理制度。制定全科网格员职责清单，细化为 4 大类 80 项，让网格员守格有责。明确每日巡查、入户走访、事件上报处置等工作流程，让网格员守格有方。细化考核办法，每月由区级相关部门、街道共同对网格员考核评分，分值与工资系数直接挂钩，对考核不合格者末位淘汰，对网格员上报的优质工单或不合格工单，对应奖励或扣除绩效工资 200～500 元，让网格员守格尽责。

（三）平台支撑、全域联动，加快提升治理信息化水平

纵向贯通、上下协作。建实区、街、村（社区）三级综治网格中心阵地，依托西安市社会治理综合信息平台（以下简称"平台"）、综治视联网、雪亮工程及"长安 e 格"移动端 App 等智慧系统，实现区、街、村（社区）、网格员信息互联互通、"屏对屏"指挥调度，构建起"手中有终端、空中有探头、阵地有平台、互联有网络"的多维支撑体系。

横向融通、信息共享。"平台"已与法院、检察、水务、秦保、公安、交警、消防等 62 个部门实现了协同共治，职能部门接到网格员上报、平台流转工单时，能够第一时间处置。同时，在长安区设立信访指挥分中心、法院指挥分中心、检察指挥分中心、社会治安指挥分中心、司法指挥分中心、交通安全指挥分中心，对全区 610 名网格员进行实时调度并下派任务，网格员也可通过智能终端将发现的安全隐患和矛盾纠纷及时上报并流转至相关部门进行处置，形成了立体式信息化指挥体系。

规范流程、以考敦行。健全网格事项三级流转处置工作机制①，实现问题上报、分流处置、跟踪督办、结案归档、评估考核"五步闭环"。分别制定街道、部门网格化工作考核办法，依据响应及时率、按时办结率、办结回访率、逾期重办率等指标进行考核，将其结果纳入全区目标责任制考核体系，压实压细工作责任，保障全科网格高效运转。

（四）拓展阵地、延伸触角，促进重点领域要素深度耦合

推行"党建+网格+N"治理模式，汇聚基层治理强大合力。依托全科网格和西安市社会治理综合信息平台，以党建引领网格化治理，推进法院、检察、司法行政、公安、交警、信访、消防等部门进网入格，排查安全隐

---

① "网格事项三级流转处置工作机制"指依托西安市社会治理综合信息平台及"长安 e 格" App，一般简易事项由网格员现场自行处置形成事件闭环，网格员自身难以处置的，通过 "长安 e 格" App 逐级上报至村（社区）、街道、区综治网格中心进行分流转办处置，形成事件处置闭环。

患、了解群众诉求、化解矛盾纠纷等，实现问题发现在一线、合力解决在现场。

打造"党建+网格"红色网格模式。坚持把党的领导延伸到"网"、落实到"格"，发挥党组织和党员作用，推动全区312个基层党组织、1.3万名党员进网格、入小区、到村组、全覆盖，深入群众听民声、解民意、暖民心。

打造"网格+人民防线"国家安全模式。把搜集发现报告危害国家安全、可疑间谍活动、涉邪教活动、破坏铁路沿线等线索和终南山流动人口清查纳入网格员重要职责，开展《反间谍法》等国家安全知识宣传，积极发动群众广泛参与、共同防范，筑牢国家安全人民防线。

打造"网格+信访"社会维稳模式。在每个网格设置1名信访干部担任业务指导员，网格员协助做好在重要时间节点期间灵通信息、掌握重点人员的思想动态，针对预警信息提前介入、跟踪处理，做到问题不积累、矛盾不升级、风险不扩散。

打造"网格+法院"诉源治理模式。建立"网格吹哨、调解报到"诉源治理三层过滤机制，协助人民法院进行案件的调解、调查取证和法律文书的送达，核查被执行人相关线索，开展普法宣传，打通法官对接基层的"最后一米"。

打造"网格+检察"检网联动模式。依托"长治"检察分中心，创新"网格吹哨检察报到、检察办案网格协助、检网联合专项监督"工作机制，以未成年人检察、公益诉讼、司法救助等职能为切入点，深度融入基层社会治理。截至2023年底，区检察院已通过网格摸排线索8412条，初筛涉检线索512条，立办案件71件①。

打造"一网双警"警社共治模式。建立"一网双警"联动机制，指派112名社区民警、119名交警入网并担任网格指导员，围绕社会治安、交通安全等业务对网格员进行指导培训。网格员协助开展维稳、宣教、矛调等工作。探索建立"网格+禁毒"工作模式，网格员协助民警开展信息采集、吸毒人员帮扶、禁毒知识宣传等，以禁毒"小网格"助力毒品治理"大格

---

① 数据来自西安市长安区人民检察院。

局", 有力解决"警力下不去、信息上不来、群众工作推不动"等难题。

打造"网格+司法行政"矛盾调处模式。发挥司法行政干部专业优势和网格员人熟、地熟、情况熟优势, 推动人民调解、普法宣传、社区矫正、安置帮教等工作进网格。2023 年, 通过"网格+司法行政"模式, 网格员协助化解矛盾纠纷 1222 件, 化解率 100%。

打造"网格+消防"火灾防范模式。在区消防救援大队建立社会治理消防安全指挥分中心, 接到报警信息后, 消防安全指挥分中心通过"平台"第一时间联系就近网格员现场查验、协助处置、监督整改。网格员日常巡查发现消防安全问题时, 立刻上报分中心并及时处置, 中心安排专业消防力量指导跟进, 做到"早防范、早发现、早处置"。

打造"网格+妇联"妇儿工作模式。依托全科网格优势, 推进阵地、队伍、机制"三融合", 践行婚姻家庭矛盾纠纷排查"12345"工作法, 延伸维护妇女儿童合法权益工作触角, 推动妇女儿童权益保护、婚姻家庭矛盾纠纷预防化解与网格工作一体联动、融合发展。

打造"网格+乡贤+志愿者"群防群治模式。充分发挥乡贤熟悉村情、德高望重优势和在民情联络、矛盾化解等方面的独特作用, 在全区 232 个行政村, 建立"花园乡村协理组、乡风文明协理组、矛盾调解协理组"3 个类别 3046 人的新时代乡贤队伍, 参与乡村治理, 凝聚智慧助推乡村自治。组建"长安哨兵"电信分队、樱花同心圆志愿服务队、红色轻骑先锋志愿队等志愿队伍, 参与巡查和处置网格内的"大事小事", 推动共建共治共享。

(五)分类施策、精准发力, 不断提升网格化服务管理效能

坚决当好秦岭生态卫士。长安辖区秦岭生态环境保护范围总面积 875.25 平方公里, 占全区总面积的 55%①。长安区始终牢记"国之大者", 在涉秦岭保护区域网格建立"1468"工作法:围绕秦岭保护"1"条主线, 守牢政治、社会、公共、生态"4"个安全, 坚持村庄、峪口、林区、景

① 数据来自西安市长安区秦岭生态环境保护和综合执法局。

区、道路、河道"6"个必查,做到"五乱"现象、危害国家安全线索、消防隐患、应急突发事件、涉检案件线索、破坏山林线索、破坏水源线索、土地违法行为"8"必报,用"全科网格"护好国家重要生态安全屏障。

全力破解城中村治理难题。长安区韦曲街道西韦村现有村民 7210 人,外来租户人员达 3.2 万人,商铺 200 余间,村干部仅 9 人,是全区最大的城中村,村情复杂,治理难度大。长安区先行先试,按照"一户一长、十户一网"原则,细化设置 4 个片区、52 个基础网格、1297 个微网格,选聘 60 名专职网格员开展常态化巡查,每个微网格由房东担任户长,压实房东责任,有效破解城中村人员底数不清、管理不到位、服务不精准等难题。

深入推进校地协同治理。长安区驻地高校 30 所、师生 30 余万人,是全区社会治理的特殊板块。通过建立健全"1+11"校地融合联席会议工作制度(即 1 个校地融合联席会议总会,校园平安建设、交通保障、文体赛事、创业创新、人才工作、统战群团、基础教育、乡村振兴、"三园"建设、校园规划建设、医疗保健 11 个工作联席会议),驻区高校专属网格员与属地街道加强沟通对接,在平安校园创建、校地联治等方面发挥重要作用。

二 成效亮点

长安区在基层治理上下真功、出实招、破难题,真正将网格化服务管理延伸到了最基层,用"全科网格、多网合一"的"源头活水",激活了基层治理"一池春水"。

(一)畅通基层治理"微循环",实现"大事全网联动、小事一格解决"

通过优化整合、持续推进全科网格建设,有力打破了部门、行业壁垒,构建起更加科学高效的基层治理体系,打通了基层治理"神经末梢",做到"人在网中走、事在格中办"。2023 年,全区共办理网格事件 281493 件,其中，网格员发现解决问题 276661 件、占 98.3%，村（社区）解决问题 3210 件，街道综治网格中心解决问题 364 件，区综治网格中心或区级相关职能部门解决问题 155 件①。郭杜街道北街第二社区网格员文景，在日常巡查时发现天然气管道泄漏，立刻联系小区物业人员进行排查确认并上报社区，随即联系燃气公司进行抢修，仅用半小时便将漏气管道修好，及时避免了一场安全事故。

（二）放大基层治理"显微镜"，实现问题发现在一线、合力解决在现场

通过发挥全科网格员"千里眼""顺风耳"作用，协助职能部门及早发现问题、排查安全隐患、了解群众诉求、化解矛盾纠纷，有效破解了"管得了的看不见""看得见的管不了"问题。特别是推行"党建+网格+N"治理模式，促进专业、社会力量与网格深度融合，使网格员成为矛盾纠纷的调解员、检察公益诉讼的联络员、社会治安的巡查员、交通安全的劝导员、消防安全的检查员，做到"一张网"致广大而尽精微。

（三）形成基层治理"强磁场"，实现从"要我入网"到"我要入网"逆转

通过"平台"联通 62 个职能部门数据，实现部门业务工作与全科网格有机融合、网格员队伍统筹调度使用，进一步延伸了部门的工作触角、减少了人力物力投入、降低了行政成本、提升了工作质效。长安区各部门对打破信息孤岛、实现互联互通、寻求多方协作的工作愿望更加迫切，参与基层治理工作的主动性更强、热情更高。目前，区行政审批局等多家单位积极要求"进网格"，"网格+"激发的社会治理活力在长安充分涌流。

（四）筑牢基层治理"防火墙"，实现社会安全指数全面提升

通过推行"全科网格、多网合一"，基层社会治理成效显著，人民群众

---

① 数据来自西安市社会治理综合信息平台。

的获得感成色更足、幸福感更可持续、安全感更有保障。2023年，长安区刑事案件发案数同比下降14.61%，电诈案件警情同比下降28.68%，电诈案件警情总数降幅居全市第一；全年安全生产事故起数、死亡人数同比分别下降13%和6%；道路交通安全事故起数和受伤人数同比分别下降12.2%和17.8%；长安区平安指数排名位列全市第一①。《美好长安 智慧"小网格"》被评为全国2022政法智能化建设智慧治理创新案例，并于2023年7月在北京参展。长安区党建引领基层治理"多网合一"工作举措和经验，得到了中国法学会"坚持和发展新时代枫桥经验"课题调研组的充分肯定，被写入调研报告，调研报告受到了中央有关部门领导的高度重视和较高评价。省委书记赵一德，省委常委、市委书记方红卫，省委常委、政法委书记刘强给予批示肯定。先后荣获"陕西省平安区""陕西省法治政府建设示范区"等多项荣誉称号。

三 几点启示

2020年9月17日，习近平总书记在基层代表座谈会上指出，要加强和创新基层社会治理，坚持和完善新时代"枫桥经验"，加强城乡社区建设，强化网格化管理和服务，完善社会矛盾纠纷多元预防调处化解综合机制，切实把矛盾化解在基层，维护好社会稳定。长安区"全科网格、多网合一"的积极探索和生动实践，为西安市加快推进基层治理体系和治理能力现代化建设提供了有益启示。

（一）坚持党建引领、强力推动

党建引领是筑牢基层治理根基的灵魂所在。基层治理体系建设还面临许多涉及动体制、动权力、动利益的难题，只有党委发挥"一线指挥部"作

---

① 数据来自《西安市争创"平安鼎"考核"三色管理"动态预警情况通报》《西安市2023年平安指数分析报告》及西安市公安长安分局、西安市长安区应急管理局、西安市公安局交警支队长安大队。

用、做好顶层设计，主要负责同志亲自上手、以上带下，把各级党组织力量深度融入，让"堡垒建在网格、党员沉在网格、作用发挥在网格"，才能形成有效推动基层治理创新、精准服务群众的有机网络。

长安区高度重视基层治理工作，区委主要负责同志亲力亲为、靠前指挥、高位谋划、顶格推进，着力破解堵点淤点难点，构筑起党建引领全科网格建设新模式，"多网合一"取得了实质性突破。

（二）加快资源整合、多元共治

加强资源整合是提升基层治理水平的首要前提。要运用"统"的理念和方法，建好"合"的机制和平台，有效避免基层网格和系统交错布局、职责重复、各自为战的现象，着力解决互相推诿、资源浪费、效率不高等问题，变"条块分割"为"纵合横连"，实现"上面千条线，下面一张网"，用最少的资源办成最多的事，切实将民心聚集在基层、问题解决在基层、服务拓展在基层。

长安区整合网格资源、配备全科网格员，从过去按条块分工、一人一岗转变为一岗多责、分片包干，让部门从"单打独斗"转变为"组团服务"，让基层治理从"九龙治水"转变为"一网统管"。

（三）勇于探索实践、改革创新

改革创新是推动基层治理提质增效的原生动力。要坚持以创新思维和改革举措破解基层治理瓶颈，主动适应新时代基层治理新形势，立足辖区治理特点和资源优势，大胆探索符合实际、满足群众需求的基层治理改革举措，引导各方力量积极参与，推动更多资源、服务、管理下移，使基层治理力量更足、服务更优、效率更高。

长安区在全市率先推行"全科网格、多网合一"，持续拓展"网格+检察、一网双警"等"网格+"功能，健全"网格吹哨、部门报到"工作运行体系，实现工作联动、矛盾联调、问题联治，初步构建起共建共治共享的社会治理新格局。

（四）强化数字赋能、智慧治理

优化智慧治理是提升治理现代化水平的重要途径。要健全基层智慧治理标准体系，加大信息化支撑力度，通过"大数据"技术运用对群众需求做多维度、多层次分析，提升服务供给的精准度。建立跨系统的数据共享交换机制，提升数据信息的整合优化、统筹利用、分级管理及互认共享能力，不断完善网格化管理、精细化服务、信息化支撑的基层治理平台，以智慧治理驱动基层治理现代化。

长安区打破"条块分割、信息碎片、重复派单、分散指挥、多头考核"的传统治理模式，形成"数据一个库、要素一张图、指挥一平台、共治一张网、评价一标准"的新型基层"智慧治理"模式，使基层治理更加科学化、精细化、便捷化。

（五）培优建强队伍、健全机制

建强队伍是实现基层治理现代化的重要保证。全科网格员是基层治理的骨干力量，需具备全面的业务素质和处理各类复杂问题的能力。要用心用情关爱网格工作者队伍，不断健全岗位聘用、能力培养、绩效薪酬优化等机制，强化激励措施，畅通发展渠道，让基层网格员政治有关怀、能力有提升、工作有干劲、成长有奔头。

长安区大力实施青年人才培养工程，通过加强培训、涨薪提资、严考细评、优奖劣汰，推动网格员"兼职变专职""副业变职业"，建立起一支素质过硬的基层网格员队伍。

皮书

智库成果出版与传播平台

✤ 皮书定义 ✤

皮书是对中国与世界发展状况和热点问题进行年度监测，以专业的角度、专家的视野和实证研究方法，针对某一领域或区域现状与发展态势展开分析和预测，具备前沿性、原创性、实证性、连续性、时效性等特点的公开出版物，由一系列权威研究报告组成。

✤ 皮书作者 ✤

皮书系列报告作者以国内外一流研究机构、知名高校等重点智库的研究人员为主，多为相关领域一流专家学者，他们的观点代表了当下学界对中国与世界的现实和未来最高水平的解读与分析。

✤ 皮书荣誉 ✤

皮书作为中国社会科学院基础理论研究与应用对策研究融合发展的代表性成果，不仅是哲学社会科学工作者服务中国特色社会主义现代化建设的重要成果，更是助力中国特色新型智库建设、构建中国特色哲学社会科学"三大体系"的重要平台。皮书系列先后被列入"十二五""十三五""十四五"时期国家重点出版物出版专项规划项目；自2013年起，重点皮书被列入中国社会科学院国家哲学社会科学创新工程项目。

法律声明